कोश निर्माण : प्रविधि एवं प्रयोग

कोश निर्माण : प्रविधि एवं प्रयोग

सम्पादक

प्रो. त्रिभुवननाथ शुक्ल

वाणी प्रकाशन

वाणी प्रकाशन

4695, 21-ए, दरियागंज, नयी दिल्ली 110 002

शाखा

अशोक राजपथ, पटना 800 004

फ़ोन: +91 11 23273167 फ़ैक्स: +91 11 23275710

www.vaniprakashan.in
vaniprakashan@gmail.com
sales@vaniprakashan.in

KOSH NIRMAN : PRAVIDHI EVAM PRAYOG
Edited by Tribhuwannath Shukla

ISBN : 978-93-5072-525-2
Linguistics

प्रथम संस्करण 1996
द्वितीय (वाणी) संस्करण 2013
आवृत्ति 2016

मूल्य : ₹300

रजौरिया प्रिंटर्स, दिल्ली-110 093 में मुद्रित

वाणी प्रकाशन का लोगो मक़बूल फ़िदा हुसैन की कूची से

समर्पण

'मेरे निर्माण से लेकर विकास तक तथा और
भी आगे चल-बढ़ पाने के लिए सरस्वती
की धारा में जिनका अव्यक्त एवं
अप्रदर्शित मूकाशीष मुझे प्राप्त
होता रहा है, उन गुरुवर
डॉ. त्रिलोचन पाण्डेय
की षष्टिपूर्ति पर'
सादर समर्पित

द्वितीय संस्करण की भूमिका

कोश निर्माण : प्रविधि एवं प्रयोग एक सैद्धान्तिक कृति है। इन दिनों कोश के व्यावहारिक पक्ष पर बहुत कार्य हो रहा है, किन्तु सैद्धान्तिक पक्ष पर पुस्तकों की संख्या नगण्य है। इसमें कुल चार खण्ड हैं– खण्ड 1–कोश निर्माण की प्रविधि, खण्ड 2–पर्याय एवं पारिभाषिकता, खण्ड 3–कोशीय प्रारूप एवं खण्ड 4–भारतीय भाषाओं में कोश निर्माण।

यह प्रसन्नता का विषय है कि इसका द्वितीय संस्करण *वाणी प्रकाशन,* नयी दिल्ली से हो रहा है। प्रथम संस्करण बहुत दिनों से समाप्त होने के कारण निरन्तर इसकी माँग होती रही है।

विश्वास है कि पूर्व की भाँति इस संस्करण को भी पाठकों का आदर प्राप्त होगा।

भवदीय
प्रो. त्रिभुवननाथ शुक्ल
निदेशक

प्रथम संस्करण की भूमिका

विश्वविद्यालय अनुदान आयोग, नयी दिल्ली की वित्तीय सहायता से स्नातकोत्तर हिन्दी एवं भाषा विज्ञान विभाग, रानी दुर्गावती विश्वविद्यालय जबलपुर द्वारा त्रि-दिवसीय अखिल भारतीय शोध संगोष्ठी का आयोजन (13, 14 एवं 15 दिसम्बर, 1984) किया गया। संगोष्ठी का मूल विषय था--हिन्दी में कोश निर्माण की समस्याएँ। संगोष्ठी का उद्‌घाटन शब्दर्षि डॉ. हरदेव बाहरी एवं समापन डॉ. उदयनारायण सिंह (पूर्व कुलपति इलाहाबाद विश्वविद्यालय, इलाहाबाद) द्वारा सम्पन्न हुआ।

प्रथम सत्र की अध्यक्षता तत्कालीन कुलपति डॉ. अमरेश्वर अवस्थी तथा उद्‌घाटन डॉ. हरदेव बाहरी ने किया। उद्‌घाटन करते हुए डॉ. बाहरी ने कहा कि बोलियों का भाषा की समृद्धि में विशेष योगदान होता है। डॉ. बाहरी ने थेसारस कोश की चर्चा करते हुए बोज़ी कोशों के निर्माण पर अधिक बल दिया। आपने कोश विज्ञान के विभिन्न पहलुओं की चर्चा करते हुए बुंदेली, कुमाऊँनी और गढ़वाली आदि बोलियों के कोश निर्माण की आवश्यकता पर बल दिया। इसी क्रम में डॉ. बाबूराम सक्सेना ने संदेश वाचन किया। अपने संदेश में डॉ. सक्सेना ने कहा है कि 'हिन्दी के शब्दों की व्युत्पत्ति-खोज का कार्य बहुत आवश्यक है। तत्कालीन विभागाध्यक्ष एवं संगोष्ठी के प्रेरणास्रोत डॉ. त्रिलोचन पाण्डेय ने स्वागत भाषण एवं अतिथियों का परिचय दिया।

दूसरे दिन प्रथम सत्र की अध्यक्षता डॉ. हरदेव बाहरी ने की। डॉ. ईश्वर सिंह (आगरा), डॉ. त्रिभुवननाथ शुक्ल (जबलपुर) ने अपना निबन्ध वाचन किया।

द्वितीय सत्र की अध्यक्षता प्रसिद्ध भाषावैज्ञानिक डॉ. देवी शंकर द्विवेदी ने की। डॉ. रामलखन गुप्त (अनूपपुर) ने अपना शोध आलेख पढ़ा और डॉ. हरदेव बाहरी ने 'थेसारस' की संकल्पना विषय पर विचार व्यक्त करते हुए कहा कि शब्दों के पर्यायवाची शब्द होते ही नहीं। आज जिन्हें हम पर्याय कहते हैं वे सन्दर्भ विशेष में ही प्रयुक्त हो सकते हैं। अपने अध्यक्षीय भाषण में डॉ. द्विवेदी ने कहा--कोश निर्माण के उद्देश्य को बहुत स्पष्ट कर देने के बाद ही हम कोश निर्माण के कार्य को पुरस्सर करें।

तृतीय सत्र की अध्यक्षता डॉ. विश्वनाथ शुक्ल (अलीगढ़) ने की। डॉ. (श्रीमती) यशस्वती श्रमण (जबलपुर), डॉ. लक्ष्मण प्रसाद सिन्हा (गया), डॉ. साधना सक्सेना (नागपुर), डॉ. राम प्रकाश सक्सेना (नागपुर) एवं डॉ. सरोज सिन्हा (पटना) ने अपना आलेख प्रस्तुत किया।

चतुर्थ सत्र की अध्यक्षता डॉ. त्रिलोचन पाण्डेय ने की। इसमें डॉ. विश्वनाथ शुक्ल (अलीगढ़), डॉ. कर्णराजशेष गिरिराव (आन्ध्र) ने निबन्ध वाचन किया।

संगोष्ठी में पढ़े गये निबन्धों के अतिरिक्त इस संग्रह में उन-उन विद्वानों के लेखों को भी सम्मिलित किया गया, जिनकी स्वीकृति तथा लेख प्राप्त हो गये थे, किन्तु वे किन्हीं कारणों से संगोष्ठी में उपस्थित नहीं हो सके थे। ऐसे विद्वानों में डॉ. एन.ई. विश्वनाथ अय्यर (त्रिवेन्द्रम), डॉ. नरेश कुमार (गाजियाबाद), डॉ. वीणा गुप्ता (जम्बू), डॉ. राजेन्द्र मिश्र (इलाहाबाद), डॉ. मालती टण्डन (मैसूर), डॉ. भगवान दीन मिश्र। इनमें डॉ. मिश्र और डॉ. टण्डन ने अपनी उपस्थिति अन्तिम चरण में दी, जिसके कारण ये दोनों विद्वान स्वयं निबन्ध वाचन नहीं कर सके।

इन सभी विद्वानों के अपूर्व सहयोग एवं उनकी शब्दराशिसंग्रह से यह ग्रन्थ आकार पाने की सामर्थ्य जुटा पाया है। इन सभी आत्मीय जनों के लिए आभार शब्द 'अट' नहीं पा रहा है।

आभार के क्षणों में रानी दुर्गावती वि.वि. और वि.वि. अनुदान आयोग नई दिल्ली को भुलाया नहीं जा सकता, जिनके सहयोग से यह कार्य संपन्न हो सका है। रानी दुर्गावती विश्वविद्यालय, जबलपुर प्रकाशन प्रकोष्ठ के प्रभारी डॉ. कृष्णकान्त चतुर्वेदी ने इसे प्रकाशन के योग्य समझते हुए सात हजार पाँच सौ रुपये का जो वित्तीय सहयोग जुटाया है, इसके लिए मैं उनका हृदय से आभार मानता हूँ।

जयभारती प्रकाशन इलाहाबाद के संचालक जे.एल. गुप्त को हृदय से साधुवाद देता हूँ कि उन्होंने वि.वि. प्रकाशन प्रकोष्ठ अत्यल्प वित्तीय सहायता के आधार पर इसे अतिशीघ्र प्रकाशित रूप प्रदान किया।

त्रिभुवननाथ शुक्ल
56, अशोक नगर,
आधार ताल, जबलपुर (म.प्र.)

अनुक्रम

खण्ड 4 : भारतीय भाषाओं में कोश निर्माण

हिन्दी शब्द-संग्रह एवं प्रकार्य

–डॉ. भगवानदीन मिश्र

[प्रकृत लेख शब्द-संग्रह एवं उसके प्रकार्य की उन समस्त संभावनाओं को उजागर करता है, जो अभी तक अनिर्दिष्ट रही हैं। प्रो. मिश्र ने हिन्दी कोश निर्माण के लिए शब्द संग्रह के स्रोतों की चर्चा करते हुए कोश को अधुनातन रूप देने के प्रविधि को स्पष्ट किया है।–सम्पा.]

संरचनात्मकता में भिन्न-स्रोतीय एवं प्रकार्यात्मकता में बहु-आयामीय हिन्दी की कोशगत समस्याएँ भी विविध हैं। साहित्यिक निरन्तरता के रिक्त को छोड़े बगैर राजनैतिक एवं सामाजिक आवश्यकताओं के अनुरूप हिन्दी के एक भाषी पूर्ण कोशों की समृद्धि का प्रयास निश्चय ही जटिल है और सैद्धान्तिक तथा व्यावहारिक धरातलों पर धैर्य एवं निष्ठा की अपेक्षा करता है। किसी भाषा की शब्द-राशि के कई स्रोत होते हैं। इनमें परम्परागत, आदन एवं निर्माण तीन प्रमुख भेद अपने अनेक भेदों-उपभेदों के साथ मिलते हैं। हिन्दी भी इसका अपवाद नहीं है। इनमें संरचनात्मक भिन्नता से एकरूपता या मानकीकरण का महत्त्वपूर्ण तत्व और जुड़कर और जटिलता बढ़ाता है।

कठोर तार्किक संरचनात्मकता के आधार पर हिन्दी साहित्य को देखने पर यह प्रथुलतः सवा सौ वर्ष या विरल रूप से अधिकतम तीन-चार सौ वर्षों का ही ठहरता है, किन्तु भाषाएँ संरचना से ऊपर उठकर आदर्शगत दृष्टिकोण या सांस्कृतिक सन्दर्भों में अक्सर परिभाषित होती हैं। ऐसी स्थिति 'आदिकाल' से अब तक का साहित्य भी, जो मैथिली, अवधी, ब्रज, राजस्थानी (डिंगल) में पाया जाता है, हिन्दी के अंतर्गत आ जाता है। बिना इस प्राचीन धरोहर के हिन्दी निर्धन ही रहेगी। तर्कतः इन क्षेत्रीय स्रोतों के साहित्य में प्रयुक्त शब्द-राशि भी हिन्दी के शब्द-संग्रहों का अभिन्न अंग होना चाहिए। सिद्धान्त प्रियंकर महत्वाकांक्षा व्यवहारतः अर्धसत्य या कहिए चतुर्थांश सत्य ही प्रतिफलित हो सकी है। अव्वल तो आदिकाल से मध्यकाल तक की साहित्यिक शब्द-राशि का अन्तिम संग्रह एवं ग्रहण किसी भी कोश में नहीं हुआ, दूसरे स्तर पर आधुनिक क्षेत्रीय बोलियों की शब्द-राशि को

अविकल या मानकीकृत रूप में लेने के प्रयास कतई नहीं हुए। प्रथम वर्ग की शब्द-राशि को साहित्यिक महत्व के कारण अविकल रूप में तथा द्वितीय वर्ग की शब्द-राशि को अपनी सामाजिक जीवन्तता एवं सांस्कृतिक एकता के कारण किसी न किसी रूप में लेना ही होगा। इन दोनों स्रोतों के लिए दो अलग प्रक्रियाएँ अपेक्षित हैं। नागरी प्रचारिणी के 'हिन्दी शब्द सागर' (1916-28) के निष्ठावान सम्पादकों के अथक प्रयास के बावजूद हजारों शब्द छूट गये हैं--प्रथमतः वैज्ञानिक शब्द संकलन प्रणाली न अपना पाने के कारण, द्वितीयतः प्रचुर साहित्यिक कृतियों के प्रकाश में अब तक आ जाने के कारण। इसके लिए एक बृहद् योजना की अपेक्षा है। साहित्यिक महत्व का एक भी शब्द शब्दकोशों में आने से छूट न जाए, इसके लिए प्रत्येक कृति की शब्दानुक्रमणिकाएँ तैयार करानी होंगी। इन शब्दानुक्रमणिकाओं को आवृतिमूलकता के आधार पर तैयार कराने से न केवल शब्द संग्रहों का त्रुटिहीन सम्पादन हो सकेगा, अपितु इनसे शैलीविज्ञान तथा अन्य सामाजिक विज्ञान भी लाभान्वित होते रहेंगे। इन शब्दानुक्रमणिकाओं से कोशों के अर्थ-निर्धारण, व्युत्पत्ति एवं व्याकरण में अप्रतिम सहायता मिलेगी। इस दिशा में अभी तक 'रामचरित मानस' पर कार्य प्रकाशित है। इधर भारत सरकार ने कबीर, बीसलदेव, रासो, साकेत, कामायनी आदि कुछ ग्रन्थों की अनुक्रमणिकाएँ तैयार कराई है। इन्हीं शब्दावृत्तियों के आधार पर संगणकों का कार्य प्रशस्त होगा। आधुनिक वैज्ञानिक दौड़ में संगणकों के भाषा-व्यवहार में प्रवेश से हम अभी से तैयार हो जाएँ। यह समय, श्रम एवं अर्थसाध्य प्रयास है, जो व्यक्ति से नहीं व्यक्तियों से ही सम्भव हो सकेगा। अन्तिम रूप से शब्दानुक्रमणिकाएँ बनाने की तकनीकें विकसित हो गयी हैं, उनके प्रयोग से हम समय की रेखा जल्द लाँघ सकते हैं। हम इनके लिए शोधर्थियों को भी नियोजित कर सकते हैं जो प्रमुखतः अनुक्रमणिकाएँ बनाएँ और अंततः भाषा या साहित्य का कोई पक्ष विवेचित करके उपाधि प्राप्त करें। गौण प्रयास में, किन्तु अल्प श्रम, समय एवं अर्थ व्यय के साथ, प्रत्येक कृति, साहित्यकार, सम्प्रदाय, साहित्यिक विधा, काव्यधारा की प्रमुख शब्द-सूचियाँ तैयार की जा सकती हैं। यह अत्यन्त चिन्ता की बात है कि हिन्दी के लेखक अपनी कृतियों में प्रयुक्त विशिष्ट शब्दों, नामों आदि की सूचियाँ नहीं देते। मैकमिलन जैसे कुछ प्रकाशन अंगरेज़ी परम्परानुसार हिन्दी की कृति के अन्त में शब्द-सूची अवश्य देते आये है। इन दोनों प्रकार की शब्द-सूचियाँ तैयार हो जाने पर हिन्दी के शब्द-संग्रह का एक पक्ष अन्तिम रूप से पूर्ण हो सकेगा। ये प्रयास पहली नींव के पत्थरवत् हैं।

परम्परागत स्रोत का एक उपेक्षित पक्ष है आधुनिक क्षेत्रीय बोलियों की शब्द-राशि का हिन्दी में संग्रह, समन्वय एवं सामंजस्य। अंग्रेज प्रशासकों, पादरियों, विद्वानों--ग्रियर्सन आदि से शुरू होकर रामाज्ञा द्विवेदी, विद्या निवास मिश्र (1970)

जैसे उत्साही भाषाविदों के हाथों बोली शब्दों का संग्रह, विवेचन अब मुख्यतः पी-एच.डी. शोधार्थियों तक सिमट कर रह गया दिखता है। इन शोधार्थियों में भी अम्बा प्रसाद सुमन जैसे कष्ट सहिष्णु, निष्ठावान शब्द-संग्राहकों एवं कोशकारों से लेकर कमरोपजीवी शब्दपाकी बोली कोशकार मिलते हैं। वैसे बोलियों की शब्द-राशि पर ज्यादा कार्य भी नहीं हुआ। प्रत्यक्ष अनुभवजन्य बात यह है कि जहाँ बोली शब्द-संग्रहकों को उचित प्रोत्साहन मिलना चाहिए, वहीं बिना लाग-लपेट के कह दूँ कि उनकी निर्मम समीक्षा भी प्रकाशित होती रहे। कारण यह है कि ये ही शब्द आगे चलकर शब्द-कोशों एवं शब्द-संग्रहों के मेरुदण्ड बनेंगे। अतः नींव ठोस रहे। भूगोल, समाज, वृत्ति, वर्ग एवं प्रशासन के किसी अंश या वर्ग को आधार बनाकर किए गये शब्द-संकलनों, कोशों को अपने वृहत्तर वर्गीय कोशों में रखा जाए, तत्पश्चात् क्षेत्रीय सन्दर्भों को देते हुए या मानकीकरण करते हुए उन शब्दों को हिन्दी कोशों में स्थान देकर शब्द-भण्डार का अपार विस्तार सहज होगा। कुछ जिलों या क्षेत्रीय भागों पर आधृत कार्य ज्यादा हैं, बजाय क्षेत्रीय बोलियों को समग्रतः आधार बना कर बनी संकलित शब्द-राशि के अवधी ब्रज जैसी बोलियों को आधार बनाकर शब्द-कोश तैयार कराए जा रहे हैं, परन्तु बुन्देली, बघेली जैसी दर्जन भर बोलियों के शब्द-कोष बनने शेष हैं। इन दिशाओं में विविध प्रयासों में समन्वय का अभाव है तथा कुछ योजनाओं के दिग्दर्शक अपने यश, पद, अर्थ, उम्र के उच्चतम शिखर में स्थित होकर आशीर्वाद ही ज्यादा दे सकते है। इन कारणों से अपेक्षा है कि इनका कार्यान्वयन नवोदित उत्साही भाषाविदों के सामूहिक नेतृत्व में सुनियोजित ढंग से होना चाहिए। इस संगोष्ठी में बोली कोश विवेचन पृथक सत्रीय है, अतः इत्यलम्।

उपर्युक्त दो आधार के अलावा हिन्दी भाषियों की व्यावहारिक शब्द-राशि भी भिन्न मिल जाती है। विशाल हिन्दी क्षेत्र में अनेक तत्व व्यावहारिक हिन्दी को मानक हिन्दी से पृथक करते पाए गये हैं। व्याकरण के साथ-साथ शब्द-राशि में यह स्थानीय प्रकार्यात्मक भिन्नता बहुत है। मध्यप्रदेश में 'शाला' को 'पाठशाला' के लिए, 'लाने' को 'को' के लिए, 'यंत्री' एवं 'संचालक' को क्रमशः 'इंजीनियर' एवं 'डायरेक्टर' के लिए, बिहार में 'वर्ग' को 'कक्षा' के लिए, उत्तर प्रदेश में 'उपकुलपति' को 'वाइस चांसलर' के लिए, 'अभियन्ता' को 'इन्जीनियर' हेतु ऐसे ही उदाहरण हैं। उत्तर प्रदेश का 'सार्वजनिक निर्माण विभाग' मध्यप्रदेश में 'लोक निर्माण विभाग' बन जाता है। इन समस्त विभिन्नताओं को क्षेत्रीय संकेत के साथ शब्द-संग्रहों में रखना ठीक होगा। ये शब्द रूप एवं अर्थ दोनों में या एक में क्षेत्रीयता का वहन कर सकते हैं। इसी प्रकार 'भई'! (संबोधन), 'आया राम' (दलबदल), गुरु (दादा) जेसे सैकड़ों शब्दों की प्रकार्यात्मक महत्ता हो गयी है। इनको शब्दकोशों में रखने से कोशों की उपादेयता बढ़ती रहती है। मध्य प्रदेश में

'बाई' का प्रयोग भद्र महिला के रूप में है जबकि उत्तर प्रदेश में यही शब्द अच्छे अर्थ में नहीं होता।

शब्द-संग्रहों में विविध-स्रोतीय एवं बहु-प्रकार्यात्मक पर्याय एवं विलोम, अपने वाग्भेदीय एवं व्याकरणिक संवर्गों के विभाजन संकेत के साथ प्रयुक्त किये जाते हैं, अतः 'पाद', 'पैर', 'पाँव', 'गोड़' (१) सभी अंगरेज़ी 'लैग' के समतुल्य बनकर रखे जायेंगे। 'बेगम' और 'रानी' शब्द भिन्न अर्थच्छटाओं के बावजूद एक ही अर्थ इकाई 'क्वीन' के लिए एक साथ रखे जाएँगे। यह प्रयोक्ता का काम है कि वह इनके शैलीगत एवं 'रजिस्टरों' के वैविध्य एवं प्रकार्य की पहचान बनाए। पाठक प्रयोक्ताओं के स्तर, उनकी आवश्यकताओं के अनुरूप इन शब्द संग्रहों में घट-बढ़ हो सकती है।

आगत शब्दराशि-वर्ग में हिन्दी की स्रोत-भाषा संस्कृत एवं उपनिवेशवादी वैज्ञानिकोन्मुखी भाषा अंगरेज़ी प्रमुख हैं। संस्कृत की शब्दराशि अथाह है, किन्तु हिन्दी साहित्य, व्यवहार एवं पारिभाषिक स्तरों पर अप्रयुक्त संस्कृत शब्दों पर हिन्दी का दावा ठोकना अभी अनुपयुक्त है। सहज निर्माण प्रक्रिया से आगत या निर्मित तत्सम शब्द तो रहेंगे ही। प्रमुख समस्या अंगरेज़ी शब्दों के संग्रह-त्याग की है, जो बिना पहचाने सम्भव नहीं है। अरबी-फारसी की आगत शब्दराशि स्थिर हो चुकी है, तरल-स्थिति अंगरेज़ी की ही है, जिसके स्वातंत्र्योत्तर प्रवेश, प्रहार एवं आच्छादन से हिन्दी दिनों दिन सिमटी, आक्रांत एवं दबी जा रही है। पारिभाषिक शब्दों में अंगरेज़ी शब्दों की भूमिका स्वीकृत समझी जा सकती है, किन्तु दैनन्दिन व्यवहार में शिक्षित हिन्दी भाषी द्वारा इसका बेहिचक प्रयोग चिन्तनीय स्थिति है। पत्र-पत्रिकाएँ सैकड़ों अंगरेज़ी शब्दों से भरी मिलेंगी। ललित साहित्य, विशेषतः कथात्मक गद्य में, अंगरेज़ी शब्द प्रचुर संख्या में मिल रहे हैं और तो और नितान्त औपचारिक अवसरों—गोष्ठियों, समारोहों, वार्ताओं, रेडियो, दूरदर्शन में अंगरेज़ी शब्द बेहिचक आ रहे हैं। भाषाई 'कोड-चालन' एवं 'कोड-मिश्रण' इतना अधिक हो रहा है कि पुरुषोत्तम अग्रवाल जैसे समीक्षक एवं हिन्दी-प्राध्यापक सुदामा सदन, बलराम वैद्य जैसे कथाकार 'नावेल की डेथ' जैसे उच्चार बेहिचक (बेशर्मी से?) विश्वविद्यालयीन श्रोताओं के समक्ष नितान्त औपचारिकतः बोल सकते है। यह आयातित प्रवृत्ति चाहे हीनग्रंथिजन्य हो, अहंमन्यतावश हो, भाषा एवं भावों के खोलेपन से हो, आधुनिकता के मोहवश हो अथवा हिन्दी भाषा की संरचनात्मक असमर्थता या शब्द-साहित्य के कारण हो, असलियत यह है कि अंगरेज़ी शब्दराशि का प्रकार्यात्मक प्रयोग आशातीत बढ़ा है। (भगवानदीन मिश्र, 1984)। कोशकार इसे चाहे या न चाहे, अपने शब्द-संग्रहों में उसे बहुजन प्रयुक्त एवं बहुप्रयुक्त अंगरेज़ी शब्द अपनाने पड़ेंगे। पदार्थों, आयातित वस्तुओं (रेल, टी.वी., रेडियो, राडार...) के अलावा व्यवसायों (मेकेनिक, मास्टर, इंजीनियर, डॉक्टर...) अनेक प्रक्रियाएँ (टेस्ट

लेना, रेस, कम्पीटशन, इंजी.) आदि भी धड़ल्ले से अंगरेज़ी द्वारा हो रही है। ऐसी स्थिति में भाषा के प्रकार्यात्मक प्रयोग के सर्वेक्षण कराने होंगे, समाचार पत्रों की विदेशी शब्द-राशि का संकलन करना होगा, उनकी आवृत्ति, आवश्यकता, हिन्दी समतुल्यों की तुलना में सहजता आदि बातों पर ध्यान देकर हिन्दी शब्द-संग्रहों में स्थान देना पड़ेगा। हर एक भाषा में आदान होता है। अंगरेज़ी भी भारतीय भाषाओं से ले चुकी है, लेती रहती है, अतः हिन्दी द्वारा कुछ अंगरेज़ी शब्दों की नागरिकता प्रदान करना गलत न होगा। ये सर्वेक्षण भी योजनाबद्ध तरीके से उपाधि-मूलक या स्वतंत्र हो सकते हैं। 'स्नातकोत्तरीय लघु शोध प्रबन्धों द्वारा इस ओर काम सहज ढंग से कराया जा सकता है। एक शोध छात्र फ्रांसीसी भाषा में भारतीय भाषाओं के आदान पर शोध ही कर रहा है।

जहाँ तक शब्द-निर्माण मूलक स्रोत हैं, उसमें प्रमुखतः पारिभाषिक शब्द प्रमुख हैं। शिक्षा मंत्रालय, केन्द्रीय हिन्दी निदेशालय आदि के कार्यों से मदद ली जानी होगी किन्तु पारिभाषिक शब्दों का एक स्रोत लेखकों द्वारा वस्तुतः व्यवहृतः प्रयुक्त शब्द-राशि का भी है। इनको भी ध्यान में रखना होगा, क्योंकि पारिभाषिक शब्दों की जीवन्तता इन्हीं प्रयोगों से ही आँकी जाती है।

कोशीय प्रविष्टि : संरचना और सन्दर्भ

(हिन्दी भाषा के विशेष सन्दर्भ में)

–प्रो. त्रिभुवननाथ शुक्ल

[कोश निर्माण में प्रविष्टि का केन्द्रीय महत्व है। कोश की प्रकृति के अनुरूप प्रविष्टि निर्माण की प्रविधियों की संरचना की जाती है। प्रस्तुत लेख में हिन्दी कोशों को साक्ष्य पर कोशीय प्रविष्टि के संरचना और सन्दर्भ को स्पष्ट करने का प्रयास किया गया है।–सम्पा.]

हिन्दी में अद्यावधि बने कोशों को दृष्टिगत रखते हुए कोशीय प्रविष्टि-संरचना के स्वरूप पर प्रकाश डालना प्रकृत लेख का विवेच्य है। 'कोश' और 'कोष' दोनों का तात्पर्य संग्रह से है। एक में शब्दों का संग्रह किया जाता है और दूसरे में द्रव्य का। यहाँ विवेच्य है–कोश। इसके लिए कोश विज्ञान (Lexicology) और कोश कला दो शब्द प्रचलित हैं। विज्ञान (Logy) द्योतक है–सिद्धान्त का और कला (gruphy) द्योतक है–प्रयोग का। तात्पर्य यह कि कोश विज्ञान का विवेच्य है–'कोश बनाने के सिद्धान्त का निश्चय और कोश कला का विवेच्य है–सिद्धान्तों का अनुप्रयोग करते हुए कोश निर्माण। इस रूप में कोश कला वस्तुतः कोश निर्माण (Lexicography) है।

संप्रति हिन्दी में सभी प्रकार के कोश उपलब्ध हैं। इधर हिन्दी में अध्येता कोश, उच्चारण कोश और व्युत्पत्ति कोश की कमी महसूस की जा रही थी। अब ये भी बन चुके हैं। अध्येता कोश है–डॉ. हरदेव बाहरी का, जिसका शीर्षक है–शिक्षार्थी हिन्दी-अंगरेज़ी कोश। यह भी द्विभाषी (Bi-lingual) है। अभी एकभाषी अध्येता कोश की नितान्त आवश्यकता है। उच्चारण कोश है, डॉ. भोलानाथ तिवारी का, जिसका शीर्षक है–हिन्दी उच्चारण कोश। यह हिन्दी कोश कला का श्रेष्ठ प्रयास है। व्युत्पत्ति कोश है, डॉ. नरेश कुमार का जिसका शीर्षक है–हिन्दी व्युत्पत्ति कोश। यह कार्य भी अपने आप में बहुत-बहुत महत्वपूर्ण है।

1.1. प्रविष्टि

कोशीय प्रविष्टि में शब्द के अभिज्ञान से सम्बन्धित सभी सूचनाओं का उल्लेख होना चाहिए। इसके पाँच पक्ष हो सकते है–

(1) वर्तनी की एकरूपता, उच्चारण, व्याकरणिक कोटियाँ, पद रचना सम्बन्ध आदि।

(2) अर्थ की उसकी प्रकारों सहित पूरी सूचना। पर्याय, बहुअर्थक समध्वनीय शब्दों का स्पष्ट संकेत। साथ ही मुहावरों का भी संकेत होना चाहिए।

(3) व्यक्ति, स्थान एवं ग्रन्थ-सम्बन्धी सूचना। चित्र, माप एवं मुद्रा आदि का स्पष्ट संकेत होना आवश्यक है।

(4) शब्दों के प्रयोग सम्बन्धी संकेत, बोलीगत है, ग्राम्य है अथवा वर्जित है, इत्यादि।

उपर्युक्त सभी पक्ष सभी प्रकार के कोशों के लिए समान रूप से प्रयोगार्ह हों ऐसा आवश्यक नहीं है। कोश की प्रकृति सीमा एवं उद्देश्य के अनुसार ही इनका प्रयोग होगा।

1.2. प्रविष्टि के प्रकार

प्रविष्टि को प्रमुखतः दो भागों में विभाजित किया जा सकता है–

(1) मुख शीर्षक अथवा मुख बन्ध (Lemma)

इसके अन्तर्गत प्रधान शब्द (हेड वर्ड) वर्तनी, उच्चारण व्याकरणिक-सूचना, जो कि कभी-कभी अर्थ का भी स्थान ले लेती है।

(2) अर्थ और प्रयोग

इसके अन्तर्गत कोशीय इकाई की पूरी सूचनाएँ दी जाती हैं। प्रथम भाग को पूर्व पद (लैफ्ट हैण्ड) और द्वितीय भाग को उत्तर पद (राइट हैण्ड) अथवा विवरण भाग भी कहा जाता है (सिंह 1982, 111)।

1.2.1. प्रधान शब्द

प्रधान शब्द को अनुलेखन-रूप (Citation form) या प्रविष्टि शब्द भी कहा जाता है। कभी-कभी किसी शब्द की रूपावली (Paradigm) बहुत बड़ी होती है ऐसी स्थिति में मूल शब्द की ही प्रविष्टि दी जाती है, उसके रूपायित रूपों (Inflectional form) को नहीं लिया जाता है। जैसे–लता, लताएँ, लताओं। लताओं के केवल लता (प्रधान शब्द) की प्रविष्टि दी जाती है। संस्कृत में क्रिया के लगभग 1350 रूप और ग्रीक क्रिया के 2000 से भी अधिक रूप पाये जाते है। ऐसी स्थिति में प्रधान शब्द की ही प्रविष्टि व्यवहार्थ है।

1.2.2. वर्तनी और उच्चारण

प्रधान शब्द को उच्चारण के अनुरूप पढ़ा अथवा समझा जाता है। यह भी कोश के प्रकार पर निर्भर करता है जैसा कि पूर्व में कहा जा चुका है। हिन्दी कोश में मातृभाषी के लिए इसकी आवश्यकता नहीं पड़ती किन्तु यदि मातृभाषेतर अध्येताओं के लिए है तो दोनों का प्रयोग अपेक्षित होगा।

1.2.3. व्युत्पत्ति

कुछ कोशों में व्युत्पत्ति अनुलेखन अथवा प्रधान शब्द के बाद दी जाती है (व्याकरणिक कोटि के बाद) और कुछ कोशों में प्रविष्टि के अन्त में। जैसे–हिन्दी खप्पर (सं. खर्पर) भिक्षापात्र

मुहा. खप्पर भरना–खप्पर में मदिरा आदि भर कर देवी पर चढ़ाना (सं. हि. श. 242)

हिं. गुम्मा (फा. गुम)–चुप्पा (वही 279)

1.2.4. व्याकरणिक सूचनाएँ एवं अर्थ

व्याकरणिक सूचनाएँ प्रधान शब्द के बाद अथवा प्रविष्टि के दूसरे भाग में भी दी जा सकती हैं, किन्तु व्याकरणिक सूचनाएँ विस्तार से देना सम्भव है नहीं। मात्र शब्द-भेद गत (पार्ट ऑफ स्पीच) सूचनाएँ एवं अकर्मक सकर्मक क्रियाएँ दी जाती है। प्रेरणार्थक रूपों की उपादेयता अवश्य है जिसका संकेत अभी हमारे कोशों में सामान्य रूप से नहीं मिलता।

संज्ञाओं के बारे में कुछ अतिरिक्त सूचनाएँ दी जाने लगी है। कुछ क्रियाएँ गणनीय हैं उनका बहुवचन हो सकता है कुछ अगणनीय है उनका बहुवचन नहीं हो सकता। रचना की दृष्टि से "आवश्यकता" और "ममता" का एक रूप है परन्तु आवश्यकता गणनीय है और ममता गणनीय नहीं है। इसी प्रकार भ्रान्ति और शान्ति में भ्रान्तियाँ गणनीय है और अशान्तियाँ अगणनीय।

1.2.5. प्रविष्टि-चयन

प्रविष्टि चयन के आधार लिखित और मौखिक दोनों हो सकते हैं। चुनी हुई प्रविष्टियों में से किसका ग्रहण किया जाए किसका न किया जाए यह कोश की प्रकृति एवं उद्देश्य पर निर्भर करता है।

1.2.6. प्रविष्टि विन्यास : नियोजन

प्रविष्टि विन्यास के तीन व्यतिरेकी प्रकार स्वीकृत हैं (कत्रे 1980 : 31)। (1) अकारादि क्रम के अनुसार, (2) अर्थपरक, (3) आकस्मिक अकारादिक्रम

नियोजन परम्परागत है। यह सर्वमान्य एवं प्रचलित है।

अर्थपरक नियोजन प्राचीनतम है। सभी प्राचीन संस्कृत के उपलब्ध कोशों को इस वर्ग में रखा जा सकता है (कत्रे 1980 : 31)।

आकस्मिक नियोजन के स्वरूप के शब्द कोशों मे आलोचनात्मक पाठों, ऐतिहासिक व्याकरणों तथा अन्य भाषायी या भाषा शास्त्रीय जिनमें अच्छे अनुवाद भी आते हैं की सूचियाँ दी जाती हैं (कत्रे 1980 : 32)।

हिन्दी में कोशों के लिए संग्रह की गयी प्रविष्टि सामग्री मे से लोकोक्तियों मुहावरों तथा विशिष्ट प्रयोगों को मुख्य प्रविष्टि के रूप में नहीं रखा जाता। इन्हें मुख्य शब्द के पेटे में रखा जाता है, किन्तु पर्याय, बहुअर्थक तथा समनामीय शब्दों को यथासन्दर्भ मुख्य प्रविष्टि के रूप में और पेटे में भी निय़ोजित किया जाता है। इसे आगे कृति कोश के सन्दर्भ में स्पष्ट किया गया है।

1.3.0. हिन्दी कोशों में प्रविष्टि चयन का सन्दर्भ एवं उदाहरण

1.3.1. हिन्दी के कई कवियों एवं लेखकों की कृतियों के कोश बनाये जा चुके है। जिनमें सामान्यतः तीन प्रकार के कोश हैं–

(1) शब्द की प्रविष्टि के साथ उसकी व्याकरणिक सूचना अथवा केवल शब्द-स्रोत, अर्थ, उदाहरण एवं सन्दर्भ दिया जाता है। जेसे मीरा कोश (शशिप्रभा 1974 : 19) की एक प्रविष्टि है–

कवल (सं. कमल) कमल। उदा. सुभग सीतल कवल कोमल, जगत ज्वाला हरन।

इसी प्रकंार का कबीर कोश भी है जिसमें किसी विशिष्ट पद्धति का उपयोग नहीं हुआ है।

(2) कोशीय सिद्धान्तों के आधार पर निर्मित नव-दृष्टि सम्पन्न दूसरा कोश है–सूर शब्द (डॉ. हरदेव बाहरी एवं डॉ. राजेन्द्र कुमार वर्मा) का। स्मृति प्रकाशन इलाहाबाद 1981 इसकी एक प्रविष्टि है।

अवगाहि–

1–निरीक्षण करके : फिर-फिर दुख हमारे 3596।

2–विचार कर : मन में यह 1396।

3–थहाकर : मैं देख्यौ 9175।

4–टटोल कर : मातामन 253।

5–डूबी है : आँसु जुवारि 2575।

तीसरी कृति है–तुलसी शब्द सागर। जिसका सम्पादन (सम्पादक डॉ. त्रिभुवन नाथ शुक्ल) हिन्दी एवं भाषा विज्ञान विभाग, रानी दुर्गावती विश्वविद्यालय, जबलपुर के अन्तर्गत किया जा रहा है, उपर्युक्त दोनों तरह के कोशों की अपेक्षा यह अधिक

आधुनिक है। इसमें शब्द का अर्थ, उसका प्रयोग एवं सन्दर्भ आवृत्ति संख्या भी दी गयी है। साथ ही यदि प्रमुख शब्द बहुअर्थक, पर्याय अथवा समनामीय है तो प्रत्येक का प्रयोग, उसका उदाहरण, सन्दर्भ एवं आवृत्ति संख्या दी जा रही है। दो प्रविष्टियाँ हैं–

(1) **अनुसारी–**

1–अनुशरण, भरत राम आयस 2।220।1 (3)
2–अनुकूल, देसकाल अवसर 2।45।5 (2)
3–चलायी थी, तोतं कछुक बात 2।16।8 (1)
4–समान, बोले वचन मनुज 6।61।1 (2)
5–की, तिलक सारि अस्तुति 6।106।6 (2)

(2) **अपरना–**

पार्वती, उमहि नामु तब भयउ 1।74।7 (1)
पर्या. दच्छकुमारी 1।62 (1) दच्छसुता 1।52।5 (1)
गिरिजा 1। 15।5 (33) गिरिनंदनि 1।31।9 (1)
गिरिराज कुमारी 1।112।6 (2) गिरीस कुमारी 1।96।6 (1)
गिरिवर राजकिसोरी 1।235।5 (1) सैलकुमारी 1।107।6 (4)
पारबती 1।89।4 (9) सती 1।98।5 (29) गौरि 1।78।1 (15)
उमा 1।73।7 (72), अम्बिका 1।67।2 (92),
भवानी 1।101।2 (61), भवभामा 1।100।7 (1)
सिवा 1।15।8 (3)

(3) **अखिल–**

समस्त, जगनिवास प्रभु प्रगटे लोक
विश्राम 1।191 (14) ईश्वर-जगत के ईश्वर,
पूजे रिषि-जानी 1।48।2 (1)

1.3.2. व्युत्पत्ति कोश

हिन्दी का पहला व्युत्पत्ति कोश है–डॉ. नरेश कुमार का (1985) इसमें लगभग दस हजार हिन्दी शब्दों की व्युत्पत्तियाँ दी गयी है। कोशकार का प्रयास स्तुत एवं सराहनीय है। एक प्रविष्टि है–

भुक्खड़–पु. (1–जिसे सदा भूख लगी रहती हो, 2–कंगाल)–बुभुक्षितः > प्रा.भुक्खड़ > हिं. भुक्खड़।

इस कार्य को और आगे बढ़ाने की आवश्यकता है। जन भाषाओं के शब्दों को भी इसमें ग्रहण कर उनका स्रोत एवं व्युत्पत्ति देना अपेक्षित होगा। इस दृष्टि से मैं

अवधी में प्रयुक्त खटकिरवा शब्द की प्रविष्टि दे रहा हूँ—

खटकिरवा (सं. खट्वाकीटः) खाट (चारपाई) में रहने वाला कीट। जिसका हिन्दी में अर्थ है 'खटमल'।

1.3.3. अध्येता कोश

अध्येता कोश में कोशकार एक निश्चित उद्देश्य को लेकर चलता है। वह उद्देश्य है—कोश किस स्तर में अध्येता के लिए बनाया जा रहा है। तदनुसार प्रविष्टि में दिये गये शब्द को अर्थ, व्याख्या एवं चित्र के माध्यम से स्पष्ट किया जाता है। नमूने के लिए 'खाना' शब्द की प्रविष्टि दे रहा हूँ—

खाना[1] (खा-ना) सं. पु. 1 भोज्य वस्तु, रोटी, सब्जी, मिठाई आदि।

चित्र : 1. खाने की सामग्री, 2. रसोई घर

प्रा. (क) मेरा खाना ले आओ।

(ख) खाना ठंडा हो रहा है।

खाना[2] (खा-ना) कि.सं. 1—किसी चीज को मुख में रखकर चबाना और निगल जाना।

चित्र : खाता हुआ व्यक्ति

(क) रोटी खाना।

(ख) सेव खाना।

मुहा. जूते खाना—अपनी गलतियों के कारण उसे जूते खाने पड़े।

मार खाना—वह गरीब आदमी मार खा गया।

चक्कर खाना–मोहन राजनीति में चक्कर खा गया।

ताव खाना–बिना सोचे विचारे वह ताव खा गया।

खाना[3] (खा-ना) स्थान

प्र. आज डाकखाना बन्द है।

कमाना–प्र. आज के युग में खाना-कमाना एक बहुत बड़ी समस्या है।

1.3.4. हिन्दी के द्विभाषा कोशों की प्रविष्टि संरचना

हिन्दी में दो प्रकार के द्विभाषी कोश प्राप्त होते हैं। एक है–हिन्दी बनाम भारतीय भाषाएँ, और दूसरा है–हिन्दी बनाम विदेशी भाषाएँ। यहाँ पहले प्रकार के अन्तर्गत केन्द्रीय हिन्दी निदेशालय नई दिल्ली द्वारा, श्री राजमणि तिवारी तत्कालीन निदेशक, केन्द्रीय हिन्दी निदेशालय नई दिल्ली के संपादकत्व में 10,000 की प्रविष्टियों से युक्त कई कोशों का निर्माण एवं प्रकाशन हुआ है और हो रहा है। उनमें से कुछ कोशों की प्रविष्टियाँ यहाँ दी जा रही हैं।

1.3.4.1. हिन्दी-गुजराती कोश

हिन्दी में व्यवहृत "खुरपा" (पुं.) एवं खुरपी (स्त्री.) दोनों शब्दों में लिए गुजराती में 'खरपडी' शब्द का प्रयोग मिलता है। दो प्रविधियाँ (पृ. 95) हैं–

हिन्दी शब्द	व्या. को.	गुजराती लिप्तांतरण	गुजराती पर्याय	नागरी लिप्यंतरण
खुरपा	पु.			खरपडी
खुरपी	स्त्री.			खरपडी

1.3.4.2. हिन्दी-सिन्धी कोश

हिन्दी में व्यवहृत वे ही दोनों खुरपा एवं खुरपी शब्द सिन्धी में क्रमशः पृथक लिंग एवं शब्द रखते हैं–'खुर्पो एवं खुर्पी। प्रविष्टि है (पृ. 104)।

खुरपा	पु.	खुर्पो
खुरपी	स्त्री.	खुर्पी

1.3.4.3. हिन्दी-असमिया

हिन्दी शब्द	व्या. को.	असमिया लिप्यंतरण	असमिया पर्याय	नागरी लिप्यंतरण
नटखट	वि.	–	–	चंचल, उत्पतीया
सम्मान	पु.	–	–	सन्मान, मान, मर्ज्यादा

1.3.4.4. हिन्दी-मराठी

हिन्दी और मराठी दोनों भाषाओं की लिपि देवनागरी है। अतः हिन्दी-मराठी कोश में लिप्यंतरण की आवश्यकता ही नहीं रही। प्रविष्टियाँ हैं–

हिन्दी शब्द	व्या.को.	मराठी पर्याय
शिक्षा	स्त्री.	दण्ड, उद्दल, शिक्षा
शिक्षार्थी	पु.	विद्यार्थी

1.3.4.5. हिन्दी के त्रिभाषा कोशों की प्रविष्टि संरचना

पूर्व विवेचित द्विभाषा कोशों की शृंखला में निदेशालय द्वारा 'हिन्दी-गुजराती-अंगरेज़ी' त्रिभागा कोश का प्रकाशन हुआ है। यह कार्य दो जिल्दों (कुल पृ.सं. 1812) में सम्पन्न है। प्रविष्टियों की कुल संख्या 20,000 है जो कि किसी भी कोश रचना के लिए बहुत अर्थ पूर्ण मानी जा सकती है। प्रविष्टियाँ हैं–

हिन्दी शब्द	व्या.को.	हिन्दी अर्थ	गुजराती पर्याय	देवनागरी लिप्यंतरण	अंगरेज़ी पर्याय
उभयनिष्ठ	वि.	जो दोनों में निष्ठा रखता हो।	–	उभयनिष्ठ	
किवाड़	पु.	दरवाजे का पल्ला, कपाट	–	कमाड	

1.3.4.6. हिन्दी के बहुभाषी कोशों की प्रविष्ट-संरचना

सम्प्रति हिन्दी में इस प्रकृति के कदाचित दो ही कोश उपलब्ध है। एक है विश्वनाथ नरवड़े का–'भारतीय व्यवहार कोश' और दूसरा है–भारतीय भाषा कोश, जो कि केन्द्रीय हिन्दी निदेशालय द्वारा सम्पादित एवं प्रकाशित है। यहाँ इसकी दो प्रवृष्टियाँ दी जा रही हैं–

साहित्यकार	हिन्दी	सिन्दूर	हिन्दी
पु.	व्या. संकेत	पु.	व्या. संकेत
साहित्य की रचना करने वाला	हिन्दी अर्थ	एक प्रकार का लालचूर्ण जिसे सौभाग्यवती स्त्री मांग में भरती है।	हिन्दी अर्थ
साहित्यकार	पंजाबी	संधुर	पंजाबी
अदीब	उर्दू	सिंदूर	उर्दू
अदील	कश्मीर	स्यंदुर	कश्मीर
साहित्यकार	सिन्धी	सिंधुरु	सिन्धी
साहित्यकार साहित्यिक	मराठी	शेंदुर	मराठी
साहित्यकार	गुजराती	सिंदूर	गुजराती
साहित्यिक	बंगला	सिंदूर	बंगला
साहित्यकार	असमिया	सिंदुर-सेन्दुर	असमिया
साहित्यकार साहित्यिका	उड़िया	सिंदूर	उड़िया
साहित्यवेत्त	तेलुगु	कुंकुम	तेलुगु
इलक्कियं आशिरियर	तमिल	कुंगुमम्	तमिल
साहित्यकारन्	मलयालम	सिन्दुरं, कुंकुमं	मलयालय
साहिति	कन्नड़	कुंकुम	कन्नड़

सम्प्रति आवश्यकता इस बात की है कि सभी बोलियों के शब्दों का संकलन करके, अनेक प्रकार के कोशों का निर्माण किया जाए। यह कार्य प्रत्येक बोली क्षेत्र के विश्वविद्यालयों द्वारा सम्पन्न कराया जा सकता है।

मार्गदर्शक ग्रन्थ और लेख

1–रामचन्द्र वर्मा–संक्षिप्त हिन्दी शब्द सागर, नागरी प्रचारिणी सभा काशी।

2–डॉ. हरदेव बाहरी एवं डॉ. राजेन्द्र कुमार वर्मा–सूर शब्द सागर, स्मृति प्रकाशन, इलाहाबाद।

3–डॉ. हरदेव बाहरी–शिक्षार्थी : हिन्दी अंग्रेजी शब्द कोश, राजपाल एण्ड सन्स, दिल्ली।

4–सरोजिनी शर्मा–कोश विज्ञान, केन्द्रीय हिन्दी संस्थान, आगरा।

5–डॉ. सुरेश कुमार–सम्पादक-कोश निर्माण सिद्धान्त और परम्परा, केन्द्रीय हिन्दी संस्थान, आगरा।

6–डॉ. भोलानाथ तिवारी–कोश विज्ञान, शब्दकार प्रकाशन, दिल्ली।

7–आर.ए. सिंह–लेक्सिकोग्राफी, भारतीय भाषा संस्थान, मानस गंगोत्री, मैसूर।

हिन्दी पर्यायवाची कोश

–डॉ. रामप्रकाश सक्सेना

[प्रो. सक्सेना ने हिन्दी पर्यायवाची कोश की समस्याओं एवं सीमाओं के मूल्यांकन का सवाल खड़ा किया है। पर्याय की उपादेयता, उसका ऐतिहासिक परिप्रेक्ष्य, पर्यायवाची कोशों के कुछ चिंत्य बिन्दु, विदेशी पर्याय सम्बन्धी कुछ प्रश्न, वर्तनी, उच्चारण, लिंग, कोड परिवर्तन और प्रतिसन्दर्भ आदि विस्तृत मीमांस प्रस्तुत लेख का मुख्य प्रयोज्य-पक्ष है।–सम्पा.]

किसी भी भाषा में पर्यायवाची शब्दों का अध्ययन इतना महत्वपूर्ण है कि इस पर अलग से विचार करने की दृष्टि से एक अलग ही विषय विकसित हो गया, जिसे पर्यायविज्ञान या पर्यायकी कहा जाता है। इंग्लिश में इसे सिनानिमी (Synonymy) कहते हैं। यह अर्थविज्ञान की एक शाखा है। पर्यायकी में इस बात पर विचार किया जाता है कि पर्याय माने जाने वाले शब्दों में वस्तुतः अर्थ की दृष्टि से क्या अन्तर है; किस अवसर पर किस आवश्यकता के विचार से कौन-सा पर्याय अधिक उपयुक्त होगा, आदि। सम्प्रति पश्चिमी देशों में शब्दों और अर्थों के सूक्ष्म निरूपण के आधार पर उनके पारस्परिक अन्तर या भेद भी स्थिर होने लगे हैं। प्राचीन भारत में शब्दार्थों पर विचार मुख्यतया उनकी निरुक्ति या व्युत्पत्ति के आधार पर होता था। परन्तु उनके परवर्ती तथा लोक प्रचलित अनेक अर्थों के पारस्परिक सूक्ष्म अन्तरों पर विचार करने की ओर विशेष ध्यान नहीं दिया जाता था।

'पर्याय' के लिये 'सिनानिम' (Synonym) या 'कन्वार्टेबल टर्म' (Convertible term) का प्रयोग होता है। अन्तिम शब्द के लिये हिन्दी में 'परिवर्त्य का प्रयोग किया जाता है।[1] क्या पर्यायवाची शब्द परिवर्त्य होते है? इस प्रश्न पर विद्वानों ने भिन्न-भिन्न मत प्रकट किये हैं। ब्लूमफील्ड कहते है, "...वास्तव में पर्यायवाची नहीं होते।" वस्तु स्थिति यह है कि परिवर्त्य होने वाले पर्याय शब्द ऐसे

1. Comprehensive English Dr. Raghuvir, 1953 Hindi, Dictionary.

भी हो सकते हैं जिनके प्रतिस्थापन के वाक्यार्थ में कुछ भी अन्तर नहीं पड़ता और कुछ ऐसे भी होते हैं जिनके प्रतिस्थापन से वाक्यार्थ में कुछ या बहुत भिन्नता आ जाती है। इस प्रकार, पूर्ण पर्यायवाचिता के स्थान पर सापेक्ष पर्यायवाचिता की संकल्पना अधिक समीचीन हैं। सापेक्ष पर्यायवाचिता भी दो प्रकार की हो सकती है–पूर्ण तथा आंशिक। पूर्णपर्याय उनको कहते हैं जो अधिकांश भाषित तथा भाषेतर सन्दर्भो में परिवर्त्य रूप में प्रयुक्त हो सकते है। आंशिक पर्याय उन्हें कहते हैं जो सीमित सन्दर्भों में ही परिवर्त्य हो सकते हैं।

विभिन्न पर्यायों में जो अन्तर रहता है, वह कई प्रकार का होता है। एक शब्द दूसरे की अपेक्षा अधिक सामान्य हो सकता है। एक शब्द दूसरे की अपेक्षा अधिक तीक्ष्ण हो सकता है। एक शब्द में दूसरे की अपेक्षा अधिक भावबोध कराने की क्षमता होती है। एक शब्द दूसरे की अपेक्षा नैतिक गुण-दोष की व्यंजना करता है। एक शब्द में दूसरे की अपेक्षा अधिक व्यापकता होती है। एक शब्द दूसरे की अपेक्षा बोलचाल का या स्थानीय रंग लिये होता है। इस प्रकार पर्यायवाची शब्दों में कई विवक्षाओं का अन्तर देखा-जा सकता है।

0.1. पर्याय की उपादेयता

प्राचीन काल से इस विषय की उपादेयता से लोग परिचित थे। संस्कृत की यह उचित "एकः शब्दः सम्यग्ज्ञातः सुप्रयुक्तः स्वर्गे लोके कामधुग् भवति" (एक भी शब्द भली भाँति जाना हुआ और अच्छी तरह प्रयोग किया हुआ स्वर्ग तथा कामधेनु की भाँति मनोकामना पूरी करने वाला होता है।) इस बात का द्योतक है।

एक शब्द के कई पर्यायों का होना भाषा की समृद्धि का द्योतक है। पर इनका उचित स्थान पर प्रयोग करना, कवि या लेखक की कुशलता का परिचायक है। कवि भाषा में ओज, प्रभावशीलता तथा स्पष्ट भाव-व्यंजना के लिए उचित पर्याय का उपयोग करता है। जिस प्रकार एक कुशल चित्रकार के लिये यह जानना आवश्यक है, कि किस रंग का कहाँ प्रयोग करना चाहिए, उसी प्रकार एक अच्छे साहित्यकार को यह जानना आवश्यक है कि किस विवक्षा से उक्त कौन-सा पर्याय किस प्रसंग में प्रयुक्त होना चाहिए। पर्यायों का पूर्ण ज्ञान उसके लेखन की कसौटी है। कवि अपनी रचनाओं में कभी तो छन्दों और मात्राओं के विचार से कभी प्रसंग के अनुसार और उनकी विवक्षाओं का ध्यान रखते हुए उचित पर्याय का प्रयोग करते हैं। एक ही बात को यदि किसी कवि ने एक ही शब्द से कह दिया तो यह उसके शब्द दारिद्रय का सूचक होता है महान् कवि या लेखक विभिन्न पर्यायवाची शब्दों का प्रयोग कर उसी एक बात को नूतन रूपों में प्रस्तुत करता है। आलोचक तथा शैली वैज्ञानिकों को भी यह ज्ञान होना चाहिए।

विद्यार्थियों को अपनी लेखन क्षमता बढ़ाने के लिये विभिन्न पर्यायों के सूक्ष्म

भेदों का जानना आवश्यक है। विशेषज्ञों, विशेषतया विधि तथा न्याय शास्त्र में, विज्ञापन-दाताओं तथा जनसंचार के माध्यम का प्रयोग करने वालों को पर्यायों की विभिन्न छटाओं से परिचित होना ही चाहिए।

0.2. ऐतिहासिक परिप्रेक्ष्य

पर्यायवाची कोशों में शब्दों का अर्थ न देकर पर्याय दिये जाते हैं। संस्कृत के निघंटु, अमरकोश, मेदिनीकोश आदि इसी प्रकार के हैं। आधुनिक दृष्टि से पर्यायों के सूक्ष्म अर्थ भेदों की ओर फ्रांसीसी भाषाविदों का ध्यान गया। अंगरेज़ी में British Synonymy के नाम से 1794 ई. में श्रीमती पियोजी का एक ग्रन्थ प्रकाशित हुआ। इसके बाद अंगरेज़ी में कई पर्यायवाची कोश प्रकाश में आये। इनमें 1852 में प्रकाशित रोजेट का 'थेसारस' जग प्रसिद्ध है। 1942 में अमेरिका से जो वेब्स्टरकृत पर्यायवाची कोश निकला, उसमें शब्दों के वर्गीकरण अर्थों के विवेचन तथा प्रयोगों के उदाहरण बहुत ही अच्छी प्रकार से दिये हैं। साथ ही, रोजेट के थेसारस के कई संस्करण अन्य कोशकारों द्वारा सम्पादित होते रहते है।

हिन्दी में तिवारी का 'बृहत पर्यायवाची कोश', गुप्त और कपूर का 'अभिनव पर्यायवाची कोश' और चतुर्वेदी तथा गाबा का 'व्यावहारिक पर्यायकोश' इस क्षेत्र की नई उपलब्धियाँ है। प्रथम दो कोश अपेक्षाकृत छात्रों की दृष्टि से उपयोगी माने जा सकते है। फिर भी अभी तक अंगरेज़ी के पर्यायकोशों के स्तर पर कोश हमारे लिये काम्य मात्र है। रामचन्द्र वर्मा ने इस दिशा में अच्छा कार्य किया है। उनके 'शब्द-साधना' 'शब्दार्थ मीमांसा' और 'शब्दार्थज्ञान कोश' में पर्यायों के सूक्ष्म भेदों का विवेचन प्रस्तुत किया गया है। बद्रीनाथ कपूर का 'शब्द परिवार कोश' भी अपने ढंग का एक नया कार्य है। कुछ कोशकारों ने किसी एक लेखक या उसकी कृति में प्रयुक्त पर्यायों का अध्ययन प्रस्तुत किया है। शुक्ल, 1982 का रामचरितमानस के शब्दों का अर्थतात्विक अध्ययन इस क्षेत्र में उल्लेखनीय है।

पर्यायकोशों में दो प्रकार के क्रम होते हैं–

(1) विषय क्रम,

(2) वर्ण-क्रम।

तिवारी का कोश प्रथम कोटि में आता है। इसमें सब्जियों के नाम एक स्थान पर हैं तो पेड़ों के एक स्थान पर। इस कोश के अन्त में प्रचलित शब्दों की शब्दानुक्रमणिका दी गयी है, जो पाठकों की दृष्टि से सुविधाजनक तथा उपयोगी है। चतुर्वेदी तथा गाबा का कोश दूसरी कोटि का है।

1. पर्यायवाची कोश : कुछ विचारणीय तथ्य

हिन्दी में एक अच्छे पर्यायवाची कोश को तैयार करने के पूर्व निम्नलिखित कुछ तथ्यों पर गम्भीरता से विचार करना आवश्यक है।

1.1. पर्याय किस को माना जाए

रामचन्द्र वर्मा (शब्दार्थ दर्शन, पृ. 78) के अनुसार ऐसे दो शब्दों को 'पर्याय' कहा जाता है जो हमारी भाषा के ही हों और अपने वर्ग के दूसरे शब्दों के स्थान पर भी प्रयुक्त हो सकते हों। संस्कृत और हिन्दी में हम जिन्हें चन्द्रमा और सूर्य कहते है। वे फारसी में 'माहताब' और 'आफताब' कहे जाते हैं, और अंगरेज़ी में उन्हें 'मून' (Moon) और 'सन' (Sun) कहते हैं। ऐसे शब्द एक-दूसरे के समानार्थक तो कहे जाएंगे पर पर्याय नहीं, क्योंकि हम अपनी भाषा में फारसी और अंगरेज़ी के शब्द ज्यों के त्यों नहीं ले सकते।

वेब्स्टर ने भी अपनी पुस्तक (Dictionary of Synonyms, p. 27) की भूमिका में पर्याय (Synonym) की परिभाषा इस प्रकार है, "इस कोश में पर्याय शब्द सदा अंगरेज़ी भाषा के उन दो या अधिक शब्दों के लिये प्रयुक्त होगा जिनके एक से या लगभग एक से सारभूत अर्थ हों।"

यदि रामचद्र वर्मा और वेब्स्टर के कथनों को आधार माना जाये, तो हिन्दी के पर्यायवाची कोश में 'पिता' के साथ 'पापा' को नहीं रखा जा सकता। तिवारी ने अपने पर्यायवाची कोश में पिता के 26 (आदेति, अब्बा, किबला, गुरु, ज, जनक, जनन, जनीयता, जनिता, जन्मद, जन्म, डोकरा, तात, पितु, पितृ, पित्र, पिदर, प्रजापति, बप, अप्पा, बाब, बापू, मूलक, वालिद) पर्याय दिये हैं। गुप्त व कपूर ने 'अभिनव पर्यायवाची कोश' में पिता के 13 (हिं. जनक, जन्मदाता, तात, जनिता, बाप, पित्र, बप्पा, बापू, बाबा, अब्बा, किबला, पितृ) (अं. फादर) पर्याय दिये है। दोनों कोशों में 'पापा' शब्द को स्थान नहीं मिल सका, जबकि सम्बोधन में आजकल हिन्दी में इससे लोकप्रिय कोई अन्य शब्द नहीं है। इसके विपरीत इन पर्यायों में ऐसे बहुत से शब्द हैं जिनका एक साधारण हिन्दी भाषी न तो प्रयोग करता है और न ही इनसे परिचित फिर आधुनिक हिन्दी कोश में इनको स्थान क्यों?

हिन्दी में यह स्थिति केवल पर्यायवाची कोशों की ही नहीं, अन्य सामान्य कोशों की भी है। एक उदाहरण देखिए। रामचन्द्र वर्मा के 'संक्षिप्त हिन्दी शब्द सागर' में 'पापा' की प्रविष्टि इस प्रकार दी है–

पापा : वि. (सं. पापिन) (स्त्री. पापिनी) 1–पाप करने वाला। अधी पातकी। 2–क्रूर, निर्दय। नृशंस। पर पीड़क।

एक साधारण हिन्दी भाषी इन किन्हीं अर्थों से परिचित नहीं है, जबकि पापा के जिस अर्थ (पिता के लिए सम्बोधन) से वह परिचित है, उसको कोश में स्थान नहीं दिया गया है। कुछ कोशों जैसे कालिकाप्रसाद का 'बृहद हिन्दी कोश' में यदि इस अर्थ को स्थान मिला है, तो अन्त में, जबकि कम प्रचलित अर्थ पहले दिये गये हैं।)

हिन्दी एक समृद्ध भाषा है। संस्कृत से उसे नवीन शब्द निर्माण की अद्भुत

शक्ति प्राप्त हुई है। दूसरे, हिन्दी की अपनी पाचन शक्ति भी अद्वितीय है। इस कारण हिन्दी ने अरबी-फारसी, तुर्की, इंग्लिश आदि के हजारों शब्दों को आत्मसात कर लिया है। फिर भी, ऐसा लगता है, हिन्दी कोशकार (कम-से-कम अचेतन रूप में) इस धारणा से अपने को बरी नहीं कर पाए हैं कि हिन्दी संस्कृत का अपभ्रंश रूप है अतः उसको संस्कृत की बैसाखी के सहारे ही चलना चाहिए।

इस सम्बन्ध में व्यावहारिक दृष्टिकोण यह होना चाहिए कि हम हिन्दी को एक स्वतन्त्र भाषा के रूप में देखें। उर्दू (अरबी-फारसी व्युत्पत्ति वाले) तथा इंग्लिश के जो शब्द हिन्दी में बहु-प्रचलित हैं, उनको हिन्दी का मानें। दूसरी ओर संस्कृत के जो शब्द हिन्दी में प्रचलित हैं ही नहीं, उनको पर्याय कोश में देना मुर्दे को कंधे पर ढोना जैसा होगा। यह सत्य है कि स्वतन्त्रता के तत्काल बाद तक कुछ ऐतिहासिक कारणों से उर्दू तथा अंगरेज़ी के प्रति हिन्दी भाषियों का रवैया कुछ परहेज जैसा था किन्तु अब धीरे-धीरे स्थिति सामान्य होती जा रही है।

इस प्रकार हिन्दी के पर्यायवाची कोश में 'विधायक' का पर्याय एम.एल.ए. ('मेम्बर ऑफ लेजिस्लेटिव असेंबिली' नहीं) को स्थान मिलना चाहिए। इसी प्रकार 'चाचा' और 'काका' के साथ 'अंकल' को भी पर्यायों में स्थान देना समीचीन होगा। साथ ही संस्कृत के ऐसे पर्यायवाची शब्दों को, जो हिन्दी में प्रचलित नहीं है, आधुनिक हिन्दी पर्यायवाची कोश में स्थान नहीं मिलना चाहिए। जैसा सर्वविदित है कि रोजेट का मूल 'थेसारस' एक उत्तम कोटि का उपयोगी पर्यायवाची कोश था। किन्तु आजकल अंगरेज़ी में रोजेट के 'थेसारस' नाम से जो नये संस्करण आ रहे हैं, उनमें अप्रचलित शब्दों को त्यागकर नये शब्दों को ग्रहण किया गया है। यही नीति हिन्दी में हमको अपनानी होगी।

शासन इस बात का प्रयास कर रहा है कि हिन्दी अंगरेज़ी का स्थान ले। इस दृष्टि से हिन्दी में बहुत से ऐसे शब्द निर्मित किये जाएँ जो अंगरेज़ी के प्रतिस्थापना के रूप में हिन्दी में उपलब्ध नहीं है। प्रशासनिक और तकनीकी शब्दावली का निर्माण करते समय ऐसे बहुत से शब्द हिन्दी में बनाये गये। उदाहरणार्थ क्लर्क के लिये 'लिपिक' रजिस्ट्रार के लिये 'कुल सचिव' आदि। इसके बावजूद भी इनके रूप हिन्दी क्षेत्र में अधिक प्रचलित व लोकप्रिय है। इस वास्तविक स्थिति को हिन्दी पर्यायकोशों में दर्शाने के लिये यह आवश्यक होगा कि 'क्लर्क' के पर्याय के रूप में लिपिक को रखा जाये।

इस सम्बन्ध में एक बात और ध्यान रखने की है। अंगरेज़ी के जिन शब्दों के लिए हिन्दी के पुराने शब्द प्रचलित या स्थिर होने लगे हैं, उनमें भले ही पहले से हमारे यहाँ कोई भेद न पड़ा हो, फिर भी पर्याय में उनके जो भेद निरूपित हुए हैं उन्हें हिन्दी में ग्रहण करना हमारे लिये आवश्यक है। यदि अंगरेज़ी पर्यायकी में प्रयुक्त ये भेद-प्रभेद हम नहीं अपनाएँगे तो अर्थ की दृष्टि से हिन्दी अविकसित

रह जाएगी। रामचन्द्र वर्मा ने इस ओर इंगित किया है और उन्होंने तीर (bank, नदी का तट, Shore, समुद्र का), आदि शब्दों के अन्तरों की ओर हमारा ध्यान आकृष्ट किया है।

1.2. विदेशी पर्यायों सम्बन्धी कुछ अन्य प्रश्न

उपर्युक्त तर्कों से यह तथ्य स्पष्ट हो गया कि पर्याय कोश में बहुप्रचलित विदेशी पर्यायों को स्थान मिलेगा। ऐसा करने पर निम्नांकित कई प्रकार की समस्याएँ सामने आती हैं।

(क) **वर्तनी**–(1) संप्रति उर्दू व अरबी-फारसी शब्दों को लिखने के लिए 'क, ख, ग, ज, फ' के नीचे नुक्ता तथा 'ऑ' का प्रयोग होने लगा हैं। आभिजात्य वर्ग में ये ही रूप मानक माने जाते हैं। अतः कोश में इनका प्रयोग किया जाना वांछनीय है।

(2) कुछ इंग्लिश (तथा कुछ उर्दू भी) शब्दों की एक से अधिक वर्तनियाँ प्रचलित है, जैसे टेबल, टेबुल, टेबिल। इनकार, इन्कार, इंकार। इनमें से किसी एक रूप को मानकता प्रदान करना और उसी रूप का प्रयोग कोश में करना वांछनीय है।

कुछ इंग्लिश शब्दों की एक से अधिक वर्तनियों के कई कारण है। एक उदाहरण देना पर्याप्त होगा। 'ए' और 'ऐ' में भ्रम के कई उदाहरण मिल जाते है। जहाँ तक सम्भव हो इन शब्दों को इंग्लिश उच्चारण के निकट वाली ध्वनि से लिखा जाए। उदाहरणार्थ–सेट, बैट आदि।

(ख) पर्याय देते समय इन आगत शब्दों के लिंग का भी उल्लेख करना जरूरी है। साधारणतया नियम यह है कि आगत शब्दों में हम लोग अपने देशी पर्याय शब्द के लिंग को आरोपित कर देते हैं। उदाहरणार्थ–हिन्दी में पहले से प्रचलित शब्द 'मेज' स्त्रीलिंग में प्रयुक्त होता है, इसलिये इसका आगत पर्याय 'टेबल' भी स्त्रीलिंग में प्रयोग लिया जाता है। किन्तु सम्प्रति वस्तुस्थिति यह है कि ऐसे कुछ शब्दों (टेबल, शर्ट आदि) को भिन्न लिंग (यहाँ पुल्लिंग) में बोला जाने लगा है। पर्याय कोशों में अलग-अलग पर्यायों के लिये अलग से लिंग (यदि वे भिन्न हों) देना आवश्यक है। (देखिए 1-3 भी)।

(ग) **उच्चारण**–हिन्दी कोशों में उच्चारण देने की परम्परा नहीं है। किन्तु हिन्दीतर भाषियों की सुविधा के लिये भविष्य में यदि सबके न सही, कुछ के उच्चारण, जहाँ आवश्यक हो, देना अनिवार्य है। जैसे 'आय' का एक पर्याय आमदनी है। लोकभाषा में इसके दो उच्चारण प्रचलित हैं–आमुदी और आमदनी। सम्प्रति द्वितीय उच्चारण मानक माना जाता

है अतः इसका उल्लेख भी कोश में अनिवार्य है।

(घ) **पर्यायों में अर्थ भेद**–कुछ आगत शब्दों को हिन्दी में पर्याय तो कहा जाता है, पर इनमें कुछ अर्थ भेद आ गया है। उदाहरणार्थ डॉक्टर, वैद्य, हकीम में प्रथम ऐलोपेंथी, द्वितीय आयुर्वेद और तृतीय यूनानी पद्धति से इलाज करने वाले को कहा जाता है। पर्याय कोश में इस प्रकार का अन्तर दर्शाना अनिवार्य है। इसके अतिरिक्त, एक तथ्य यह भी है कि आज कल आयुर्वेद पद्धति से इलाज करने वाले चिकित्सक अपने को डॉक्टर करते हैं तथा कहलवाना, पसन्द करते हैं, ना कि वैद्य। इसका उल्लेख भी पर्यायवाची कोश में होना चाहिए।

(च) **शैली भेद**–हिन्दी तथा उनके आगत पर्यायों में कुछ शैली भेद भी है। जिसकी चर्चा 1.4 में की जाएगी। (देखिये 1.4)।

1.3. पर्यायों में लिंग भेद

सर्वविदित है कि हिन्दीतर भाषियों के लिये हिन्दी की लिंग व्यवस्था बड़ी पेचीदी लगती है। इसलिए यदि पर्यायों में लिंग भेद है तो कोश में उनका उल्लेख अवश्य करना चाहिए, अन्यथा भ्रम उत्पन्न होता है। 'अभिनव पर्यायवाची कोश' में आँख की प्रविष्टि इस प्रकार दी है--

आँख (संज्ञा स्त्री.)–(हि.) अँखड़ी, अँखिया, अक्ष, गो, गोलक, चख, चक्षु, चर्मचक्षु, ज्योति, दर्पण, दर्शन, दृग, दृशा, दृष्टि, देबदीप, नयन, नीथ, नेत्र, प्रेक्षण, विलोचन, लोचन, लोयन।

इनमें चक्षु, दृग, नयन, नेत्र और लोचन हिन्दी में अधिक प्रचलित हैं। उपर्युक्त प्रविष्ट को देखने से ऐसा प्रतीत होता है कि ये सभी शब्द स्त्रीलिंग हैं, जबकि ये पाँचों शब्द पुल्लिग हैं। इस कारण पर्याय के आगे कोष्ठक में लिंग अवश्य दे देना चाहिए।

सम्प्रति पदवाचक शब्द, जैसे प्रधानमंत्री, प्रोफेसर, डॉक्टर दोनों लिंगों में प्रयुक्त होते हैं, जैसे–प्रधानमंत्री : प्रोफेसर : डॉक्टर गये : गयी। इस कारण कोश में इस बात का उल्लेख करना आवश्यक है।

1.4. कोड परिवर्तन

अभी तक हिन्दी में (तथा अन्य भाषाओं में भी) जो कोश निर्मित हुए है, उनमें समाज भाषा वैज्ञानिक पक्ष की ओर ध्यान नहीं दिया गया है। किसी कोश को जीवंत तथा उपयोगी बनाने के लिये समाजभाषा-वैज्ञानिक पक्षों पर विचार करना होगा।

जैसा कि पूर्व में कहा जा चुका है कि पूर्ण पर्याय नहीं होते। समाज में हम

एक विशिष्ट शब्द (उसका पर्याय नहीं) ही एक विशिष्ट परिस्थिति में प्रयोग करने के लिये बाध्य हैं। इन विकल्पों (Variations) को प्रयोक्ता सापेक्ष तथा प्रयोग सापेक्ष दो मुख्य भागों में बाँटा जा सकता है, यद्यपि इनके भी और अनेक उपभाग किये जा सकते हैं। इन सबका जिक्र करना यहाँ सम्भव नहीं है। अतः कुछ के उदाहरण देकर इस बात को स्पष्ट करने का प्रयत्न किया जा रहा है। 'चाचा' 'काका' और 'अंकल' पर्यायवाची शब्द हैं। चाचा और काका क्षेत्रीय रूप हैं। किन्तु 'अंकल' शब्द प्रयोक्ता के एक विशिष्ट सामाजिक स्तर की ओर संकेत करता है। भाषा के मौखिक तथा लिखित रूप के कारण भी पर्याय में अन्तर हो सकता है। एक व्यक्ति अपने लेखन में चाहे 'विद्यालय' या 'सारिणी' का प्रयोग कर सकता है, पर वही व्यक्ति बोलते समय 'स्कूल' या 'टाइम टेबल' का प्रयोग करता है।

'तुम' और 'आप' भी एक प्रकार से पर्यायवाची ही हैं पर किस समय, किसके द्वारा, किसके लिए, किस सन्दर्भ में, किस शब्द का प्रयोग होगा, यह पूर्व निश्चित है।

यह सच है कि 'सिरिंज,' 'फिल्म,' 'इन्जेक्शन,' 'वेक्सीनेशन' के लिये हिन्दी पर्याय 'पिचकारी,' 'चित्र,' 'टीका' प्रचलित है किन्तु प्रथम श्रेणी के शब्द आभिजात्य वर्ग द्वारा प्रयुक्त किये जाते है तथा दूसरे श्रेणी के शब्दों को वह सम्मान प्राप्त नहीं है। इसी प्रकार यदि आजकल आप किसी बाल काटने वाले व्यक्ति से 'बारबर' न कहकर 'नाई' कह दें, तो यह उसे अपमानजनक लगेगा। दूसरे, 'नाई' शब्द अब जाति विशेष के लिए प्रयुक्त होता है, और 'बारबर' यह पेशा करने वाले के लिये। यह भी तथ्य विचारणीय है कि हम अनौपचारिक वार्तालाप में शब्दों का प्रयोग करते है और औपचारिक में संस्कृतनिष्ठ हिन्दी पर्यायों का।

एक अच्छे पर्यायकोश में इन सभी बातों का उल्लेख काम्य है पर्यायों के इन अन्तरों को स्पष्ट करने के लिए दो उपाय है–(1) व्याख्या, (2) प्रयोग।

व्याख्या–कुछ पर्यायों के अन्तरों को प्रकट करने क लिये उनकी व्याख्या अनिवार्य प्रतीत होती है। ऐसी स्थिति में व्याख्या दी जा सकती है।

प्रयोग–कभी-कभी पर्यायों के अर्थों के अन्तर को स्पष्ट करने के लिये उनके प्रयोग देना अधिक समीचीन होगा। जैसे 'गाय' का पर्याय 'गऊ' भी है पर 'गऊ' के स्थान पर (जैसे 'गऊ माता' तथा 'वह तो बिल्कुल 'गऊ' है।) 'गाय' नहीं आ सकता है और न ही 'गाय' के स्थान पर (गाय दूध देने वाला पशु है।) 'गऊ' का प्रयोग सम्भव है। इस अन्तर को प्रयोगों द्वारा भली भाँति समझाया जा सकता है।

1.5. तटस्थ शब्द

विद्वान और साहित्यकार अपने भविष्य को स्पष्ट करने के लिये कुछ पर्यायवाची शब्द के प्रयोगों में अन्तर करते है उन सबसे न तो जनसाधारण परिचित ही होते

है और न नित्य प्रति के कामकाज में आवश्यकता ही होती है। हिन्दी में 'शक,' 'संदेह,' 'संशय' एक ही वर्ग के है। परन्तु इन सब में विवक्षाएँ एक दूसरे से बिल्कुल भिन्न है। जनसाधारण (या अज्ञानवश विद्वान भी) 'शक' या 'संदेह' से अपने सब काम चला लेता है। ऐसे शब्द को सामान्य (Netural) शब्द कहा जा सकता है। कोशकार को ऐसे शब्द की ओर संकेत कर देना चाहिए।

हिन्दी में देहान्त, निधन, मृत्यु ऐसे शब्द हैं जिनको 'न्यूट्रल' कहा जा सकता है। किन्तु इनका पर्याय 'इंतकाल' केवल मुसलमानों के लिये प्रयुक्त होता है और 'स्वर्गवास' 'दिवंगत' तथा 'परलोक सिधारना' का प्रयोग हिन्दुओं के सन्दर्भ में किया जाता है। इस तथ्य को नकारा नहीं जा सकता। उदाहरणार्थ–जब राष्ट्रपति फखरुद्दीन अली अहमद का देहान्त हुआ तो आकाशवाणी ने इंतकाल' शब्द का प्रयोग किया।

1.6. वर्ग

यदि पर्यायवाची कोश वर्ण क्रम में नहीं है, वरन वर्गों में दिया गया है, जैसा कि तिवारी के पर्यायवाची कोश में किया गया है, तब वर्ग बनाने में थोड़ी सावधानी बरतनी चाहिए। दूसरे अमुक वर्ग में किन-किन शब्दों को देना है, इसका चयन भी सावधानी से करना चाहिए। वर्गों का वर्गीकरण भी कई प्रकार से किया जा सकता है। उदाहरणार्थ–संबोधन का एक वर्ग बनाया जा सकता है। इसमें 'सर,' 'भाई साहब,' 'बाबा,' 'अंकल' आदि शब्द दिये जा सकते है। इस प्रकार स्त्रियों के लिए 'मैडम,' 'बहिनजी,' 'सिस्टर' आदि शब्द दिये जा सकते हैं। यहाँ यह बताना आवश्यक है कि किस पर्याय का प्रयोग किसके साथ होगा।

'वर्ग' वाले पर्यायवाची कोशों में अन्त में अनुक्रमणिका देना वांछनीय है। इसके साथ ही प्रति-सन्दर्भ देना भी आवश्यक है।

1.7. व्युत्पत्ति

पर्यायवाची कोश में शब्दों की व्युत्पत्ति भी दी जा सकती है, जैसा कि 'अभिनव पर्यायवाची कोश' में किया गया है।

1.8. विलोम

यदि 'थेसारस' को परम्परा का पर्यायवाची कोश बनाना है, तो विलोम शब्द भी दिये जा सकते है, जैसा कि 'पर्यायवाची कोश' में किया गया है। पर विलोम देते समय बहुत सावधानी बरतने की आवश्यकता है।

2. उपसंहार

पर्यायवाची कोशों से सम्बन्धित ऊपर कई प्रश्नों पर विचार किया गया।

इसका यह तात्पर्य कत्तई नहीं है कि किसी एक पर्यायवाची कोश में इन सभी बातों को समाहित कर लिया जाए। किन बातों को अमुक कोश में लेना है, यह इस बात पर निर्भर करेगा कि कोश किस स्तर का है तथा किन लोगों के लिये तथा किस उद्देश्य से बनाया जा रहा है।

अभी तक हिन्दी में जो पर्यायवाची कोश उपलब्ध हैं उनमें केवल हिन्दी भाषियों की आवश्यकता की पूर्ति ही हो सकती है, और वह भी आंशिक रूप से। सम्प्रति आवश्यकता इस बात की है कि ऐसे पर्याय-कोश बनाएँ जाएँ तो आधुनिक मानक हिन्दी के हों तथा विदेशी व अन्य हिन्दीतर भाषियों की आवश्यकताओं को पूर्ति कर सकें।

इस सम्बन्ध में यह आपत्ति उठाई जा सकती है कि प्राचीन तथा मध्यकालीन हिन्दी काव्य को यदि दृष्टि में रखा जाए तो आधुनिक मानक हिन्दी पर्यायकोश अपूर्ण रहेगा। इसका उत्तर स्पष्ट है। कोई भी एक कोश सभी आवश्यकताओं की पूर्ति नहीं करता। इतने बड़े देश की राष्ट्रभाषा तथा राजभाषा में सैकड़ों कोशों (पर्यायवाची भी) की आवश्यकता है। चूँकि अभी तक केवल आधुनिक हिन्दी की दृष्टि में रख कर कोश नहीं बनाये गये, अतः इस निबन्ध में इस बात पर बल दिया गया है।

सहायक ग्रन्थ

कपूर, बद्रीनाथ — 1—शब्द परिवार कोश इलाहाबाद, 1968।
2—हिन्दी पर्यायों का भाषागत अध्ययन प्रयाग, हिन्दी साहित्य सम्मेलन, 1965।

कुमार, सुरेश — 1—शैली विज्ञान, दिल्ली, मेकमिलन कम्पनी, 1977।
2—शैली विज्ञान और प्रेमचन्द की भाषा दिल्ली, मेकमिलन कम्पनी, 1978।

कुमार, सुरेश तथा श्रीवास्तव, रवीन्द्रनाथ (सं.) — 1—शैली और शैली विज्ञान, आगरा, केन्द्रीय हिन्दी संस्थान, 1976।

गुप्त, सत्यपाल; कपूर, श्याम (सं.) — 1—अभिनव पर्यायवाची कोश, नई दिल्ली, आर्य बुक डिपो, 1970।

चौधरी, सत्यदेव — 1—भारतीय शैली विज्ञान, दिल्ली अलंकार प्रकाशन, 1979।
2—शैली विज्ञान और भारतीय काव्यशास्त्र, दिल्ली, अलंकार प्रकाशन, 1980।

तिवारी, भोलानाथ (सं.) 1—कोश विज्ञान, दिल्ली, शब्दकार, 1979।
2—बृहत पर्यायवाची कोश, इलाहाबाद, किताब महल, 1962।

प्रसाद, कालिका; सहाय, राजवल्लभ; श्रीवास्तव, मुकुन्दीलाल —बृहत हिन्दी कोश, वाराणसी, ज्ञानमण्डल लिमिटेड, सम्वत् 2030।

बाहरी, हरदेव —हिन्दी में कोशकार्य 'भाषा' (विश्वहिन्दी सम्मेलन अंक) 1975, पृ. 156-162।

वर्मा, रामचन्द्र 1—शब्द साधना, बनारस, साहित्य रत्नमाला कार्यालय, सम्वत् 2012 वि.।
2—शब्दार्थ दर्शन, इलाहाबाद, रचना प्रकाशन, 1968।
3—संक्षिप्त हिन्दी शब्द सागर, काशी, नागरी प्रचारिणी सभा, 1971।

शुक्ल, त्रिभुवननाथ —रामचरित मानस के शब्दों का अर्थतात्विक अध्ययन, इलाहाबाद, स्मृति प्रकाशन, 1982।

श्रीवास्तव, रवीन्द्रनाथ —भाषा शिक्षण, दिल्ली, मेकमिलन, 1979।

ENGLISH :

Bloomfield, L. Lewis, Language 1963, The New Reget's Thesaurus, 1982

Norms (Ed.)

Raghuvir Comprehensive English-Hindi Dictionary, 1953.

पारिभाषिक शब्दावली के निर्माण की समस्याएँ

—डॉ. लक्ष्मण प्रसाद सिन्हा

[कोश निर्माण में पारिभाषिक शब्दों के निर्माण की बहुत बड़ी समस्या है। विद्वान लेखक ने इस समस्या का समाधान अनेकशः हिन्दी एवं अंगरेज़ी के उदाहरणों द्वारा प्रस्तुत किया है। प्रो. सिन्हा इस क्षेत्र के अधिकारी विद्वान हैं। लेख में समस्त संभावनाओं एवं उसकी व्याप्तियों की मीमांसा की गयी है। सम्पा.]

भाषा अभिव्यक्ति का माध्यम है। सामान्यतः अभिव्यक्ति वाक्य के द्वारा सम्भव है। वाक्य की रचना 'रूप' से होती है और व्यवहार में लाने के लिए शब्द को विभक्तियों के सहारे 'रूप' बनाया जाता है। 'रूपिम' रूप की लघुतम अर्थवान इकाई है। इस प्रकार अभिव्यक्ति की न्यूनतम इकाई के रूप में रूपिम को तो मान्यता मिलनी चाहिए, किन्तु यह बात भी ध्यान देने की है कि रूपिम की संरचना में ध्वनि अपरिहार्य है। ध्वनि की लघुतम इकाई को स्वनिम कहा जाता है। अतएव अभिव्यक्ति की इकाई को बात चले तो स्वनिम के अस्तित्व को भी अस्वीकार नहीं किया जा सकता। वस्तुतः रूपिम पारिभाषिक शब्दों के निर्माण का मार्ग प्रशस्त करता है। फिर भी इस सम्बन्ध में हमें यह नहीं भूलना है कि पारिभाषिक शब्दों के निर्माण में थिसारस का महत्वपूर्ण स्थान है। थिसारस का मूल आधार शब्द नहीं, विचार है।

इतिहास बतलाता है कि पिछले डेढ़-दो सौ वर्षों में संसार विज्ञान एवं तकनीक आदि के क्षेत्रों में आशातीत प्रगति हुई है। अंगरेज़ी के शब्द कोश में सौ-सवा सौ वर्ष पहले अधिक से अधिक लाख सवा लाख शब्द थे, किन्तु विज्ञान एवं तकनीक के विकास के साथ-साथ अंगरेज़ी के कोशकारों ने शब्दों का निर्माण किया अखबारों में विज्ञाप्ति द्वारा अथवा अन्य स्रोतों से इस काम को सम्पन्न किया गया। अंगरेज़ी भाषा-प्रेमियों के दृढ़ संकल्प एवं कठिन श्रम का यह प्रत्यक्ष प्रतिफलन है कि सौ सवा सौ वर्षों में ही अंगरेज़ी शब्दों की संख्या दस-पन्द्रह गुनी बढ़ गयी। अंगरेज़ी भाषा आज यह दावा करने लगी है कि उसके कोश में बीस

लाख से अधिक शब्द हैं। यदि यह सत्य है तो विज्ञान एवं तकनीक के विकास के साथ-साथ अठारह-उन्नीस लाख शब्द तो पिछले सौ-सवा सौ वर्षों में ही गढ़े गये। इसके लिए अंगरेज़ी भाषा ने अन्य भाषा के शब्दों का यह तो स्वीकरण किया या अपनी प्रवृत्ति के अनुसार उनका अनुकूलन अथवा शब्द निर्माण।

पारिभाषिक शब्दावली के निर्माण की बात बिल्कुल नयी नहीं है। बहुत प्राचीन काल से ही तकनीकी शब्दों के निर्माण में भारतवासी रुचि लेते रहे हैं। इस सम्बन्ध में इतिहास में जो तथ्य मिलते हैं, उससे यह ज्ञात होता है कि सर्वप्रथम शिवाजी के समय में शासन-सम्बन्धी हजार-डेढ़ हजार शब्दों की रचना हुई थी। उसके बाद इस प्रकार के शब्दों की रचना का कार्य चलता रहा। उन्नीसवीं शताब्दी में भी तकनीकी शब्दावली के निर्माण के कई प्रयास हुए। बंगाल सरकार ने 1871 ई. में एक समिति का गठन कर विधि सहिताओं और वैज्ञानिक विषयों के शब्दों का अंगरेजी से भारतीय भाषाओं में अनुवाद का प्रबन्ध किया। छट वर्षों के बाद 1877 ई में इस समिति की रिपोर्ट प्रकाशित हुई। काशी नागरी प्रचारिणी सभा द्वारा 1906 ई. में 'हिन्दी साइंटिफिक ग्लासरी' का प्रकाशन हुआ। हिन्दी साहित्य सम्मेलन प्रयाग ने भी इस सम्बन्ध में महत्वपूर्ण प्रयास किये। सच तो यह है कि पारिभाषिक शब्दावली के निर्माण की समस्या के प्रति आज का प्रबुद्ध वर्ग जितना सजग है, उतना सजग प्राचीन काल में लोग कभी नहीं रहे। यह भी सत्य है कि परतंत्रता काल में भारतीय भाषाओं को ऐसा अवसर ही नहीं मिला कि वे विकसित हों तथा उनमें पारिभाषिक शब्दावली के निर्माण की क्षमता आ सके। स्वतंत्रता-प्राप्ति के बाद भारत सरकार ने 'वैज्ञानिक एवं तकनीकी शब्दावली आयोग' का गठन किया। अपने देश में सम्पर्क भाषा के माध्यम से पारिभाषिक शब्दावली की स्वीकृति की बात आयी तो यह समस्या बन गयी।

अंगरेज़ी में जो पारिभाषिक शब्द प्रचलित हैं, उनके अनुवाद के लिए 'वैज्ञानिक एवं तकनीकी शब्दावली आयोग' सचेष्ट है। बहुत से विषयों के बहुत-सारे शब्दों का अनुवाद आयोग प्रस्तुत भी कर चुका है। अनुवाद की जो प्रक्रिया चल रही है, उस सम्बन्ध में स्वर्गीय डॉ. रघुवीर ने तीन बड़े महत्वपूर्ण सिद्धान्तों का उल्लेख किया था।[1] पहले सिद्धान्त के अनुसार अंगरेज़ी हिन्दी के अनूदित शब्द को अर्थवान होना चाहिए। अंगरेज़ी के शब्द का "अनुवाद हिन्दी में सार्थक होना चाहिए।" उनका दूसरा सिद्धान्त है कि "अंगरेज़ी की प्रत्येक अर्थच्छाया के लिए हिन्दी में भी नया शब्द होना चाहिए।" इसे स्पष्ट करने के लिए डॉ. रघुवीर ने प्रीरोगेटिव, राइट और प्रीविलेज के उदाहरण प्रस्तुत किये हैं। इन शब्दों में अर्थ का भेद तो है ही, छाया का भी भेद है। सामान्य जन इन तीनों के विकल्प-स्वरूप एक

1. पारिभाषिक शब्दावली : कुछ समस्याएँ (सम्पादक–डॉ. भोलानाथ तिवारी) संस्करण 1978, पृ. 10।

शब्द से काम चला ले सकते हैं, किन्तु विशेषज्ञों को हिन्दी में भी इन तीनों के अलग-अलग वैकल्पिक शब्द चाहिए। अपने तीसरे सिद्धान्त में डॉ. रघुवीर ने बताया कि "असमस्त शब्द का अनुवाद यथासम्भव असमस्त शब्द से ही होना चाहिए। अंगरेज़ी में एक शब्द है तो हिन्दी में उसका अनुवाद एक शब्द से ही होना चाहिए।" ऑक्सीजन शब्द के उदाहरण द्वारा उन्होंने इसकी व्याख्या की है। हिन्दी में ऑक्सीजन का अनुवाद प्राणवायु सरल भले प्रतीत हो, इसकी मान्यता में कठिनाई प्रत्यक्ष है। 'ऑक्सीजन' का संक्षिप्त रूप अंगरेज़ी में 'ऑक्सी' चलता है, लेकिन हिन्दी में क्या चलेगा--'प्राण'? यदि ऐसा किया गया तो बहुत-सारी कठिनाइयाँ उपस्थित होंगी।

अंगरेज़ी के पारिभाषिक शब्दों को हिन्दी रूप देने में कठिनाइयों की अनुभूति स्वाभाविक है। सिद्धान्त के अनुसार हिन्दी में शब्द नहीं मिलने पर क्षेत्रीय भाषाओं में यदि इनका विकल्प ढूँढ़ने का प्रयास होता तो समस्या बहुत-बहुत सरलता से सुलझ सकती थी। बिना प्रयास किये ही लोग यह मान बैठे कि क्षेत्रीय भाषाएँ भी उतनी सम्पन्न नहीं कि उनसे शब्द लेकर पारिभाषिक शब्दावली का निर्माण किया जा सके। एक कारण और भी है। परम्परा से चले आते शब्द मनुष्य के मानस पटल पर अपनी छवि बनाते है तो लोग चौंक उठते है। परम्परा से व्यवहार में चले आते शब्द, चाहे वे विदेशी ही क्यों न हों, लोगों को सरल प्रतीत होते हैं। इसका एकमात्र कारण विदेशी शब्दों का दीर्घकालीन प्रयोग है। आज जो विदेशी शब्द सरल प्रतीत हो रहे हैं, कभी बिल्कुल नये रहे होंगे और आरम्भ में ये भी क्लिष्टतर प्रतीत हुए होंगे। सुदीर्घ काल तक प्रयोग में आते रहने के बाद ही वे सुपरिचित हुए और सरल प्रतीत होने लगे। हिन्दी के भी बहुत सारे शब्द जो एकाएक प्रयोग में आने के कारण पहले सामान्य जनों को क्लिष्टतर प्रतीत होते थे, निरन्तर व्यवहार के कारण बीसवीं शताब्दी के आठवें दशक में आज सरल प्रतीत होने लगे हैं।

पारिभाषिक शब्द-निर्माण के लिए सामान्यतः तीन माध्यम प्रचलित है--स्वीकरण, अनुकूलन और निर्माण। स्वीकरण किसी भाषा के लिए कोई नयी बात नहीं। दुनिया की हर भाषा दूसरी भाषा से प्रभावित होती है और यत्किंचित परिवर्तन के साथ अथवा यथातथ्य रूप में दूसरी भाषा के शब्दों को अपनी भाषा के लिए स्वीकार कर लेती है। सैकड़ों वर्षों तक भारत में मुसलमानों और मुगलों का शासन रहा। इसी प्रकार वर्षों भारत में अंग्रेज़ों ने राज्य किया। मुस्लिम और मुगल काल में भारत में प्रशासन, न्याय और विधि की भाषा फारसी रही प्रशासन आदि इन कार्यों के लिए अंगरेज़ी ने अंगरेज़ी का व्यवहार किया। परिणामस्वरूप सहज सम्पर्क के कारण हिन्दी में फारसी और अंगरेज़ी के बहुत-सारे शब्द आज प्रचलित हो गये है। यही नहीं, स्वयं अंगरेज़ी भाषा ने हिन्दी के बहुत-सारे शब्दों को अपना लिया है। लाठी, घेराव, सत्याग्रह आदि हिन्दी के शब्द अंगरेज़ी में यथातथ्य रूप में

प्रचलित है। इसी प्रकार हिन्दी में प्रचलित उर्दू-फारसी के शब्दों को भी अंगरेज़ी ने अपना लिया है; यथा-नकदी, भावली, जमींदार, कचहरी, गुमाश्ता, पटवारी, गोड़ायत, रइयत...आदि। यहाँ यह स्मरणीय है कि प्रत्येक भाषा की अपनी आकृति-प्रकृति होती है। उसी परिवेश में उसका विकास होता है। अरबी-फारसी के बहुत सारे शब्द हिन्दी में आज अप्रचलित हो रहे है। हिन्दी को अरबी-फारसी या अंगरेज़ी के जिन शब्दों का अनुकूल विकल्प मिल जाता है, वह शब्द प्रचलित हो जाता है। इस स्थिति पर विचार किये बिना ही ऐसा भी प्रस्ताव आया है कि अंगरेज़ी में प्रचलित वैज्ञानिक एवं तकनीकी शब्दों को हिन्दी के लिए यथातथ्य रूप में स्वीकार कर लिया जाए। वस्तुतः ऐसा प्रस्ताव करने वाले भारतीयों को अंगरेज़ी भाषा के प्रति मोह है और मोह कभी दूर नहीं होता। भारत में तो ऐसे लोग भी हैं जिन्हें अंगरेज़ी का सामान्य ज्ञान भले ही न हो किन्तु गलत-सलत अंगरेज़ी बोलने में वे गर्व का अनुभव करते है।

'वैज्ञानिक एवं तकनीकी शब्दावली आयोग' ने स्वीकरण के सम्बन्ध में भाषा विज्ञान के लिए कुछ शब्दों को लिया है। ऐसे शब्द तो बहुत हैं किन्तु उदाहरण के लिए एक शब्द प्रस्तुत है—फार्मेण्ट। इस सन्दर्भ में रूपिम का संक्षिप्त विश्लेषण अपेक्षित है। रूप (Morph) की लघुतम अर्थवान इकाई को रूपिम (Morpheme) कहा जाता है। हिन्दी में बीसवीं शताब्दी की छठी दशाब्दि तक इसका वैकल्पिक नाम था—रूपग्राम। कालान्तर में लोगों ने यह अनुभव किया कि जब 'इम' प्रत्यक्ष हिन्दी में भी प्रचलित है तो अंगरेज़ी 'माफ' से 'मार्फिम' के समान हिन्दी में भी 'रूप' से 'रूपिम' क्यों न मान लिया जाए। इस शताब्दी के सातवें दशक से रूपिम शब्द प्रचलन में भी है तथा 'वैज्ञानिक एवं तकनीकी' शब्दावली आयोग' द्वारा 'मार्फिम' के विकल्प में 'रूपिम' शब्द स्वीकृत भी हो गया है। रूप और रचना की दृष्टि से रूपिम के दो भेद हैं—मुक्त (Free) रूपिम और बद्ध (Bound) रूपिम। कठिनाई तब उपस्थित हुई जब अंगरेज़ी के एक भाषाशास्त्री मारियों पाइ ने मुक्त रूपिम के लिए फार्मेण्ट (Formant) शब्द का व्यवहार किया।[1] जब हिन्दी में इसके अनुवाद की बात आयी तो इसका उचित विकल्प ढूँढ़ने की अपेक्षा वैज्ञानिक एवं तकनीकी शब्दावली आयोग ने हिन्दी के लिए भी इसे यथातथ्य रूप में स्वीकार कर लिया। यह 'फार्मेण्ट' शब्द न तो हिन्दी के लिए सरल है, न पूर्व परिचित और न तो हिन्दी की आकृति-प्रकृति के अनुकूल ही। हिन्दी की आकृति-प्रकृति, ध्वनि और अर्थ को ध्यान में रखते हुए फार्मेण्ट के विकल्प में कोई भिन्न शब्द दिया जाता तो यह उचित प्रयास होता। वैसे भी थिसारस विकल्प देता है—'यह'

1. With regard to free and bound morphemes, some modern linguists prefer to use the term Formant for the free morphemes and to reserve the term morpheme for the bound variety. —Mario A Pei : INVITATION TO LINGUISTICS. End. 1965, P. 60.

अनुकूल नहीं है तो 'वह'। फार्मेण्ट का कोई वैकल्पिक रूप प्रस्तुत नहीं किया गया। पारिभाषिक शब्दावली को यदि प्राणावंत बनाना है तो वर्षों से मन में जमी हुई अंगरेज़ी के प्रति मानसिक दासता को दूर करना होगा।

अनुकूलन के समर्थक कहते हैं कि अंगरेज़ी अथवा विदेशी भाषाओं के शब्दों को तथा तथ्य रूप में भले न स्वीकारा जाए, किन्तु उन्हें अनुकूल बनाया जा सकता है। अन्तर्राष्ट्रीय शब्दों को स्वल्प परिवर्तन के साथ भारतीय भाषाओं के अनुकूल बनाया जा सके तो कई दृष्टियों से ऐसा प्रयास सराहनीय होगा। सरलीकरण को ध्यान में रखकर कुछ विद्वानों ने अंगरेज़ी के शब्दों में "ऐसे परिवर्तन किये भी है; जैसे 'अकैडमी' शब्द का भारतीय रूप 'अकादमी', 'टेकनीक' के लिए 'तकनीक' तथा 'इंटेरिम' के लिए 'अंतरिम'।[1] ऊपरी तौर पर अनुकूलन की यह स्थिति सरल और सुन्दर प्रतीत होती है। किन्तु व्यावहारिक रूप से यह इतना आसान नहीं है। जब तम मूल का अनुकूल नहीं हो जाए, तब तक मूल में प्रत्यय-परसर्ग आदि के योग से निर्मित शब्दों का स्वाभाविक अनुकूलन सम्भव नहीं। टैकनीक का तकनीक एवं टेकनिकल का तकनीकी के रूप में अनुकूलन तो सम्भव है किन्तु टेकनीक के आधार पर बने अंगरेज़ी के अन्य शब्दों के विकल्प अनुकूलन के आधार पर हिन्दी में नहीं मिलते। प्रश्न उपस्थित हो जाता है कि टेक्नोक्रैसी, टेक्नोक्रैट, टेक्नोक्रैटिक, टेक्नोलाजी आदि के हिन्दी रूप क्या हों?' अतएव सफल अनुकूलन वहीं सम्भव है जहाँ तुल्य भाषा में सम्बन्ध-सूत्र वर्तमान हो। अंग्रेजी टेकनीक (Technique) का वैकल्पिक हिन्दी रूप यदि 'प्रौद्योग' माना जाए तो इसके द्वारा अंगरेज़ी 'टेकनीक' से सम्बन्धित सारे शब्दों का हिन्दी में निर्माण सहज रूप से सम्भव है। यथा—

अंगरेज़ी	हिन्दी
टेकनीक (Technique)	प्रौद्योग
टेक्निकल (Technical)	प्रौद्योगिक
टेक्नोक्रैसी (Technocracy)	प्रोद्योगतंत्र
टेक्नोक्रैट (Technocrat)	प्रौद्योगतंत्रवादी
टैक्नोक्रैटिक (Technocratic)	प्रौद्योगतांत्रिक
टेकनोलाजी (Technology)	प्रौद्योगिकी

टेकनीक का हिन्दी रूप 'तकनीक' मानकर यदि ऊपर के पारिभाषिक शब्दों का हिन्दी में अनुवाद करना चाहें तो शब्द-निर्माण में कठिनाई हो जाती है।

---

1. पारिभाषिक शब्दावली : कुछ समस्याएँ (सं. डॉ. भोलानाथ तिवारी), संस्क. 1978, पृ. 50।

पारिभाषिक मानते हैं। सरलीकरण निश्चय ही सुन्दर प्रयास है। सामान्य व्यवहार के लिए सरल शब्द ठीक भी रहते हैं क्योंकि इनका प्रयोग सर्वसाधारण के लिए होता है। किन्तु, यही बात पारिभाषिक शब्दों के लिए लागू करना उचित नहीं। इसलिए पारिभाषिक शब्दों को व्यवहार में लाना जरा भी अनुचित नहीं जो अपेक्षाकृत कठिन भी प्रतीत होते हों। वह स्थिति भी आती है जब सरल शब्द पारिभाषिक शब्द का भाव-भार ढोने में असमर्थ हो जाते हैं। उदाहरण स्वरूप अंगरेज़ी में एक शब्द है–ला। इस 'ला' मूल रूप से बहुत-सारे पारिभाषिक शब्दों की रचना हुई है–लाफुल, अनलाफुल, लीगल, इल्लिगल, लाइयर, लेजिस्लेटर, लेजिस्लेटिव...आदि। 'ला' का सरल हिन्दी रूपान्तर होगा–'कानून' शब्द के सहारे 'ला' से निर्मित उपर्युक्त शब्दों का अनुवाद हिन्दी में करना चाहें तो इसमें निश्चय ही कठिनाई होगी। 'ला' का अनूदित हिन्दी में प्रचलित एक शब्द है–विधि। कानून की अपेक्षा विधि क्लिष्टतर प्रतीत हो सकती है, किन्तु इस 'विधि' के सहारे अंगरेज़ी के उपर्युक्त शब्दों के विकल्प हिन्दी में सहज ही मिल जाते हैं–

अंगरेज़ी	हिन्दी
ला (Law)	विधि
लाफुल (Lawful)	विधिवत्
अनलाफुल (Unlawful)	अविधिवत्
लीगल (Legal)	विधानी
इल्लिगल (Illegal)	अविधानी
लाइयर (Lawyer)	अधिवक्ता
लेजिस्लेटर (Legislator)	विधायक
लेजिस्लेटिव (Legislative)	विधान

इसलिए भारत सरकार के 'वैज्ञानिक एवं तकनीकी शब्दावली आयोग' ने 'ला' के विकल्प मे जनसाधारण में पूर्वप्रचलित 'कानून' को न अपनाकर इसके लिए विधि शब्द की ही मान्यता दी है। विधि के सहारे निर्मित उपर्युक्त शब्द आज सामान्य जनों के लिए भी सुपरिचित हो गये है।

हिन्दी समर्थ भाषा है और भारत की सामाजिक संस्कृति को मूर्त रूप देने में वह पूर्ण रूप से सक्षम है। समय आ गया है जब हिन्दी में पारिभाषिक शब्दावली के निर्माण की बात को समस्या एवं विवाद के धरातल से ऊपर उठाया जाए। इसके लिए अतिशय उदारता की आवश्यकता है। पूर्णतः अनुरूप पारिभाषिक हिन्दी शब्द मिलने में यदि कठिनाई अनुभूत हो तो भारत की क्षेत्रीय भाषाओं से विकल्प ढूँढ़कर इस समस्या को बहुत अंशों में दूर किया जा सकता है। हमें गर्व है

कि भाषा की दृष्टि से भारत बड़ा समृद्ध है। भाषा की दृष्टि से विविधता होते हुए भी अनेकता में एकता भारत की निजी विशेषता है। आवश्यकता पड़ने पर विदेशी भाषाओं के शब्दों को भी अनुकूलन के आधार पर अथवा यथातथ्य रूप में स्वीकरण को मान्यता मिलनी चाहिए। इतना ध्यान अवश्य रखना है कि ऐसा करते समय हिन्दी की आकृति-प्रकृति की अवहेलना न हो। भारत के लिए यह गौरव की बात है कि सम्पूर्ण देश आज राष्ट्रभाषा हिन्दी की समृद्धि में निरन्तर प्रयत्नशील है। निकट भविष्य में ही पारिभाषिक शब्दावली की समस्या का सहज समाधान अवश्यम्भावी है।

विश्वकोशीय स्थान नाम कोश
(Encyclopedic Place Name Dictionary)

–डॉ. साधना सक्सेना

[प्रस्तुत निबन्ध में विश्वकोशीय स्थान नाम कोश में संकल्पनाओं को स्पष्ट करने का सत्प्रयास किया गया है। श्रीमती सक्सेना ने अपने निबन्ध में प्रविष्टि, वर्तनी, उच्चारण, रोमन में प्रचलित रूपों एवं उनके उच्चारण, देवनागरी में उनके अपेक्षित मानक रूप और भारतीय भाषाओं के सन्दर्भ में वांछित स्थान नामों पर विस्तार से प्रकाश डाला है। सम्पा.]

सांस्कृतिक दृष्टि से समृद्ध भारत की राष्ट्रभाषा व राजभाषा होने का सम्मान हिन्दी को प्राप्त हुआ है, किन्तु यह खेद का विषय है कि इस महान् देश की भाषा के लिए जितना कार्य अपेक्षित है उतना अभी तक करने में हम असफल रहे। इसके लिए सरकार पर निर्भर रहने की हमारी मानसिकता एक बड़ी सीमा तक उत्तरदायी है। परन्तु इस प्रकार के दृष्टिकोण का कोई औचित्य नहीं है। नौकरशाही परम्परा की शासन प्रणाली में प्रत्येक क्षेत्र में कार्य तो विद्वानों को ही करना है। हिन्दी को धनी बनाने की परम्परा में यह आवश्यक है कि सभी प्रकार के सैकड़ों कोशों का निर्माण किया जाए। इस लेख में एक ऐसे स्थान नामकोश की चर्चा की जा रही है जो विश्वकोशीय (Encyclopaedic) हो।

स्थान नाम कोश के अन्तर्गत सभी प्रकार के भौगोलिक नामों तथा–पर्वत, नदियाँ, घाटियाँ, पठार, मरुस्थल, समुद्र आदि को समाहित किया जाता है। आधुनिक युग में स्थान नाम कोशों की उपादेयता कुछ अधिक बढ़ गयी है। जन-संचार के साधन (रेडियो, टेलीविजन, समाचार-पत्र), डाक-तार विभाग, रेल विभाग, पर्यटन विभाग, भूगोल शास्त्री, इतिहासज्ञ, मानचित्र निर्माता आदि सभी इस प्रकार के कोश से लाभान्वित हो सकते है। संयुक्त-राष्ट्रसंघ की भी यह नीति है कि प्रत्येक देश राष्ट्रीय स्तर पर सभी स्थान-नामों का मानकरूप तैयार करे और राष्ट्रसंघ उसके आधार पर दूसरी भाषाओं में उनका लिप्यंतरण करेगा।

दुर्भाग्यवश अधिकतर भारतवासियों के मन में यह गलत धारणा बन गयी है कि देशी तथा विदेशी स्थान नामों के अंगरेज़ीकृत रूप ही मानक हैं तथा वे ही

अन्तर्राष्ट्रीय हैं। यदि आप संसार के किसी भी देश में चले जाएँ, जहाँ अंगरेज़ी मातृभाषा नहीं है तथा वे अंग्रेजी के गुलाम न रहे हों, तो आपके वे अंगरेज़ीकृत रूप कोई नहीं समझेगा।

भारत में स्थान-नाम कोश नहीं के बराबर हैं। इस दिया में श्री विजयेन्द्र माथुर द्वारा लिखित ऐतिहासिक स्थानावली उल्लेखनीय है। इस ग्रन्थ मे लगभग चार सहस्र प्राचीन एवं मध्ययुगीन स्थाना नामों का परिचय एवं विवेचन है, जिनमें से अनेक प्रसिद्ध नामों पर विश्वकोशीय स्तर की टिप्पणियाँ दी गयी है। प्रत्येक प्रविष्टि को ऐतिहासिक एवं साहित्यिक विवेचन की दृष्टि से पूर्ण बनाने का प्रयत्न किया गया है। वर्णन-क्रम सामान्यतया इस प्रकार है--स्थिति, अभिज्ञान, नाम की व्युत्पत्ति, साहित्य या इतिहास से कालक्रमानुरूप उद्धरण, लोकश्रुतियों या किवदंतियों का उल्लेख, स्थान की विशेषता तथा पुरातत्व विषयक तथ्य और वर्तमान रूप।

एक विश्वकोशीय (Encyclopaedic) स्थान-नाम कोश में उपर्युक्त वर्णित सभी बातों का उल्लेख तो होना ही चाहिए। इसके अतिरिक्त आधुनिक सन्दर्भ में जब हिन्दी में इस प्रकार का कोश बनाया जायेगा, तब कुछ समस्याओं का सामना करना पड़ेगा। इस लेख में कुछ की ओर यहाँ संकेत किया जा रहा है।

प्रविष्टि

जब स्थान-नामों के एक से अधिक रूप चलन में हों, तो उस नाम के किस रूप को प्रथम लिखा जाये? बनारस, वाराणसी। इस समस्या को हल करने के लिए प्रतिसन्दर्भ का भी प्रयोग किया जा सकता है। हिन्दी में जो रूप इस समय प्रचलित है उसे प्रथम स्थान दिया जाये, उसके बाद उससे पूर्व में प्रचलित रूप को दिया जा सकता है।

इस सम्बन्ध में अहिन्दी भाषी क्षेत्रों के नामों के सम्बन्ध में कुछ विशेष कठिनाइयों का सामना करना पड़ेगा, विशेषतया भाषाद्वैत (diglossic) स्थिति वाले क्षेत्रों में तो अवश्य ही। तमिल में भाषाद्वैत की स्थिति है लिखित नाम कुछ और है तथा उसका उच्चरित रूप कुछ और। इसके अतिरिक्त उसका अंगरेज़ीकृत रूप भी भिन्न है तथा हिन्दी में प्रचलित रूप भी अलग ही है। उदाहरणार्थ--'मद्रास; का नाम-तमिल में 'चेन्नई' (उच्चरित रूप शेन्नइ) अंगरेज़ी में Madras, हिन्दी में मद्रास तथा बंगाल में माद्राज।

मूल नाम, उस राज्य की भाषा में जहाँ वह स्थित है--

एक विश्वकोशीय कोश में यह बहुत आवश्यक है। इसके बहुत से लाभ भी हैं। आप किसी का नाम उसी प्रकार लें, जिस प्रकार वह मूलभाषा में हो, तो सम्भवतः उस भाषा के लोगों को बड़ी प्रसन्नता होती है। यह एक मनोवैज्ञानिक तथ्य है। इसका लाभ भी उठाया जा सकता है। आकाशवाणी व दूरदर्शन की यह नीति है कि भारतीय नामों को उनके मूल उच्चारण के अनुसार बोला जाये। फिर भी अज्ञानतावश ऐसा

नहीं हो पा रहा है। उदाहरणार्थ–त्रिवेद्रम केरल की राजधानी 'त्रिरुवनन्तपुरम् के लिए अंगरेज़ी के प्रभाव के कारण हिन्दी में भी 'त्रिवेंद्रम' रूप का प्रयोग हो रहा है।

वर्तनी

यदि वह स्थान नाम भारत का ही है तब तो ये सभी रूप परिवर्तित देव-नागरी में दिये जा सकते है। यह परिवर्धित देवनागरी केन्द्रीय निदेशालय द्वारा प्रकाशित है।

विदेशी नामों को लिखने के लिए देवनागरी पर आधारित स्वनलिपि का प्रयोग करना होगा। यह स्वन लिपि कई विद्वानों ने बनाई है। डॉ. देवीशंकर द्विवेदी ने अपनी पुस्तक 'भाषा और भाषिकी' में तथा अन्य कई विद्वानों जैसे गोलोक बिहारी घल ने अपनी पुस्तक 'ध्वनि विज्ञान' में इस स्वनलिपि की रूपरेखा दर्शाई है। इन्हीं में कुछ संशोधन कर काम चलाया जा सकता है।

उच्चारण

स्थान-नाम विशेष का मूल उच्चारण क्या है, तथा उसके और कितने उच्चारण प्रचलित है, इन सबकी ओर संकेत देना होगा। यह काम उतना सरल नहीं है, जितना दीखता है। कई स्थान-नामों के अपने ही क्षेत्रों में कई उच्चारण प्रचलित हैं। उदाहरणार्थ–उसैत–उसहत; प्रसिद्धपुर–पसद्धपुर। इन सभी उच्चारणों को देवनागरी पर आधारित अन्तर्राष्टीय स्वनलिपि में दर्शाया जा सकता है।

रोमन में प्रचलित रूप तथा उसका उच्चारण

इन सभी स्थान-नामों को रोमनलिपि में कैसे लिखा जाए, इस कोश में यह भी दिखाया जायेगा। इस दृष्टि से स्थान-नामों को दो वर्गों में बाँटा जा सकता है–(1) वे नाम जो रोमन इतर लिपि में लिखे जाते हैं। (2) वे नाम जो रोमन लिपि में लिखे जाते हैं। इनके भी दो वर्ग हैं–(अ) अंगरेज़ी मातृभाषा वाले नाम, (ब) अंगरेज़ी-इतर इन सबकी समस्याएँ अलग-अलग हैं। कुछ उदाहरणों से इस बात को समझाने का प्रयत्न किया जा रहा है। चीनी स्थान-नाम–पेईचिंग-Beiging इसको पहले Peking लिखते थे। ऐसे नामों को रोमन लिपि में लिख कर इनका मानक अंगरेज़ी में प्रचलित उच्चारण किया जा रहा है।

(2) अंगरेज़ी क्षेत्रों के नामों को रोमन लिपि में लिखकर उनका मानक अंगरेज़ी उच्चारण दिया जायेगा London लंडन ('ड्' वर्त्स्य उच्चारण)।

(3) अंगरेज़ी-इतर क्षेत्रों के नामों को रोमन लिपि में उन के प्रचलित रूपों को दिया जायेगा तथा उनकी भाषा के मानक उच्चारण को दिया जायेगा तथा उन नामों के मानक अंगरेज़ी में प्रचलित उच्चारण को भी दिया जायेगा। जैसे–Paris 'पारी', 'पेरिस'।

देवनागरी में वांछित रूप

साधारणतया कोशों में इस प्रकार की जानकारी नहीं दी जाती कि अमुक नाम का वांछित रूप क्या होना चाहिए। किन्तु ऐतिहासिक कारणों से हिन्दी की स्थिति कुछ भिन्न है अतः ऐसा करना वांछनीय होगा।

अहिन्दी भाषी क्षेत्रों के भारतीय नामों का जब देवनागरी में वांछित रूप लिखा जायेगा, तब उसका आधार वह रूप होगा, जो उस भाषा में प्रचलित है, जैसे–तिरुवनंतपुरम, मुंबई आदि।

यह काफी वादविवाद का विषय है। किन्तु मुझे पूरी आशा है कि थोड़े समय के बाद हिन्दी में ये ही रूप रूढ़ होंगे।

भारतीय स्थान-नामों के वांछित रोमन रूप

अभी तक भारतीय स्थान-नाम रोमन लिपि में जिस प्रकार लिखे जाते हैं, उनमें सुधार की बहुत आवश्यकता है। इस लघु निबन्ध में इस ओर कुछ संकेत देना ही पर्याप्त होगा। प्रथम, स्वरों के ह्रस्व व दीर्घ रूपों के अन्तर को रोमन लिपि में दर्शाना अनिवार्य है। दीर्घ स्वरों के लिए स्वर वर्ण को दो बार लिखा जा सकता है, तथा–Kaanpur (दूसरे किसी विशेषक चिन्ह द्वारा दत्य तथा भूधन्य त, थ, द, ध, न तथा ट, ठ, ड, ढ के अन्तरों को स्पष्ट करना। मूर्धन्य वर्ण के लिए रोमन वर्णन के नीचे नुक्ता लगाया जा सकता है, यथा–पटना Patanaa, चंडीगढ़–Chandiigarh आदि। आज भारत में अंगरेज़ी की एक विशेष स्थिति है। इसको हटाना तो सम्भव नहीं है। अतः अपने काम चलाने के लिए रोमन लिपि को थोड़ा भारतीय भाषाओं के अनुकूल बनाया जा सकता है।

यदि इस प्रकार का विश्वकोशीय स्थान नाम कोश हिन्दी में बन जाता है, तो वह अवश्य ही हिन्दी के कोश साहित्य में श्रीवृद्धि कर सकेगा।

सहायक ग्रन्थ सूची

कर, चित्तरंजन – नाम विज्ञान
रायपुर, भाषिंका प्रकाशन, 1982।

केलकर, अशोक रामचन्द्र – शब्द भेद (मराठी लेख)
'महाराष्ट्र साहित्य पत्रिका' जोड़ अंक 176-177, वाङ्मय समालोचन विशेषांक, महाराष्ट्र साहित्य परिषद, 1971।

केन्द्रीय हिन्दी निदेशालय – देवनागरी-विकास, परिवर्धन और मानकीकरण, दिल्ली, 1974।

द्विवेदी, देवीशंकर 1 – देवनागरी और हिन्दी वार्षिक लेखक गोष्ठी चण्डीगढ़, भाषा विज्ञान, हरियाणा, 1977।

2 – भाषा और भाषिकी

कुरुक्षेत्र प्रशान्त प्रकाशन, 1974।

नाचिमितुके, के. (Nachimutu, K.) – Standardization of Place Names. Paper, presented in the seminor cum worksop on Pronunciation Dictionary for Indian Proper Nouns. Sep. 27-29, 1984.

घल, गोलोक बिहारी – ध्वनि विज्ञान
पटना, बिहार हिन्दी ग्रन्थ अकादमी 1975।

बाहरी, हरदेव – हिन्दी में कोशकार्य।
भाषा (विश्व हिन्दी सम्मेलन अंक) 1975, पृ. 156-162।

माथुर, विजयेन्द्र कुमार – ऐतिहासिक स्थानावली
दिल्ली, वैज्ञानिक तथा तकनीकी शब्दावली आयोग, 1969।

राजभाषा एवं औद्योगिक प्रचार निदेशालय, रेल मंखालय, भारत सरकार, नई दिल्ली – स्टेशन नामावली 1976।

सक्सेना, रामप्रकाश
1 – भारतीय भाषाओं में लिप्यंतरण नागपुर, विश्वविद्यालय प्रकाशन, 1979।
2 – Standardization of Geogrephical Names in Indian Languages. A paper presented in the Third International Conference on south Asian Languages & Linguistics. Jan. 13-16, 1982, Mysore CIIL.

हाल, रिचार्ड (Hall, R.A.) – Recent Progress in International Standardization of Geographical Names.
In proceedings of the Fifth International Congress of Onomastic Sciences (Amserterdam, 1983), ed. D.P. Block, 224-229, The Hagna Monton.

अध्येता कोश : प्रविधि एवं प्रणाली

—प्रो. ईश्वर सिंह

[इधर हिन्दी में अध्येता कोशों की खूब चर्चा चल पड़ी है। प्रो. सिंह ने अपने निबन्ध में उन समस्त बिन्दुओं को उठाया है, जो अध्येता कोश की प्रकृति को स्पष्ट करने की सामर्थ्य रखते है। इस निबन्ध की यह निजता है कि इसमें प्रत्येक बिन्दु को प्रायोगिक स्तर पर स्पष्ट करने का सुन्दर एवं अभिनव प्रयास किया गया है। सम्पा.]

मनुष्य अपने विकास के आदिकाल से ही समवर्गों में रहता आया है। वह एक सामाजिक प्राणी है। यह उसकी एक अनिवार्य आवश्यकता है। भाषा इसकी पूर्ति का माध्यम रही है। समाज और भाषा का पारस्परिक सम्बन्ध है। भाषा में ही किसी समाज का वास्तविक रूप देखा जा सकता है। इसका आधार शब्द है। शब्द का आधार अर्थ है। कोश शब्दों और उनके अर्थों का एक सुगठित कलेवर है। ये मानवीय संस्कृति उद्‌भव, विकास और उत्कर्ष के प्रतिबिम्ब हैं।

कोश ग्रन्थ स्वयं साध्य है। इसका प्रमुख उद्देश्य सही सूचना, सही व्यक्ति को सही समय से प्रदान करना है। इस उद्देश्य की पूर्ति के लिए कोश में उपयोगकर्त्ताओं तथा जिज्ञासुओं को अपेक्षित सन्दर्भ देने की दृष्टि से उसमें बोली, भाषा, साहित्य, संस्कृति, व्यवसाय विषयक शब्द तथा उनके स्रोत की जानकारी अध्येताओं को कम से कम समय में उपलब्ध हो सके, देना आवश्यक है। इससे पाठकों को अपना आगामी रास्ता तय करने तथा अपने शब्द-भण्डार में अभिवृद्धि करने में सहायता मिलेगी। शुद्ध अर्थ, लिखावट, उच्चारण तथा व्याकरणिक जानकारी प्राप्त कर योग्य नागरिक बन सकेंगे और आगे चलकर प्रबुद्ध होंगे।

विविध स्तरीय शब्दों के चयन और उनकी व्याख्या की विशिष्टता के आधार पर शब्द कोशों के अनेक प्रकार होते हैं। भाषा भेद से एक भाषी कोश, द्विभाषी कोश, बहुभाषी कोश आदि कोशों के भेद होते है। द्विभाषी, त्रिभाषी तथा बहुभाषी कोश दूसरी भाषा-भाषी लोगों, उनके साहित्य, संस्कृति और व्यवहार को समझने में एक अच्छी भूमिका निभाते है। इनसे राष्ट्रीय एकता को सुदृढ़ करने तथा एकीकरण

की भावना में बल पकड़ने की बात प्रमाणित होती है। निःसन्देह इनका उद्देश्य एक सेवा बिन्दु है जिसमें एक सिन्धु समाहित है।

भाषा शिक्षण और शब्दार्थ कोश

भाषा मनुष्य का आत्मिक साधन है। ईश्वर ने मनुष्य को वाणी और बुद्धि प्रदान की है। मनुष्य का विचार ही शब्द है जो बाहर प्रकाशित होता है। मनुष्य अपने भावों और विचारों को प्रकाशित करने के लिए उन्हें वाणी अर्थात् भाषा का परिधान प्रदान करता है और यह क्रिया ही भाषा-शिक्षण के क्षेत्र में रचना कहलाती है। रचना का अर्थ है निर्माण करना, नवसृष्टि, सजाना, संवारना। अतः रचना का वास्तविक तात्पर्य है—अपने भावों और विचारों को सुसम्बद्ध रूप से शुद्ध, स्पष्ट एवं समलंकृत भाषा में इस प्रकार प्रकाशित करना कि उसमें एक नूतनता एवं मौलिकता परिभाषित हो। इसका आधार शब्द समूह है।

भाषा शिक्षण की मूल इकाई वाक्य है। वक्ता : लेखक के भावों और विचारों को पूर्ण, स्पष्ट अभिव्यक्ति करने वाला शब्द समूह वाक्य कहा जाता है। कुछ भारतीय तथा पाश्चात्य मनीषियों ने भाषा के मुख्य दो तत्व स्वीकार किए है—(1) शब्द, (2) अर्थ। शब्द को भाषा और शरीर तथा अर्थ को भाषा की आत्मा कहा जाता है। शब्द तत्व के अन्तर्गत भाषा की बाह्य रचना के तत्वों (ध्वनि, ध्वनि-योग, शब्द, पद पदबन्ध, उपवाख्य, वाक्य, छन्द, लिपि-चिन्ह, इन सबका क्रम-नियोजन तथा व्यवस्था) की गणना की जाती है तथा अर्थ तत्व के अन्तर्गत भाषा की आन्तरिक रचना के तत्वों (अभिधा, लक्षणा, व्यंजना, आसत्ति, योग्यता, आकांक्षा, अभिशासन) की गणना की जाती है। शब्द तथा अर्थ को (जल-वीचि सम सम्पृक्त कहा गया है जो अर्धनारीश्वर या प्रकृति-पुरुष की एकरूपता के समान है। भाषा के शब्द प्रतीक मात्र हैं जिनका अर्थ-बोध उन प्रतीकों का बिम्ब-ग्रहण है। अतः भाषा-सम्प्रेषण या विचार-विनिमय की प्रक्रिया एक प्रकार से बिम्ब ग्रहण की प्रक्रिया का ही दूसरा नाम है। भाषा-सम्प्रेषण की यह प्रक्रिया वक्ता : लेखक तथा श्रोता : पाठक के मध्य परस्पर सम्बद्ध रहती है। भाषा-सम्प्रेषण की इस प्रक्रिया को उसके सांगोपांग रूप में भली-भाँति जानकर जो भाषा शिक्षक करेगा, उसका शिक्षण अधिक प्रभावकारी तथा सफल होगा। भाषा शिक्षक लक्ष्य : अध्येय भाषा के अनुरूप शिक्षण विधि का उपयोग करता है। भाषा-शिक्षण का अर्थ है अध्येय भाषा का ज्ञान प्रदान करना तथा उसकी व्यवहार योग्यता का विकास करना। भाषा-ज्ञान और भाषा-ध्वनि, ध्वनि योग, रूप, रुपिम, शब्द, शब्दांश, पद, पदबन्ध, उपवाक्य, वाक्य, अनुतान, अर्थ संरचना, प्रयोग, लिपि, वर्तनी का व्यावहारिक पक्ष प्रस्तुत करते हुए उनकी प्रयोग-सीमा का निर्धारण करता है। भाषा-ज्ञान और भाषा-व्यवहार का सह-सम्बन्ध है।

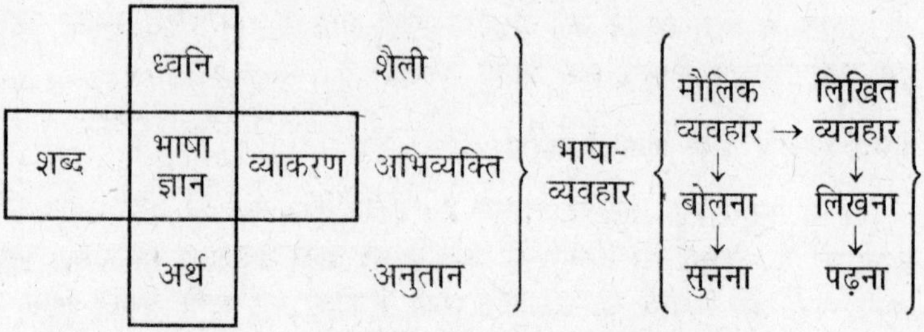

भाषा अधिगम और भाषा शिक्षण में सम्प्रेषणीयता प्रधान है।

पारम्परिक शब्दार्थ कोश और अध्येता कोश

कोश अपने शब्द भण्डार से भाषा तथा साहित्य को समृद्ध करते हैं। किसी भाषा को सुसंगठित बनाने के लिए उसके व्याकरण और कोश साहित्य के निर्माण की अत्यन्त आवश्यकता होती है। इस बात को हमारे प्राचीन आचार्यों ने बहुत पहले समझा और उस पर अमल किया था। वे एक अच्छे वैयाकरण के साथ-साथ एक अच्छे कोशकार भी थे। हिन्दी में कोश निर्माण की परम्परा काफी प्राचीन है। कोश निर्माण की प्रक्रिया, सतत् और गतिशील प्रक्रिया के रूप में चली आ रही है। इसलिए विभिन्न दृष्टिकोण को लेकर विभिन्न प्रकार के कोशों का निर्माण किया गया। यहाँ पर हिन्दी कोश-परम्परा के उद्‌भव और विकास पर प्रकाश डालने की आवश्यकता नहीं।

कोश का उद्देश्य मोटे रूप से अर्थ, प्रतिशब्द, पर्याय, विलोम, परिचय, विवेचन, प्रयोग, व्युत्पत्ति, उच्चारण, संग्रह आदि देना हो सकता है। शब्द कोश में अर्थ होता है, दो या अधिक भाषाओं के तुलनात्मक पारिभाषिक कोशों में प्रतिशब्द, पर्याय या विलोम कोशों में क्रमशः पर्याय तथा विलोम, तथा व्युत्पत्ति कोशों में प्रायः परिचय होता है तथा विषय कोशों में (जैसे समाजशास्त्र कोश, शिक्षा कोश, भाषा विज्ञान कोश) परिचय और विवेचन। संग्रह में उद्धरण कोश, सूक्ति कोश, शब्दनुक्रमणी आदि आते हैं। कुछ कोश ऐसे भी हैं जिनमें कई उद्देश्यों का समावेश किया गया हो। उदाहरण के लिए 'हिन्दी शब्द सागर' में अर्थ व्युत्पत्ति, परिचय तीनों हैं। स्वातंत्र्योत्तर काल के आरम्भ से लेकर अब तक छोटे-मोटे जो विविध कोश प्रकाशित हुए हैं, उन पर 'हिन्दी शब्द सागर' की गहरी छाप है। इनमें से अधिकांश मौलिक कृतियाँ न होकर लेई-कैंची कोश मात्र ही हैं जो अध्येताओं : पाठकों में भ्रान्ति उत्पन्न करते हैं। अशुद्धियों तथा गलत व्युत्पत्तियों का बना रहना पाठकों में अरुचि एवं अर्थ का अनर्थ उत्पन्न करती है। भाषा अधिगम और भाषा व्यवहार में कठिनाई उपस्थित होती है। इस दृष्टि से हिन्दी में अध्येता कोश निर्माण की परम्परा में नया मोड़ आया है।

अध्येताकोश भाषा शिक्षण और भाषा अधिगम के लिए बहुत महत्वपूर्ण होता है। भाषा व्यवहार की व्यापकता की दृष्टि में रखकर इसे दो भागों में विभाजित कर सकते हैं—(1) मातृ-भाषी अध्येता कोश और (2) अन्य भाषी अध्येता कोश। इस प्रकार के विभाजन के बाद हमारे सामने कोश में सम्मिलित किए जाने वाला शब्द भण्डार और उसे प्रस्तुत करने की प्रविधि के जटिल प्रश्न उपस्थित हो जाते हैं।

'अध्येता कोश' एक सापेक्षिक नाम है। सामान्यतः किसी भाषा विशेष को सीखने वालों की आवश्यकताओं को ध्यान में रखकर लिखा गया कोश 'अध्येता कोश' कहलाता है। अध्येता कोश कई प्रकार के होते हैं—प्राथमिक स्तर, माध्यमिक स्तर और उच्च स्तरीय। इन स्तरों को ध्यान में रखकर शब्द-संकलन और शब्द चयन में विशिष्टता बरतते हुए शब्दार्थ, शब्द प्रयोग, शब्द निर्माण, शब्दों का व्याकरणिक रूप आदि की व्यवस्था में सीमा निर्धारण करना पड़ता है। प्राथमिक, माध्यमिक और उच्च स्तरीय अध्येता कितने शब्द, कितने अर्थ, कितने अर्थ, कितने प्रयोग या व्याकरण की अपेक्षा करते हैं, यह कहना असम्भव नहीं तो कठिन अवश्य है। इस गुरुतर कार्य के लिए व्यापक अनुसंधान कार्य करने की आवश्यकता है। इसके अभाव में आदर्श अध्येता कोश निर्मित नहीं किया जा संकता। अध्येता कोश में आर्थी (Sementic) वाक्यीय (Syntactic) और समाज व्यावहारिक (Pragmatic) घटकों का समावेश आवश्यक है। भाषा के अध्येता के लिए उपरोक्त चीजों का समझना आवश्यक है। अर्थ तीन प्रकार के होते हैं : मूलार्थ (जलज—जल से जनमा हुआ), प्रचलितार्थ (जलज-कमल) लक्ष्यार्थ (गधा-मूर्ख, शेर-बहादुर)। कोश के अर्थ की दृष्टि से अनेक भेद-प्रमेद किए जा सकते हैं। भाषिक अभिव्यक्ति के रूप में वाक्य को तीन रूपों में देखा जा सकता है—(1) वाक्य का गठनात्मक रूप-ध्वनि (या वर्ण) समुच्चय। (2) वाक्य का आत्मिक रूप-आन्तरिक रचना या अर्थ। (3) वाक्य वितरणात्मक रूप-प्रसंग या सन्दर्भ जिसमें अभिव्यक्त वाक्य परस्पर सम्बद्ध रहते है। अध्येता कोश, सामान्य सामाजिक व्यवहार से सम्बधित होना चाहिए। भाषा का प्रयोग समाज में होता है, अतः भाषिक अभिव्यक्तियों के सामाजिक अर्थ होते हैं। प्रत्येक समाज की अपनी भाषा होती है और उसमें शब्दों का प्रचलन एवं शब्दों का अर्थ उसी के अनुरूप होता है। सभी भाषाओं में शब्दों के सामाजिक अर्थ मिलते है लेकिन समाज में शब्दों के प्रयोग का अनेकानेक पद्धतियों से अध्ययन करना आवश्यक है।

अध्येता कोश का वैचित्र्य

हिन्दी कोश निर्माण परम्परा में अध्येता कोशों की संकल्पना अपेक्षाकृत नूतन है। इसके वैज्ञानिक निर्माण के लिए हमें बहुत कुछ सीखना है। हिन्दी भाषा की प्रकृति और स्वरूप को ध्यान में रखते हुए अध्येताओं के स्तर और आवश्यकताओं

के अनुरूप कोश का निर्माण कर सकते हैं।

अध्येता कोश का निर्माण करते समय अन्य कोशों की तुलना में अपेक्षाकृत मुख्यतः निम्नलिखित बातों को ध्यान में रखना चाहिए—(1) सम्प्रेषण प्रधान, (2) अभिव्यक्ति वर्द्धक, (3) व्याकरणिक सूचनाएँ, (4) प्रयोग की प्रधानता। अध्येता-कोश अपनी प्रकृति तथा स्वरूप में शैक्षणिक उद्देश्यों को पूर्ति के लिए निर्मित एक प्रयोजनमूलक तथा लक्ष्य केन्द्रित सम्पादन है। इसका सम्पादन वस्तुतः एक अनुस्तरित क्रम में होना चाहिए। ऊँचे स्तर का मर्यादित नियन्त्रित अध्येता कोश का निर्माण माध्यमिक या प्राथमिक कोश की व्यवस्था से जुड़ा हुआ होता है। इन तीनों स्तर के कोशों में यदि सह-सम्बन्ध रखा जाये तो निर्माण का कार्य वैज्ञानिक तथा बोधगम्य हो सकता है किसी भी प्रकार की कोश-निर्माण की परियोजना में इस क्रम का ध्यान रखा जाए तो कोश-निर्माण के इतिहास में वह एक अपूर्व देन होगी।

अध्येता कोश और सामान्य कोश

अध्येता कोश सामान्य कोश से निम्नलिखित अर्थों में भिन्न होता है—

1— सामान्य कोश शब्द के कई अर्थ देता है। अध्येता कोश एकाध प्रचलित अर्थ को छोड़कर अधिक अर्थ नहीं देता। अध्येता कोश प्रचलित अर्थ के साथ-साथ शब्द के प्रयोग को भी बतलाता है।

2— सामान्य कोश में शब्दों की संख्या अधिक होती है। अध्येता कोश में शब्द संख्या सीमित होती है और अप्रचलित शब्दों को छोड़ने की प्रवृत्ति होती है।

3— सामान्य कोश में चित्र और आरेख कम मिलते है किन्तु अध्येता कोश में अधिक। कई अध्येता कोश तो मात्र चित्र कोश ही हैं।

4— सामान्य कोश में व्याकरणिक रचनायें मोटी-मोटी देने से काम चल जाता है। किन्तु अध्येता कोश में व्याकरणिक सूचनाओं के साथ ही शब्द के सामाजिक व्यवहार की सूचना देना आवश्यक होता है। अतः सन्दर्भ विशेष में किस प्रकार के शब्द का प्रयोग करना उपयुक्त है।

5— अध्येता कोश में विलोम शब्द देने से प्रविष्टि का अर्थ स्पष्ट होने में सहायता मिलती है। उदाहरण के लिए 'खिन्न' शब्द का विलोम 'प्रसन्न' दे देने से अध्येता खिन्न की संकल्पना जल्दी बना पायेगा, व्याख्या में दिये अर्थ से जो संकल्पना बनी उसे पुष्ट कर पायेगा। इसके उपरान्त 'खिन्न' के साथ बने शब्दों 'खिन्न मन', 'खिन्न हृदय' आदि, तथा उनसे अन्विति में होने वाली क्रियाओं—'होना' तथा 'हो जाना'—का प्रयोग सीखेगा। इस प्रकार अध्येता-कोश का उद्देश्य पूरा होगा। यह सब सामान्य कोश की अनिवार्यता नहीं।

शब्द कोशों की प्रविष्टि-संरचना

अध्येता कोश के स्वरूप और प्रविधि की दृष्टि से प्रविष्टि आदि पर विचार करना आवश्यक है।

(क) लेमा (Lemma-स्वीकृत सिद्धान्त)–पारिचायिक, अभिज्ञानात्मक। अभिज्ञानात्मक सूचना से हमारा अभिप्राय शब्द परिचय सम्बन्धी सभी सूचनाएँ; यथा–वर्तनी, अक्षर विभाजन, उच्चारण, व्याकरणिक कोटियाँ, रूपात्मक, पद रचना, क्षेत्र, प्रयोग, व्युत्पत्ति तथा अर्थ विवेचन से है। आधुनिक एक भाषिक मानक कोशों में प्रायः निम्नलिखित प्रकार की अनेक सूचनाएँ अध्येताओं की जानकारी के लिए दी जाती हैं।

(ख) अर्थोद्‌घाटन–शब्द कोशीय परिभाषा; उदाहरण निर्देशक परिभाषा, चित्रादि। शब्दार्थ विषयक समस्त सूचनाएँ इस अंश में दी जाती हैं।

(ग) व्यवहार–इतिहास-क्षेत्र विषयक सूचनाएँ-संकलित शब्द ज्ञान-विज्ञान की किस विधा में प्रयुक्त हुआ है। यथा कृषि, काव्य शास्त्र तथा इंजीनियरिंग आदि।

(घ) शब्द कोश में दिये अन्य शब्दों से सम्बन्ध–पर्यायता, विलोम भाव, साहचर्य आदि। एक ही शब्द के अनेक अर्थ होते हैं। अतः उनके अनेक वर्ग के पर्याय भी होते हैं जिनको वर्गानुसार पृथक-पृथक निर्दिष्ट किया जाता है।

(च) मुहावरा लोकोक्ति (शब्द से बड़ी इकाइयाँ)–अतः व्याकरिणक-आर्थी-व्यावहारिक पक्ष को दृष्टि में रखकर कुछ उदाहरण दिये गये हैं–परिशिष्ट अन्त में है।

अध्येता कोश सम्प्रेषण-कोश या प्रयोग-परक कोश माना जाता है। शब्दार्थ बोध के साथ-साथ भाषायी व्यवहार की क्षमता या भाषायी प्रजनन शक्ति के विकास की सम्भावनाएँ इसमें होती हैं। इसलिए अध्येता कोश निर्माण कार्य से सम्बन्धित और अनेक बातें हैं तो शब्दार्थ-स्पष्टीकरण और आर्थी सहसम्बन्ध में जुड़ी हुई है।

1. **चयन**–प्राथमिक अध्येता कोश के लिए आधारभूत शब्दावली को आधार माना जा सकता है। अन्य शब्दावली का चयन अध्येता के मानसिक स्तर और आवश्यकताओं को ध्यान में रखकर किया जाना चाहिए। अतः शब्द चयन में परास की माप दो प्रकार से ही सकती है–(1) शब्द परक परिसीमा या विस्तार (Coverage in breadth) तथा अर्थपरक परिसीमा (Coverage in depth) प्रथम प्रकार से स्वतन्त्र शब्दिमों की संख्या का निर्धारण होता हैं तथा दूसरे प्रकार से प्रत्येक शब्दिम की अर्थ सम्पदा को मापते हैं। शब्द कोश की रचना करते समय उत्तरोत्तर यह

प्रयास होना चाहिए कि दोनों प्रकार की परिसीमाओं का प्रयोग हो और शब्द कोश के परास (विस्तार) में वृद्धि हो।

2. **प्रस्तुति**–नियंत्रित भाषा का अर्थ परिचायन में प्रयोग किस प्रकार किया जाये। प्रस्तुतीकरण का प्रयोग सीमित वरीयताओं हेतु है जैसे टंकन पद्धति, विशेष प्रतीकों का प्रयोग तथा संक्षिप्तियों, प्रासंगिक व्याकरणिक टिप्पणियों का समावेश, परिभाषा की विस्तार सीमा, मौखिक प्रलेखन की मात्रा, चित्रांकन और रेखांकन इत्यादि है। इस दृष्टि से हम निम्नलिखित चार बातों पर ध्यान केन्द्रित कर सकते हैं–(1) परिभाषा, (2) मौखिक प्रलेखीकरण, (3) रेखांकन और चित्रांकन (मानचित्रों सहित), (4) अन्य विशेष सूचनाएँ।
3. **परिप्रेक्ष्य (Perspective)**–परिप्रेक्ष्य में अभिव्यक्ति प्रदान है। परिप्रेक्ष्य के अन्तर्गत निम्नलिखित बातों पर ध्यान दे सकते हैं–(अ) समय अक्ष के सम्बन्ध में हमारा दृष्टिकोण ऐतिहासिक (गत्यात्मक) या साकलिक (स्थिर) हो सकता है। (ब) मूल नियोजन के सम्बन्ध में क्रम परम्परागत (वर्णानुक्रम), अर्थ वैज्ञानिक (वाक् अंशों के आधार पर या जीवन के विभिन्न क्षेत्रों के आधार पर हो सकता है), पूर्ण रूप से यादृच्छिक (अव्यवस्थित), (स) उद्देश्य की दृष्टि से उनका मुख्य कार्य वस्तुनिष्ठ आदेशात्मक, निषेधात्मक या विनोदात्मक हो सकता है।

इन सब बातों के लिए कोशकार को बहुत ही सावधानी बरतने की आवश्यकता है।

परिशिष्ट–व्याकरणिक पक्ष

रूप सिद्धि : रूपावली के अनियमित (अपवाद) रूप

(क) सर्वनाम-रूपों के तिर्यक-सम्बन्धवाची–
अभिकरण-सम्प्रदान रूप एवं बहुवचन रूप।

(ख) क्रियाओं के रूप स्वनिमिक रूप-लिया-दिया, लीजिए-दीजिए-कीजिए। अकर्मक भाव रूप-सुलाना, खिलाना आदि। प्रेरणार्थक विशिष्ट रूप-जाना-भेजना, होना, करना रखना।

(ग) संख्याओं में क्रमवाचक विशिष्ट रूप–पहला, दूसरा, तीसरा, चौथा, छठा।

रूप सिद्धि : रूपावली के संरचना परक वर्ग

(क) संज्ञाओं में पुं.-1, पुं.-2, स्त्री-1, स्त्री-2 का वर्गीकरण। इनका संकेत प्रविष्टि में। अपवाद तथा स्वीकृत परिवर्तों का स्पष्ट संकेत-राजा, पिता आदि पुं.-2, चिड़िया दोनों स्त्री.-1, स्त्री.-2। गणनीय। अगणनीय तभी

जब आवश्यक हो, जैसे सरसों।

(ख) विशेषण का काला : लाल वर्ग

(ग) क्रियाओं के साथ वाक्य रचना चिन्ह क : कर्त्ता+ने, कर्त्ता–ने। कर्म+से (अन्य संकेक की आवश्यकता नहीं)। जिन क्रियाओं के साथ "कि..." का प्रयोग उनका संकेत।

शब्द सिद्धि : समास-विधान

(क) यदि पारदर्शी समास को प्रथम पद के साथ कुछ उदाहरण।

(ख) यति अपारदर्शी समास तो पृथक प्रविष्टि :
दियासलाई, दीपमालिका, कार्यालय आदि।

(ग) सम्बन्धी-परक, प्रधान,–आत्मक आदि।

शब्द सिद्धि : प्रत्यय विधान

(क) उपसर्गों का पृथक उल्लेख (पृथक प्रविष्टि)।

(ख) पर प्रत्ययों का पृथक उल्लेख (जैसे–अक्कड़-पियक्कड़ आदि)।

(ग) कुछ विशेष प्रत्ययों का स्पष्ट उल्लेख :

: अध्वर्थी -- इया, -ई, -ड़ा पहाड़ी, बुढ़िया, मुखड़ा

: कतृवाची -- हार, -वाला

: व्यावसायिक कर्तृवासी-लुहार, लुहार, भिखारी, घसियारा, गाड़ीवान, दुकानदार, जादूगर, रसोइया, कोठारी, काश्तकार।

: आवास सूची–ससुराल, शिवाला, खंडहर, कठहरा, नैहर।

: स्त्री प्रत्यय -- ई, -नी, -आनी, -आइन आदि।

शब्द सिद्धि : पुनरुक्त रूप

: अदला-बदली, अड़ोस-पड़ोस।

: अगर-मगर, यहाँ-वहाँ, जब-तब।

: कभी-कभी, कुछ-कुछ, क्या-क्या, कहीं-कहीं।

: कभी-न-कभी, कुछ-न-कुछ।

: ज्यों का त्यों।

व्याकरणिक कोटियाँ

(क) संज्ञाओं में पु., स्त्री. का संकेत (संज्ञा वर्गीकरण के साथ हो जाता है। किन्तु विशिष्ट लिंग का स्पष्ट संकेत (घी, हाथी, मोती आदि)। विशेष प्रयोग हिन्दी आत्मा (स्त्री.) (संस्कृत पुंलिंग) हिन्दी व्यक्ति पुं. मराठी

(स्त्री)। हिन्दी-सेना, पुलिस, दाढ़ी।

(ख) संज्ञाओं के साथ नित्य बहुवचन (प्राण, दर्शन आदि) अथवा नित्य एक वचन (भीड़, सेना)।

(ग) सर्वनाम—आप (मध्य पुरुष), आप (अन्य पुरुष)।

व्याकरणिक शब्द

(क) सभी क्रिया विशेषण।

(ख) सभी संयोजक—एकल, युग्मक।

(ग) सभी विस्मयादिबोधक—हे...हे भगवान।

(घ) सभी परसर्गीय पद।

(च) निपात के प्रयोग।

व्याकरणिक समरूपता

(क) सहायक-मुख्य क्रिया रूपों में—रह, पड़, दे, उठ।

(ख) मुख्य क्रिया रूपों में—मिलना।

(ग) प्रेरणार्थक रूपों में—खिलाना (खाना, खेलना, खिलना)।

(घ) क्रिया विशेषणों में—अच्छा, क्या।

व्याकरणिक पर्यायता

(क) एकल : यदि, अगर।

(ख) उपवाक्यीय : लड़के के आते ही वह चल दिया। जैसे ही लड़का आया वह चल दिया।

व्याकरणिक अभिशासन

सहायक क्रियाओं के पूर्व—ना, —ने, —ता, —ते, —आ, —या आदि संकेत।

आर्थी पक्ष पर्यायता

(क) पर्याय शब्दों का उल्लेख—भेद सहति।

(ख) विलोम शब्दों का उल्लेख—वैशिष्ट्य सहित।

अनेकार्थता

लाक्षणिक प्रयोग को स्पष्ट करते हुए। सर्वाधिक सहज सबसे पहले।

समरूपता

पारम्परिक रीति से पृथक् प्रविष्टियाँ।

साहचर्य-प्रयोग (कॉलकेशन)

(क) छोटे बच्चे : पिल्ला, बछड़ा।
(ख) मादा : शेरनी, गाय, कवयित्री।
(ग) ध्वनि : चिंघाड़ना, रेंकना।
(घ) समूह : झुंड, टोली।
(छ) पशु (लाक्षणिक स्वभाव) : गधा, कौवा।
(ज) व्यक्ति (जातिवाचक), (लाक्षणिक स्वभाव : गऊ)।
(झ) व्यक्ति नाम : भीष्म, भीम, एकलव्य।

साहचर्य-प्रयोग (पदबन्धीय)

(क) सुखद आश्चर्य, कटु सत्य।
(ख) असामान्य परिस्थितियों, असामान्य मौसम, असामयिक मृत्यु, असामयिक सहायता।
(ग) आशा खो देना, न रहना, टूट जाना, बाँधना।

मुहावरे

नाम न जाने आँगन टेढ़ा, दाल भात में मूसलचन्द, हाथ कंगन को आरसी क्या, नौ दो ग्यारह होना, खटाई में पड़ना।

लोकोक्ति-कहावत

आम के आम गुठली के दाम, एक हाथ से ताली नहीं बजती, अपनी दही को कोई खट्टा नहीं कहता, अन्धों में कनवा राजा, अधजल गगरी छलकत जाय, घर में सूत न कपास जुलाहे से लट्ठम लट्ठा, जब तक साँस तब तक आस, गेहूँ के साथ घुन भी पिस जाता है, थोथा चना बाजे घना।

समाज व्यवहार पक्ष

सम्बोधन पद्धति–
शिष्टाचार शब्द–धन्यवाद, कृपया।

भावाभिव्यक्ति : (वार्तालाप परक)

आशा : मैं आशा करता (रखता) हूँ कि...

मुझे आशा है कि...

आश्चर्य : हमें आश्चर्य है।
आश्चर्य की कोई बात नहीं।
मुझे उसके ऐसा कहने पर आश्चर्य हुआ

सम्भावना–इच्छा–सकारना–नकारना–क्रोध करना–माँगना आदि।

अन्य वार्तालाप परक अभिव्यक्तियाँ

आसन : सभापति का आसन ग्रहण करना।
अपना-अपना आसन ग्रहण कीजिए।

आशीर्वाद : मुझे आपका आशीर्वाद चाहिए।

उपयोगी पदबन्ध

सच पूछिए तो; न जाने; कौन (भगवान) जाने, भगवान न करे; कृपया; लगता है; कहते हैं; जान पड़ता है।

संस्कृति-सभ्यता विषयक

इकाइयाँ (भार, दूरी आदि की) महीनों आदि के नाम
प्रमुख ऐतिहासिक नाम कृति-पात्र नाम

मार्ग दर्शक ग्रन्थ और लेख

1. रामचन्द्र वर्मा – संक्षिप्त हिन्दी शब्द सागर, नागरी प्रचारिणी सभा, काशी।
2. डॉ. भोलानाथ तिवारी – भाषा विज्ञान कोश, वाराणसी (ज्ञान मण्डल)।
3. डॉ. भोलानाथ तिवारी – कोश विज्ञान, शब्दकार 2203, गली डकौतान, तुर्कमान गेट, दिल्ली।
4. राजपाल एण्ड संस, दिल्ली, सचिव विश्व कोश।
5. डॉ. हरदेव बाहरी – शिक्षार्थी हिन्दी अंगरेज़ी शब्द कोश।
6. डॉ. सरोजनी शर्मा – कोश विज्ञान, केन्द्रीय हिन्दी संस्थान, आगरा।
7. डॉ. सीताराम शास्त्री – उर्दू-हिन्दी परिचय कोश केन्द्रीय हिन्दी संस्थान, आगरा।
8. डॉ. सुरेश कुमार, सम्पादक – कोश निर्माण, सिद्धान्त और परम्परा, केन्द्रीय हिन्दी संस्थान, आगरा।

9. डॉ. अमर बहादुर सिंह – प्रविष्टियाँ और सूचनाएँ (लेख)

10. डॉ. त्रिभुवननाथ शुक्ल – रामचरितमानस के शब्दों का अर्थतात्विक अध्ययन, स्मृति प्रकाशन, 928-शहराराबाग, इलाहाबाद।

11. Hornbey, A.S. – The Advance Learn's Dictionary of Current English 1971. Oxford University Press.

12. Horney, A.S. – Oxford Student's Dictionary of Current English 1978. Oxford University Press.

अध्येता कोश में व्याकरणिक कोटियाँ

–डॉ. (श्रीमती) सरोज सिन्हा

[अध्येता कोश में व्याकरणिक कोटियों के महत्वांकन की दिशा में किया श्रीमती सिन्हा का प्रयार अभिनंद्य है। इन्होंने अध्येता कोश के ब्याज से उन व्याकरणिक बिन्दुओं को उठाया है, जिनका पालन प्रत्येक प्रकृति के कोशों में आवश्यक समझा जाता है। सम्पा.]

विभिन्न वर्गों के अध्येताओं के उपयोग में आने वाले कोश को 'अध्येता कोश' कहा जाता है। 'अध्येता' शब्द बड़ा व्यापक है, किन्तु इसका यह अर्थ कदापि नहीं कि सामान्य कोश के प्रत्येक पाठक को अध्येता की संज्ञा दी जाए। कोश निर्माण के क्रम में 'अध्येता' शब्द का प्रयोग एक विशिष्ट अर्थ में होता है। वस्तुतः भाषा सीखनेवाले अध्येताओं के स्तर को ध्यान में रखकर तैयार किया गया कोश 'अध्येता कोश' कहलाता है। इसका उद्देश्य केन्द्रित होता है। इसलिए इसमें इस बात का स्पष्ट निर्देश होना चाहिए कि अध्येता कोश किस स्तर के अध्येताओं के उपयोग के लिए है। भूमिका में इस बात का उल्लेख रहे कि इस स्तर के अध्येताओं के लिए कौन-कौन-सी भाषिक आवश्यकता है।

स्तर के अनुरूप अध्येताओं के तीन वर्ग सम्भव हैं–प्राथमिक, माध्यमिक एवं उच्चस्तरीय। स्तर के अनुरूप इसका और भी वर्गीकरण हो सकता है। कोशकार यह मानकर कोश की रचना करते हैं कि निर्धारित स्तर तक ये अध्येताओं को कितने शब्द की आवश्यकता होगी। इसलिए कोश में व्यवहार में लाए शब्दों की संख्या दे देना उचित है। शब्द-संकलन के सन्दर्भ तो हों ही, शब्द-चयन की प्रक्रिया का भी उल्लेख रहना चाहिए। कोशकार को यह मानकर चलना चाहिए कि इस स्तर तक के अध्येताओं की इतने शब्दों की जानकारी हो ही, इसलिए शब्दार्थ आदि व्याख्या भी उतनी ही शब्द-सीमा के भीतर होनी चाहिए।

अंगरेज़ी भाषा में अध्येता कोश बहुत लिखे गये, किन्तु हिन्दी में इस प्रकार के कोशों का निर्माण अभी प्रारम्भिक स्थिति में ही है। बात यह नहीं कि हिन्दी में कोशों की रचना पहले हुई ही नहीं। फिर भी, पहले रचे गये 'सामान्य कोश'

'अध्येता कोश' की संज्ञा नहीं पा सकते। अध्येता कोश और सामान्य कोश में अन्तर है। सामान्य कोश में एक शब्द के कई अर्थ होते हैं किन्तु अध्येता कोश में एक शब्द के बहुत-से अर्थ देने का विशेष आग्रह नहीं होता। वस्तुतः सम्बन्धित व्याकरणिक कोटियों का उल्लेख कर उसका प्रयोग बतलाना अध्येता कोश का प्रमुख उद्देश्य होता है। फिर सामान्य कोश में अर्थ की व्याख्या करते समय किसी विशेष स्तर का ध्यान नहीं रहता। चूँकि प्रयोग द्वारा विश्लेषण अध्येता कोश का प्रधान उद्देश्य होता है, इसलिए अन्य बातों के अलावे चित्र आदि का उपयोग कोशकार अवश्य करता है। सामान्य कोश में चित्र हों भले ही, उसकी अनिवार्यता नहीं होती।

हिन्दी में अध्येता कोश के निर्माण की बात अत्याधुनिक है। इसलिए इसके निर्माण में वैज्ञानिकता लाने के लिए अभी बहुत कुछ सीखने की आवश्यकता है। अध्येता कोश प्रत्येक स्थिति में भाषा की आकृति-प्रकृति का विशेष ध्यान रखता है। इसमें स्तर या कक्षा की ओर संकेत आवश्यक है क्योंकि प्राथमिक स्तर के लिए निर्मित कोश का महत्व माध्यमिक स्तर के लिए बहुत नहीं हो सकता। उच्च स्तर के लिए तो प्राथमिक स्तर के अध्येता कोश की उपयोगिता सर्वथा नगण्य होगी।

स्तर के अनुरूप अध्येता कोश के लिए शब्दों की संख्या भी निर्धारित की गयी है। कुछ विद्वानों की यह मान्यता है कि प्राथमिक स्तर के अध्येता कोश में अधिकतम दस हजार शब्द दिए जाएँ। यदि इसका पंचमांश पदबन्ध और मुहावरें रहें तो अति उत्तम। माध्यमिक स्तर के अध्येताओं के लिए निर्मित कोश में शब्दों की संख्या बीस से तीस हजार तक हों, जिनमें दो-तिहाई पदबन्ध और मुहावरें हों। उच्च स्तरीय अध्येता कोश के लिए शब्दों की संख्या पचास हजार तक हो सकती है विश्लेषण का स्तर तो अपेक्षाकृत उच्चतर होना ही चाहिए। शब्दों की संख्या में परिवर्तन हो सकता है किन्तु संख्या का निर्देश प्रत्येक स्थिति में अपेक्षित है।

अध्येता कोश के निर्माण में व्याकरणिक कोटियों का महत्वपूर्ण स्थान है। ऐसे कोश का उद्देश्य चूँकि स्तर विशेष के अध्येताओं को भाषिक ज्ञान कराना है, इसलिए इसमें व्याकरणिक कोटियों का विश्लेषण बड़ी सतर्कता से होना चाहिए। साथ ही, इसमें वर्तनी और उच्चारण का दिशा-निर्देश भी अपेक्षित है।

वर्तनी एवं उच्चारण

स्थान-भेद या काल भेद से एक ही शब्द की कई वर्तनियाँ मिल जाती है। यथा—लिए-लिये, जाए-जाय, चाहिए-चाहिए, किये-किए, गयी-गई आदि। ऐसी स्थिति में भाषाशास्त्रीय नियम की तुला पर खरी वर्तनी को प्रमुख स्थान दिया जाना चाहिए तथा बाद में अन्य प्रचलित वर्तनी का भी उल्लेख हो जाना चाहिए। यदि

सम्भव हो तो इस बात का भी उल्लेख हो कि ऐसी वर्तनी कब और किन परिस्थितियों में चल पड़ी। इससे अधिक वैज्ञानिकता आ जाएगी।

रोमन अथवा फारसी की अपेक्षा देवनागरी सर्वाधिक वैज्ञानिक लिपि है। स्वन को अभिव्यक्त करने की इसमें अपेक्षाकृत अधिक क्षमता है, किन्तु उच्चारण की दृष्टि से संसार की कोई भी लिपि पूर्ण नहीं। देवनागरी भी इस नियम का अपवाद नहीं। अंगरेज़ी के अध्येता कोशों में उच्चारण देने की परिपाटी मिलती है हालाँकि उच्चारण का सर्वमान्य निष्कर्ष अंगरेज़ी में आज भी नहीं मिलता। देवनागरी लिपि के लिखित एवं उच्चरित रूप में बहुत कम भेद है। फिर भी भेद तो हैं...। अतएव स्वराघात आदि के द्वारा उच्चारण देने के लिए संकेत-चिन्हों का प्रयोग किया जाना चाहिए। वैसे, कोश में उच्चारण देना एक जटिल कार्य है किन्तु आरम्भ में ही अध्येताओं को शुद्ध उच्चारण से अवगत करा देना व्यावहारिक दृष्टि से अत्यन्त आवश्यक है।

लिंग-वचन-कारक

अध्येता कोश में लिंग-वचन-कारक आदि का निर्देश अपेक्षित है। शब्द यदि एकवचन है तो उन प्रत्ययों को निर्देश होना चाहिए। जिनके योग द्वारा उनके रूप बहुवचन बनते हैं। बहुवचन के निर्माण में शून्य रूपिम का भी योग्य होता है। वैसी स्थिति में ऊपरी तौर पर देखने में एकवचन और बहुवचन के रूप अभिन्न प्रतीत हो सकते हैं। हिन्दी में लिंग-निर्देश का कोई तात्त्विक आधार नहीं मिलता। यह रूढ़ि पर आधारित है। कोश में इस बात का संकेत होना चाहिए। फिर कुछ शब्द उभयलिंग भी होते है। चूँकि निर्जीव पदार्थ भी हिन्दी में किसी लिंग में वर्गीकृत होते हैं, अतएव हिन्दी में सभी शब्दों के विपरीत-लिंगी शब्द होते भी नहीं। जिन शब्दों के विपरीत-लिंगी शब्द होते हैं, सामान्यतः उनके रूप के निर्माण के लिये प्रत्ययों का योग होता है किन्तु कुछ विपरीत लिंगी ऐसे शब्द भी हैं जिनके निर्माण में किसी प्रत्यय के योग का निर्देश नहीं मिलता। यथा—पिता-माता, भाई-बहन। लिंग और वचन का प्रभाव हिन्दी में विशेषण और क्रिया पर भी पड़ता है। अतएव भिन्न लिंग-वचन के द्योतक शब्दों के निर्देश से बात अधिक स्पष्ट हो सकती है। इसी प्रकार प्रचलित कारकीय परसर्गों के साथ शून्य परसर्ग का महत्वपूर्ण स्थान है। केवल कर्त्ता कारक में नहीं, कर्म करण, सम्प्रदान अपादान, सम्बन्ध आदि में भी शून्य परसर्ग के योग का प्रचलन है।

क्रिया

शब्द यदि क्रिया द्योतक है तो इसका निर्देश अपेक्षित है कि क्रिया सकर्मक है या अकर्मक। सामान्यतः व्यंजनांत धातु में : आ : के योग से भूतकालिक क्रिया

की रचना होती है। इस नियम के अनुसार : पढ़: का : पढ़ा : तथा : कर : का : करा : होना चाहिए, किन्तु : कर : के भूतकालिक प्रचलित रूप हैं-- : किया :. ..' वैसे आजकल : करा : का प्रयोग भी जहाँ-तहाँ चल पड़ा है। इसके बाद, धातु जहाँ स्वरांत हो वहाँ उसके भूतकालिक क्रिया रूप की रचना में : आ : के विकल्प स्वरूप : या : का योग होता है। यथा--'खा' से 'खाया', 'ले' से 'लिया'...आदि। इस नियम के अपवाद भी हैं। आकारान्त धातु : जा : के भूतकालिक रूप : गया : में कोई ध्वन्यात्मक साम्य-सम्बन्ध ऊपरी तौर पर दिखाई नहीं पड़ता है। ऐसे रूप 'रूपिमीय विश्लेषण' में 'आमूल परिवर्तन' के उदाहरण हैं।

मुहावरे, कहावत एवं व्युत्पत्ति

प्राथमिक, माध्यमिक अथवा उच्च स्तरीय अध्येता कोश में ऐसे बहुत सारे शब्द होते हैं जिनसे सम्बन्धित मुहावरे एवं कहावतें चल पड़ी हैं। जैसे 'आँख' शब्द है तो, आँख आना, आँख दिखाना, आँख मारना, आँख का अन्धा नाम नयन सुख...आदि। इन मुहावरों और कहावतों के सभावेश से शब्द के चित्रात्मक रूप उपस्थित हो जाते हैं। सम्भव हो तो व्युत्पत्ति विषयक सूचना भी दे देनी चाहिए जिसमें यह निर्देश हो कि शब्द तत्सम है, या तद्भव, देशज या विदेशी। यदि विदेशी भाषा का शब्द है तो इसका उल्लेख कर देना चाहिए। उदाहरण के लिये 'किताब' शब्द अरबी भाषा से हिन्दी में आया है। अरबी कूतुब् धातु में किताब का बहुवचन रूप 'कुतुब' है हिन्दी में यह शब्द इतना घुल-मिल गया है हिन्दी भाषा की आकृति-प्रकृति की इस पर पूरी छाप है। हिन्दी में 'कूतूब' प्रचलित नहीं; किताब मूल शब्द के रूप में मान्य है। इसीलिए किताब का बहुवचन हिन्दी में 'किताबें मूल शब्द के रूप में मान्य है। इसीलिए किताब का बहुवचन हिन्दी में 'किताबें : किताबों' प्रचलित है, कुतुब नहीं। शब्द यदि विशिष्ट हो तो व्याख्या करते समय इस बात का उल्लेख कर देना चाहिए कि शब्द ज्ञान-विज्ञान की किस शाखा से सम्बद्ध है—इतिहास, भूगोल, गणित, ज्योतिष, चिकित्सा या इंजीनियरी आदि में किस शाखा से?

पर्याय एवं विलोम

पर्याय एवं विलोम दे देने से अध्येता को अर्थ शीघ्र स्पष्ट हो जाता है। यदि 'नीरज' का अर्थ देना है तो जलज, सरोज, पंकज आदि दे देने से व्याख्या में स्पष्टता आ जाती है। भाव को स्पष्ट करने में विलोम शब्द भी सहायक होते हैं; यथा 'उदय' के लिए उसका विलोम 'अस्त' तथा 'गरल' के लिये 'सुधा'। सामान्य कोश में इसकी आवश्यकता नहीं भी हो किन्तु अध्येता कोश के लिए यह उपयोगी है। यह भी सत्य है कि सभी शब्दों का पर्याय या विलोम देना न तो सम्भव ही है

और न आवश्यक ही। वैसे थिसारस यह मानता है कि किसी शब्द का दूसरा शब्द पर्याय नहीं होता। मान लें कि कोई दूसरा शब्द पर्यायवाची हो भी, तो वह बहुत उपयोगी नहीं हो सकता। जिसे पर्याय मान लिया जाता है, वह वस्तुतः विकल्प है। ऊपर के ही उदाहरण में देखें। जलज, सरोज और पंकज आदि नीरज के पर्यायवाची भले मान लिये गये हैं किन्तु तात्विक दृष्टि से उनमें भिन्नता है। 'रिक्त' का पर्यायवाची शब्द 'खाली' मान्य है। फिर भी 'वह खाली है'–के विकल्प में–'वह रिक्त है'–नहीं कहा जा सकता। अंगरेज़ी के वकेण्ट (Vacant) और एम्प्टी (Empty) ऐसे ही पर्यायवाची शब्द है। हर शब्द का अपना स्वतन्त्र अस्तित्व होता है। पर्याय शब्द उसका स्थान हर प्रकार से ग्रहण नहीं कर सकता। सामाजिक शब्दों के उदाहरण लें तो 'गृह' शब्द के साथ 'गृह शब्द के साथ 'गृहलक्ष्मी' बनेगा किन्तु गृह के प्रचलित पर्याय 'घर' से 'घरलक्ष्मी' नहीं। इसी प्रकार 'गृहदाह,' 'गृहकलह' के स्थान क्रमशः 'घरदाह' और 'घर कलह' नहीं ले सकते। 'गुरु गृह' शब्द प्रचलित है 'गुरु घर' नहीं। अध्यापक, शिक्षक, मास्टर, टीचर समान प्रतीत होते हुए भी अलग-अलग भाव का द्योतन करते हैं। पर्याय के समान थिसारस में विलोम की भी मान्यता नहीं। फिर भी अधिकतम भाव की व्यंजना में जो शब्द सहायक सिद्ध हों, ऐसे पर्याय और विलोम शब्द का समावेश अध्येता कोश में होना ही चाहिए।

अध्येता कोश में शब्दार्थ के बाद उसके सामाजिक व्यवहार पर भी प्रकाश पड़ना चाहिए। 'पधारना' और 'आना' समानार्थी हो सकते हैं किन्तु भाव स्तर में भिन्नता है। लघुजनों अथवा भृत्यों को बुलाने के लिए यदि 'पधारिए' कहा जाए तो यह व्यंग्यपूर्ण कथन होगा। 'पधारिए' का प्रयोग तो आदर-भाव के द्योतन के लिए होता है। शब्दों का अर्थ दे देने पर साधारण कोश का काम समाप्त हो जाता है किन्तु अध्येता कोश में शब्दों का प्रयोग-निर्देश अत्यन्त आवश्यक है। सच तो यह है कि अध्येता कोश में शब्द की व्याख्या अर्थ से प्रारम्भ होती है तथा विभिन्न स्तरों में होती हुई जब प्रयोग में आती है। तभी इसमें पूर्णता मानी जाती जाती है। प्रयोग अध्येता कोश की अन्तिम परिणति है।

द्विभाषी कोश निर्माण : प्रकृति और तकनीक

–राजमणि तिवारी

[प्रस्तुत निबन्ध का उद्देश्य है–द्विभाषी कोश निर्माण की प्रकृति और तकनीक सम्बन्धी समस्याओं का विवेचन। श्री तिवारी जी ने इसमें द्विभाषी कोशों के इतिहास, विकास, संकल्पना, तकनीक और स्वयं के निर्देशन में निर्मित निदेशालय के द्विभाषी कोशों की विस्तृत व्याख्या की है। इसमें द्विभाषी कोश निर्माण की समस्त सम्भावनाएँ स्पष्ट हो सकती हैं।–सम्पा.]

भाषा-विश्लेषण का श्रीगणेश

मानव जाति के इतिहास में सर्वेक्षण से ज्ञात होता है कि भाषा एवं भाषाविज्ञान के क्षेत्र में सुदीर्घकाल तक परिश्रम एवं अध्यवसाय करने के अनन्तर भाषा में प्रयुक्त समस्त शब्दों के पारस्परिक सम्बन्ध एवं अर्थगत विशेषताओं को एक स्थान पर एकत्रित करने की एक प्रविधि अपनाई गयी जिसे कहते हैं कोश-निर्माण की कथा। पतंजलि के महाभाष्य में इस बात का उल्लेख है कि देवगुरु बृहस्पति ने महाराज इन्द्र को संस्कृत के शब्दों का बोध कराना प्रारम्भ किया किन्तु यह कार्य एक सहस्र देव-वर्षों में भी पूरा नहीं हो सका। सम्भवतः तब तक कोश-कला अस्तित्व में नहीं आयी थी। उसके बाद शब्दों की व्युत्पत्ति, उनके स्वरूप एवं प्रकार्य आदि के सम्बन्ध में विश्लेषण प्रारम्भ हुआ। ब्राह्मण-ग्रन्थों में इस बात का उल्लेख है कि देवताओं ने इन्द्र से संस्कृत भाषा का विश्लेषण करने का अनुरोध किया जिसे उन्होंने स्वीकार किया। इस प्रकार कोश-निर्माण की प्रक्रिया प्रारम्भ हुई।

निघंटु एवं प्राचीन एक भाषा कोश

वैदिक वाङ्मय में प्रयुक्त शब्दों का सम्यक् अर्थबोध कराने के उद्देश्य से निघंटुओं के निर्माण की परम्परा का विकास हुआ। निघंटुओं में मुख्य-मुख्य भावों

को केन्द्र बनाकर उन्हीं भावों को अभिव्यक्त करने वाले शब्द जाते हैं। इन्हीं प्राचीन निघंटुओं को आधार बनाकर यास्क ने अपने निरुक्त की रचना की। निरुक्त से प्रेरणा प्राप्त करके भारतीय विद्वान शब्दों की व्युत्पत्ति के भाषा वैज्ञानिक विश्लेषण में प्रवृत्त हुए। इन्हीं दिनों यूनान तथा रोम में भी प्राचीन साहित्य का अध्ययन करते हुए, पाठ्य सामग्री में प्रयुक्त कठिन शब्दों का अर्थ अथवा उनकी व्यवस्था हाशिए पर या पंक्तियों के मध्य लिखने की परम्परा प्रारम्भ हुई। आगे चलकर विभिन्न विद्वानों द्वारा पठित और रेखांकित इन ग्रन्थों को पुस्तकालयों में संग्रहीत किया गया और प्राचीन वाङ्गमय से शब्दों का संकलन करके उनके समानार्थी शब्द दिए जाने लगे। भारत एवं यूनान में प्रारम्भ में संकलित कोश एक भाषा-कोश हुआ करते थे, अर्थात् शब्दों की व्याख्या एवं अर्थ मूल भाषा में ही दिए जाते थे। भारत के प्राचीन कोश-ग्रन्थ प्रायः पद्यात्मक हुआ करते थे ताकि उन्हें सरलता से कंठस्थ किया जा सके। उन्हें कंठस्थ करना शिक्षार्थियों के लिए सुकर था। शब्दों का प्रस्तुतीकरण अकारादि-क्रम में न होकर वर्गों के आधार पर होता था, जैसे नरवर्ग, जलवर्ग, वृक्षवर्ग आदि। ऐसे कोशों में अमरकोश बहुत प्रसिद्ध है। इसमें विषयों का सुन्दर वर्ग-विभाजन हुआ है।

द्विभाषी कोशों का प्रादुर्भाव

भारत में यूरोपीय विद्वानों के आगमन तथा उनके द्वारा भारतीय भाषाओं के पठन-पाठन का क्रम सोलहवीं-सत्रहवीं शताब्दी के बाद प्रारम्भ हुआ। भारतीय भाषाओं का अध्ययन करते हुए इन यूरोपीय विद्वानों ने भारतीय विद्वानों की सहायता से विभिन्न भाषाओं के व्याकरण, पाठसामग्री एवं शब्द-कोश इत्यादि के निर्माण का कार्य हाथ में लिया। यूरोप में पन्द्रहवीं शताब्दी से पहले ही अकारादि क्रम में शब्द-कोश बनने लगे थे और लेटिन-अंगरेज़ी-कोश का व्यवहार प्रारम्भ हो गया था। सोहलवीं शताब्दी तक फ्रांसीसी-अंगरेज़ी कोश का निर्माण हो गया था। यूरोपीय विद्वानों ने कोश-निर्माण की उसी प्रविधि का प्रयोग भारत में भी करना शुरू कर दिया।

एक भाषा-कोश के अतिरिक्त द्विभाषी कोश का निर्माण समय की माँग है। प्राचीन युग में भारत में संस्कृत तथा यूरोप में लैटिन भाषा शिक्षा का माध्यम थी और ज्ञान-विज्ञान का सारा भण्डार एक ही भाषा में सुरक्षित था आगे। चलकर जब क्षेत्रीय भाषाएँ अभिव्यक्ति का माध्यम बनने लगीं तो मूल भाषा के शब्दों को स्रोत भाषा के माध्यम से समझाने की परम्परा का सूत्रपात हुआ। यह कहना अत्युक्तिपूर्ण न होगा कि विभिन्न भाषा-भाषी समाजों को एक-दूसरे से निकट लाने में द्विभाषी कोश सेतु का काम करते हैं। अंगरेज़ी-हिन्दी कोश, हिन्दी-मराठी कोश, बंगला-हिन्दी कोश, हिन्दी-मलयालय कोश, फ्रांसीसी-अंगरेज़ी कोश आदि इस प्रकार के द्विभाषी

कोशों के उदाहरण है। प्राचीन एवं सांस्कृतिक भाषाओं को आधुनिक भाषाओं के माध्यम से समझाने के लिए भी द्विभाषी कोश महत्वपूर्ण भूमिका अदा करते हैं। संस्कृत-हिन्दी कोश, लैटिन-अंगरेज़ी कोश आदि इसी प्रकार के द्विभाषी कोश है।

द्विभाषी कोश की संकल्पना

यों तो छात्रों, विद्वानों और पाठकों की विशिष्ट अथवा व्यापक आवश्यकताओं को दृष्टि में रखते हुए, त्रिभाषा कोश, बहुभाषा कोश आदि का भी निर्माण किया जाता है, परन्तु द्विभाषी कोशों के निर्माण की एक अलग आवश्यकता होती है। ये स्रोतभाषा के माध्यम से लक्ष्य भाषा का अध्ययन करने वाले व्यक्तियों की आवश्यकता की पूर्ति करते हैं।

बहुभाषा-भाषी देश होने के नाते भारतीय सन्दर्भ में द्विभाषी कोशों की आवश्यकता और उपयोगिता का सदा से अनुभव किया जाता रहा है और इस दिशा में कार्य का श्रीगणेश भी बहुत पहले से हो चुका था। परन्तु भारतीय भाषाओं में द्विभाषी कोशों की संकल्पना को स्पष्ट आधार सन् 1950 के बाद ही मिल पाया। सन् 1950 में हिन्दी भारतीय गणराज्य की राजभाषा स्वीकृत हुई। तब उस पर यह दायित्व आया कि वह भारत की सामाजिक संस्कृति की अभिव्यक्ति का माध्यम बने और ज्ञान-विज्ञान के प्रत्येक क्षेत्र में अंगरेज़ी का स्थान ले। ऐतिहासिक कारणों से आधुनिक युग का ज्ञान-विज्ञान हमें अंगरेज़ी भाषा ही के माध्यम से प्राप्त था। युग की यह माँग थी कि अंगरेज़ी में उपलब्ध ज्ञान-विज्ञान के साहित्य को हिन्दी में उपलब्ध कराया जाए और या माँग अब भी विद्यमान है। इस आवश्यकता की पूर्ति के लिए अच्छे अंगरेज़ी-हिन्दी कोशों की आवश्यकता हुई। इस सन्दर्भ में सरकार ने हिन्दी साहित्य सम्मेलन के सहयोग से मानक अंगरेज़ी-हिन्दी कोश के निर्माण की योजना बनाई।

विभिन्न विषयों से सम्बन्धित ज्ञान-विज्ञान की सामग्री को कम से कम समय में अंगरेज़ी से हिन्दी में अनूदित करने का कार्य इतना विशाल था कि इस चुनौती का सामना करना केवल कतिपय विद्वानों या संस्थाओं के लिए सम्भव नहीं था। इसलिए सरकार ने केन्द्रीय हिन्दी निदेशालय के साथ-साथ वैज्ञानिक तथा तकनीकी शब्दावली आयोग का गठन किया और देश के शीर्षस्थ विद्वानों के सहयोग से पारिभाषिक शब्दावली निर्माण के मार्गदर्शक सिद्धान्त स्थिर किये। शिक्षा, व्यापार वाणिज्य, प्रशासन, पत्रकारिता आदि सभी क्षेत्रों में जहाँ-जहाँ अंगरेज़ी का व्यवहार होता था वहाँ हिन्दी को प्रभावपूर्ण ढंग से प्रतिष्ठित ढंग से प्रतिष्ठित करने के लिए सहस्रों की संख्या में पारिभाषिक शब्दों का निर्माण करना आवश्यक था। निदेशालय और आयोग के अथक परिश्रम के फलस्वरूप सन् 1962 में 'बृहत् पारिभाषिक शब्द संग्रह' प्रकाशित हुआ। पारिभाषिक शब्दावली का निर्माण कार्य

भी द्विभाषी कोशों के समान ही होता है, परन्तु इसमें एक संकल्पना को दूसरी भाषा की संकल्पना में अर्थात् उसी भावभूमि में किन्तु परिवर्तित परिवेश में--प्रस्तुत करना होता है। इस प्रकार विभिन्न विषयों में पारिभाषिक शब्दावली के निर्माण के साथ-साथ द्विभाषी कोशों के निर्माण की संकल्पना में नई अन्तर्दृष्टि मिली।

आधुनिक युग में भारत में हिन्दी भाषा व्यापक रूप से पढ़ी और पढ़ाई जा रही है। संघ राज्य की राजभाषा एवं भारत की सम्पर्क भाषा होने के कारण हिन्दी का महत्व दिनों दिन बढ़ रहा है। भारतवर्ष की प्रमुख तथा भारतीय संस्कृति की संवाहिका होने के नाते विदेशों में भी हिन्दी के प्रति विशेष जिज्ञासा जागृत हुई है और बहुत से विदेशी छात्र पत्राचार के माध्यम से तथा विश्वविद्यालयों, भाषा-संस्थानों द्वारा संचालित कक्षाओं में सम्मिलित होकर हिन्दी का अध्ययन कर रहे हैं। इन अहिन्दी भाषी एवं विदेशी छात्रों तथा पाठकों का भाषा सीखने का उद्देश्य हिन्दी के प्राचीन साहित्य का अध्ययन करना उतना नहीं है जितना राजकाज, वाणिज्य, व्यापार एवं दैनंदिन व्यवहार के शब्दों एवं अभिव्यक्तियों से परिचित होना है।

द्विभाषी कोशों का इतिहास और परम्परा

जैसा कि ऊपर कहा गया है, भारत जैसे बहुभाषा-भाषी देश में विभिन्न भाषा-भाषी समाज को परस्पर निकट लाने की दिशा में द्विभाषी कोश महत्वपूर्ण भूमिका निभाते आये हैं। इस सामयिक आवश्यकता की पूर्ति के लिए यद्यपि पहले से प्रयास होते आये हैं फिर भी पिछली शताब्दी से इस दिशा में ठोस एवं व्यवस्थित कार्य प्रारम्भ हुआ।

पिछली शताब्दी में कोर्ट-कचहरी से सम्बन्धित सारा कार्य उर्दू, हिन्दुस्तानी में होता था और स्वयं अंग्रेज हाकिमों के लिए हिन्दुस्तानी का ज्ञान अनिवार्य माना जाता था। उनके लिए हिन्दुस्तानी के व्याकरण और अंगरेज़ी-हिन्दुस्तानी द्विभाषी कोशों का निर्माण हुआ। इनमें डंकन फोर्बस द्वारा सम्पादित एवं लन्दन से प्रकाशित 'ए डिक्शनरी ऑफ हिन्दुस्तानी इंग्लिश' (1866) उल्लेखनीय है। इसी परम्परा में 'इंग्लिश हिन्दुस्तान डिक्शनरी' (सं. एम.डब्ल्यू. फैलन, 1946) तथा 'इंग्लिश-उर्दू डिक्शनरी' (सं. अब्दुल हक, 1958) के नाम गिनाये जा सकते हैं।

मैक्समूलर से लेकर कितने ही यूरोपीय विद्वानों ने यूरोपीय भाषाओं के माध्यम से संस्कृत भाषा का अध्ययन किया। उनके परिश्रम और अध्यवसाय के फलस्वरूप एक से बढ़कर एक उपयोगी द्विभाषी कोश प्रकाशित हुए। इनमें से कुछ प्रमुख कोश निम्नलिखित हैं--

1. ए संस्कृत इंग्लिश, डिक्शनरी, ले. मोनियर विलियम।
2. संस्कृत जर्मन बतृर्वुख, ले. राथ बातलिंक।
3. संस्कृत इंग्लिश कोश, ले. प्रो. मेकडनाल्ड और बेनफे।

संस्कृत हिन्दी कोशों में श्री वामन शिवराम आप्टे संपादित 'संस्कृत-हिन्दी कोश' तथा पं. द्वारिका प्रसाद चतुर्वेदी द्वारा लिखित 'संस्कृत शब्दार्थ कौस्तुभ' भी उल्लेखनीय हैं।

हिन्दी और भारतीय भाषाओं के बीच पारस्परिक आदान-प्रदान में पिछले पचास-साठ वर्षों में पर्याप्त वृद्धि हुई है और इस प्रक्रिया में दिनों दिन तेजी आ रही है। समय की आवश्यकता के अनुरूप इस दिशा में निम्नलिखित द्विभाषी कोश प्रकाशित हुए हैं–

1. मराठी–हिन्दी शब्द संग्रह–ले. गणेश रमुनाथ वैशंपायन (1969)
2. हिन्दी–मराठी कोश, ले. कृष्णलाल वर्मा (1951)
3. हिन्दी–तमिल कोश–सं दक्षिण भारत हिन्दी प्रचार सभा
4. हिन्दी–मलयालम कोश–सं दक्षिण भारत हिन्दी प्रचार सभा
5. हिन्दी–कन्नड कोश–सं दक्षिण भारत हिन्दी प्रचार सभा
6. हिन्दी–तेलुगु कोश–सं दक्षिण भारत हिन्दी प्रचार सभा
7. तेलुगु–हिन्दी कोश–सं दक्षिण भारत हिन्दी प्रचार सभा
8. तमिल–हिन्दी कोश–सं दक्षिण भारत हिन्दी प्रचार सभा
9. हिन्दी–मराठी कोश–गो.प. नेने तथा श्रीपाद जोशी
10. सुलभ हिन्दी–मराठी कोश–यशवंत रामकृष्ण दाते
11. हिन्दी–गुजराती कोश–मगनभाई प्रभुदात
12. हिन्दी–बंगला अभिधान–गोपाल चन्द्र।

यहाँ पर नमूने के लिए कुछेक हिन्दी–भारतीय भाषा द्विभाषी कोशों के नाम गिनाए गये हैं। इनके अतिरिक्त प्रायः प्रत्येक भाषा के साथ हिन्दी में कोश बनाए गये हैं। यही नहीं बोलियों तथा भाषाओं के बीच पारस्परिक आदान-प्रदान को दृष्टि में रखते हुए आजकल हिन्दी-बंगला आदि भाषाओं के साथ स्थानीय बोलियों के द्विभाषिक कोश भी बनाए जा रहे हैं। इस कड़ी में नेमिचन्द जैन द्वारा संपादित 'भीली हिन्दी कोश' तथा नागालैण्ड भाषा परिषद कोहिमा द्वारा प्रकाशित 'हिन्दी-माओ कोश' की गणना की जा सकती है।

द्विभाषी कोशों में हिन्दी-अंगरेज़ी तथा अंगरेज़ी-हिन्दी कोश पर्याप्त संख्या में निकले हैं और उनका स्तर भी निरन्तर परिमार्जित होता गया है। इनमें 'भार्गव स्टेन्डर्ड इलस्ट्रेटड हिन्दी-अंगरेज़ी कोश' (सं. आर.सी. पाठक), डॉ. हरदेव बाहरी द्वारा सम्पादित 'बृहत् अंगरेज़ी-हिन्दी कोश' (दो भागों में) बहुप्रचलित हैं। फादर कामिल बुल्के का 'अंगरेज़ी-हिन्दी कोश' अनुवादकों तथा हिन्दी में काम करने वालों के लिए वरदान सिद्ध हुआ है। डॉ. सूर्यकान्त द्वारा सम्पादित 'ए न्यू इंग्लिश हिन्दी डिक्शनरी,' नालन्दा करेन्ट डिक्शनरी (हिन्दी-अंगरेज़ी), सामान्य अंगरेज़ी-हिन्दी शब्दकोश (राममूर्ति सिंह), ओरिएण्ट हिन्दी-अंगरेज़ी कोश (डॉ. उदयनारायण तिवारी, आथेंटिक सीनियर हिन्दी-इंग्लिश

डिक्शनरी (हिन्दी प्रचारक पुस्तकालय) आदि इस दिशा में सराहनीय प्रकाशन हैं।

हिन्दी के व्यावहारिक एवं प्रयोजनमूलक शब्दों को लेकर अंगरेज़ी में उनका पर्याय देते हुए लघुकोश बनाने का सुझाव भारत के भूतपूर्व प्रधानमंत्री पं. जवाहर लाल नेहरू ने दिया था और यह काम केन्द्रीय हिन्दी निदेशालय को सौंपा गया। सन् 1966 में निदेशालय ने व्यावहारिक हिन्दी-अंगरेज़ी शब्द कोश का प्रकाशन किया। इसमें 5,000 शब्द संग्रहीत हैं। इसी परम्परा में शब्द संख्या को बढ़ाते हुए कई उपयोगी कोश प्रकाश में आये, जिनमें डॉ. भोलानाथ तिवारी और महेन्द्र चतुर्वेदी द्वारा सम्पादित व्यावहारिक हिन्दी-अंगरेज़ी कोश विशेष उल्लेखनीय हैं।

अध्येताओं की आवश्यकताओं को दृष्टि से रखते हुए अंगरेज़ी में लर्नर्स कोश के आधार पर हिन्दी अंगरेज़ी में कोश निर्माण के बहुत कम प्रयास हुए है। किन्तु इस दिशा में डॉ. हरदेव द्वारा लिखित 'शिक्षार्थी हिन्दी-अंगरेज़ी शब्द कोश' (प्रकाशक राजपाल एण्ड सन्स) तथा मीनाक्षी प्रकाशन द्वारा प्रकाशित 'हिन्दी-अंगरेज़ी कोश' सराहनीय कार्य हैं। इन दोनों कोशों में विभिन्न अर्थ-छायाओं के स्थलों तथा मुहावरों का वाक्यों में प्रयोग दिखाया गया है।

अन्तर्राष्ट्रीय स्तर पर हिन्दी की बढ़ती हुई लोकप्रियता के अनुरूप अनेक विदेशी भाषाओं के साथ इन दिनों हिन्दी में द्विभाषी कोश बनाये जा रहे हैं। इस दिशा में भारत में कार्य हो रहा है और विदेशों में भी। रूसी सरकार ने सन् 1966 में डॉ. हरदेव बाहरी को अपने यहाँ बुलाकर उनके द्वारा रूसी-हिन्दी शब्दकोश का सम्पादन कराया था। इसके बाद जर्मन जनवादी गणतन्त्र ने भी भारत सरकार के सहयोग से जर्मन-हिन्दी और हिन्दी-जर्मन कोशों का निर्माण कार्य प्रारम्भ किया है। रूसी विद्वान वी. जीरोनोव द्वारा लिखित रूसी हिन्दी कोश भी यहाँ पर उल्लेखनीय है।

विदेशी भाषाओं के साथ हिन्दी में द्विभाषी कोशों के निर्माण की दिशा में केन्द्रीय हिन्दी निदेशालय में व्यवस्थित रूप से कार्य हो रहा है। जर्मन-हिन्दी और हिन्दी-जर्मन कोशों के अतिरिक्त हिन्दी-चेक और चेक-हिन्दी कोश का कार्य भी प्रगति पर है। संयुक्त राष्ट्र स्वीकृत भाषाओं के साथ हिन्दी में द्विभाषी कोश निर्माण योजना के अन्तर्गत हिन्दी-स्पेनी, हिन्दी-अरबी, हिन्दी-चीनी तथा हिन्दी-फ्रांसीसी कोशों पर भी निदेशालय कार्य कर रहा है।

द्विभाषी कोश की तकनीक

द्विभाषी कोश का निर्माण करते हुए कोशकार के मन में उन कोश का उपयोग करने वालों की प्रतीक्षाओं और उनकी आवश्यकताओं के प्रति सजगता होनी चाहिए। द्विभाषी कोश का प्रयोग करने वालों का उद्देश्य निश्चित रूप से एक भाषा-कोश के प्रयोक्ताओं से भिन्न होगा। अंगरेज़ी-हिन्दी द्विभाषी कोश को

उदाहरण के रूप में लिया जाए तो उसका प्रयोग केवल सन्दर्भ के लिए नहीं, अपितु अनुवाद, हिन्दी में मौलिक लेखन तथा अंगरेज़ी शब्द के स्थान पर हिन्दी के सटीक शब्द के प्रतिस्थापन हेतु किया जाता है। अतः इस प्रकार के द्विभाषी कोश में निम्नलिखित प्रविधि को अपनाया जाता है।

अंगरेज़ी में मूलशब्द के आगे नागरी में उसका लिप्यंतरण किया जाता है। उसके बाद शब्द की व्याकरणिक कोटि का निर्देश दिया जाता है। हिन्दी में पर्याय देते हुए जो अर्थ सर्वाधिक प्रचलित हो उसे प्रमुखता दी जाती है और इसी क्रम में पर्याय प्रस्तुत किये जाते हैं। प्रत्येक के बीच में अल्पविराम तथा भिन्न अर्थों के मध्य अर्धविराम समीचीन माना जाता है। मूलशब्द के योग से बनने वाले संयुक्त शब्दों को अकारादि क्रम में देकर उनका अर्थ दिया जाता है। इसके बाद सम्बन्धित मुहावरों, लोकोक्तियों और प्रयोग को अर्थ सहित प्रस्तुत किया जाता है।

एकदम भिन्न अर्थों को अलग-अलग वाक्यों के माध्यम से समझाना स्पष्टता की दृष्टि से समीचीन होगा। कभी-कभी विशिष्ट क्रियाओं के प्रयोग में विशिष्ट विभक्ति-प्रत्ययों का प्रयोग किया जाता है। ऐसे स्थलों में प्रयोगगत विशेषताओं को स्पष्ट करने के लिए सम्पूर्ण वाक्य देना भी उपयोगी होता है।

द्विभाषी कोश का प्रयोग करने वाले से यह अपेक्षा नहीं की जानी चाहिए कि उसे शब्दों की व्युत्पत्ति का विशेष ज्ञान होगा। उदाहरण के लिए द्वितीय भाषा के रूप में हिन्दी सीखने वाले छात्र 'ऐतिहासिक' 'भौगोलिक' आदि शब्दों का अर्थ क्रमशः 'इतिहास' और 'भूगोल' में ढूँढ़ें यह आवश्यक नहीं है। अतः व्युत्पन्न शब्दों की प्रविष्टियाँ भी अकारादि क्रम से यथास्थान दी जानी चाहिए। उनके मूल रूपों के आगे व्युत्पन्न रूपों को सज्जित करके कोशकार भले ही यह मान ले कि उसने अपने दायित्व का निर्वाह कर दिया है परन्तु कोश का उपयोग करने वाला इससे लाभान्वित नहीं हो पाता।

द्विभाषी कोशों में अर्थ देते हुए कोशकार को कभी भी अन्य कोशों से बिना समझे-बूझे अर्थों की ज्यों की त्यों नकल नहीं करनी चाहिए। अर्थ के क्षेत्र में अप्रचलित या एकाध बार प्रसंगवश प्रयुक्त अर्थ पूर्ववर्ती कोशों में मिल सकते हैं। उन सभी अप्रचलित एवं अप्रासंगिक अर्थों का एक जुलूस पाठक के सामने रखने पर वह अर्थों के इस जंगल में से सही एवं प्रसंगानुकूल अर्थ निकालने में असमर्थ हो जाएगा। अतः कोशकार को एक कुशल समालोचक की भाँति अपने विवेक से व्यावहारिकता की कसौटी पर कस कर सही अर्थों का चयन करके प्रस्तुत करना चाहिए।

ऐसे कोश का प्रारूप इस बात पर आधारित होता है किनके लिए बनाया जा रहा है, अर्थात्, किस उद्देश्य को सामने रखकर कोश का निर्माण किया जा रहा है। ज्ञान-विज्ञान के क्षेत्र में नई-नई संकल्पनाओं के विकास के साथ-साथ प्रत्येक भाषा

में विभिन्न विषयों, जैसे—भौतिकी, रसायनशास्त्र, वाणिज्य, सामाजिक विज्ञान, प्रशासन आदि विषयों से सम्बन्धित नए-नए शब्द बनते चलते हैं अथवा आवश्यकतानुसार नए शब्द गढ़े जाते हैं। इसके अतिरिक्त एक ही आशय को बताने वाले विभिन्न शब्दों में से किसी एक को निश्चित अर्थ में स्थिर भी करना पड़ता है। इस प्रकार के कोशों को पारिभाषिक कोश की संज्ञा दी जाती है। इस दिशा में सन् 1940 में सर्वप्रथम कोश 'ट्वेन्टियथ सेंचुरी इंग्लिश-हिन्दी कोश' (सुख संपतिराय भंडारी—अजमेर) हिन्दी में निकला। इसी कोटि के अन्तर्गत केन्द्रीय हिन्दी निदेशालय द्वारा प्रकाशित 'पारिभाषिक शब्द संग्रह, (अंगरेज़ी-हिन्दी) 1962 आता है जिसमें विभिन्न विषयों के शब्द दिए गये हैं।

निदेशालय के द्विभाषी कोश

भारतीय संविधानकी धारा 351 के अन्तर्गत संस्कृत तथा अन्य भारतीय भाषाओं का सहयोग लेते हुए हिन्दी का एक अखिल भारतीय स्वरूप विकसित करने का उत्तरदायित्व केन्द्रीय हिन्दी निदेशालय को सौंपा गया है। इस लक्ष्य की पूर्ति के लिए निदेशालय ने अपने अन्य कार्यकलापों के साथ-साथ हिन्दी तथा अन्य भारतीय भाषाओं में द्विभाषी-कोश तैयार करने की योजना हाथ में ली है।

निदेशालय में द्विभाषा कोशमाला के अन्तर्गत हिन्दी अथा विभिन्न भारतीय भाषाओं के 26 व्यावहारिक लघुकोश तैयार किए जा रहे हैं। इनमें से 13 कोश हिन्दीमूलक और 16 कोश प्रादेशिक भाषामूलक हैं। इनमें हिन्दी-सिंधी, हिन्दी-गुजराती तथा हिन्दी-उर्दू कोश तैयार हो चुके हैं और हिन्दी-मराठी तथा हिन्दी-असमिया मुद्रणाधीन हैं।

निदेशालय द्वारा तैयार किए जा रहे इन द्विभाषा कोशों में लगभग 10,000 प्रविष्टियाँ हैं। शब्दों का चुनाव करते समय निम्नलिखित बातों का ध्यान रखा गया हैं—

1. ऐसे शब्दों को प्रमुखता दी गयी है जिनका व्यवहार जीवन के सामान्य कामों में औसत शिक्षित व्यक्ति करते हैं।
2. हिन्दी में प्रचलित उस सामान्य शब्दावली को लिया गया है जिसमें अन्य भारतीय भाषाओं के अतिरिक्त अरबी, फारसी, अंगरेज़ी आदि विभिन्न से आये हुए शब्द घुलमिल गये हैं।
3. स्कूलों के विद्यार्थियों तथा विदेशियों के लिए ऐसे पारिभाषिक शब्द भी लिए गये हैं जिनका व्यवहार दैनिक जीवन के विविध क्षेत्रों में प्रायः होता रहता है।
4. विभिन्न भावों, विचारों और क्रियाओं को व्यक्त करने वाले शब्दों के अतिरिक्त खाने-पीने की चीजों, फलों, सब्जियों, गहनों, कपड़ों आदि के

ऐसे नामवाची शब्द लिए गये हैं जिनका बहुतायत से प्रयोग होता है।

5. दफ्तरों, बाजारों, कारखानों, कचहरियों, संसद, विधानसभाओं आदि में प्रयोग में आने वाले शब्द अथा विविध कलाओं (वास्तुकला, शिल्पकला आदि) से सम्बन्धि ऐसे शब्द भी शामिल किए गये हैं जिनका बहुतायत से प्रयोग होता है।
6. ऐसे शब्द भी लिए गये हैं जो इन दिनों विशेष भावों, विचारों और संकल्पनाओं के द्योतक बन गये हैं।

शब्दों के रूप की दृष्टि से बोलचाल की भाषा के शब्दों को प्राथमिकता दी गयी है। शब्दों के रूप तथा वर्तनी निर्धारण में निम्नलिखित नियमों का पालन किया गया है–

1. यदि तत्सम और तद्भव दोनों रूप प्रचलित हैं और दोनों रूपों में अधिक भिन्नता है तो तद्भव रूप तत्सम रूप के बाद कोष्ठक में दे दिया गया है।
2. यदि तद्भव रूप तत्सम से बहुत भिन्न है अथवा उसमें अर्थ-परिवर्तन हो गया है तो तत्सभ और तद्भव रूपों को वर्णक्रमानुसार प्रविष्टि के रूप में दिया गया है।
3. तद्भव और देशज शब्दों के विभिन्न रूपों में सबसे प्रचलित रूप को ही प्रविष्टि माना गया है और दूसरे कम प्रचलित रूपों को कोष्ठक में दिया गया है। बहुत कम प्रचलित अथवा नितान्त स्थानीय रूपों को छोड़ दिया गया है।
4. भारतीय महीनों आदि के नामों के तत्सम और तद्भव दोनों ही रूप में वर्णक्रमानुसार प्रविष्टि में दिए गये हैं।
5. शब्दों की सीमित संख्या को ध्यान में रखते हुए शब्दों के पुल्लिग रूप ही दिए गये हैं। स्त्रीलिंग रूप नहीं। जो स्त्रीलिंग रूप पुल्लिग रूपों से नितान्त भिन्न हैं उन्हें अवश्य दे दिया गया है।
6. एक ही शब्द के व्याकरणिक अथवा व्युत्पन्न रूपों को अलग से देना उचित नहीं समझा गया है। कुछ शब्दों रूपों को सम्मिलित करने और कुछ को छोड़ देने का निर्णय उनकी प्रयोग-बहुलता तथा उनके प्रयोग-क्षेत्र की व्यापकता के आधार पर किया गया है।

पर्यायवाची शब्दों के सम्बन्ध में यह नीति अपनाई गयी है कि हिन्दी शब्दों के स्रोत भाषा में पर्याय उनके मूल और प्रधान अर्थ के आधार पर ही दिए गये हैं, गौण अथवा अपेक्षाकृत कम प्रचलित अर्थों के आधार पर नहीं। यदि एक से अधिक अर्थ समान रूप से प्रधान हैं तो वे सभी दिए गये हैं। हिन्दी शब्दों के लाक्षणिक अर्थों के पर्याय नहीं दिए गये हैं, किन्तु यदि प्रयोग में लाक्षणिक अर्थ ही

शब्द का प्रमुख अर्थ बन गया है तो लाक्षणिक अर्थ का पर्याय दिया गया है।

कोश का स्वरूप : फार्मेट इस प्रकार है–

1. हिन्दी की प्रविष्टियों को स्रोतभाषा की लिपि में भी दिया गया है ताकि केवल स्रोतभाषा जानने वाला प्रादेशिक लिपि में लिखित हिन्दी शब्दों के उच्चरित स्वरूप से परिचत हो सके।
2. स्रोतभाषा (प्रादेशिक भाषा) के पर्यायों को देवनागरी में भी दिया गया है ताकि इस कोश का प्रयोग करने वाले व्यक्ति प्रादेशिक लिपि को न जानने पर भी उनके उच्चरित स्वरूप से परिचित हो सके।
3. पर्यायवाची शब्दों की तुलना के लिए प्रत्येक शब्द के अधिक से अधिक तीन समानार्थी शब्द दिए गये हैं।
4. प्रविष्टियों की सभी व्याकरणिक कोटियों का संकेत दिया गया है।
5. पर्याय देते समय एक से अधिक पर्यायों के बीच अल्पविराम और एक से अधिक अर्थों के लिए अर्धविराम का प्रयोग किया गया है।

उपसंहार

ऊपर निदेशालय के द्विभाषिक कोशों के स्वरूप तथा उनके चयन एवं निर्माण में अपनाई गयी नीतियों का जो दिग्दर्शन कराया गया है, इसका यह तात्पर्य नहीं है कि सभी द्विभाषिक कोशों के लिए यही फार्मेट उचित रहेगा। हाँ, जहाँ तक शब्द-संकलन, शब्दों के रूप, वर्तनी और पर्यायों के प्रस्तुतीकरण का सम्बन्ध है, भावी कोश-निर्माता इनसे कई उपयोगी तत्वों को अपना सकते हैं, क्योंकि इन द्विभाषिक कोशों के निर्माण के पूर्व आधार-भूत नीति-निर्धारण में भारतवर्ष के शीर्षस्थ भाषाविदों तथा कोशकारों ने बहुमूल्य परामर्श दिया है।

अन्त में भरतवाक्य के रूप में यही कहना पर्याप्त होगा कि चार-पाच कोशों की सहायता से एक नया कोश निर्मित नहीं होता। कोश-निर्माण करते समय उपयोग करने वालों के स्तर तथा उनकी अपेक्षाओं को ध्यान में रखना अत्यावश्यक है।

द्विभाषी कोश निर्माण का तुलनात्मक सन्दर्भ–कन्नड़ तथा हिन्दी

–डॉ. (कु.) मालती टंडन

[डॉ. टण्डन ने ऐतिहासिक साक्ष्य पर कन्नड़ और हिन्दी के द्विभाषी कोश निर्माण के पक्षों पर तुलनात्मक दृष्टि से प्रकाश डाला है। संक्षिप्त किन्तु सारगर्भित लेख में दोनों सन्दर्भों को स्पष्ट करने का सुन्दर प्रयास किया गया है।–सम्पा.]

विभिन्न भाषाओं तथा उनके साहित्य के प्रति बढ़ती हुई जिज्ञासा ने भिन्न-भिन्न भाषाओं के शब्द-कोशों की आवश्यकता उत्पन्न की है। भाषा तथा साहित्य के अध्यापक का परिवेश विस्तृत है। एक अध्यापक तथा अनुवादक की दृष्टि से भाषा-कोश का महत्व बढ़ जाता है। आज एक भाषा-भाषी अध्यापक जब भिन्न भाषा-प्रदेश में भाषा तथा साहित्य के अध्यापक के रूप में जाता है तब सब से प्रथम उसे स्थानीय भाषा से सम्पर्क स्थापित करना आवश्यक हो जाता है और इस सन्दर्भ में सर्वप्रथम वह अपेक्षित भाषा के द्विभाषी कोश की खोज करता है। यद्यपि आजकल प्रत्येक भाषा का दैनन्दिन प्रयोग जानने के लिए अनेक कोश प्राप्त होते हैं किन्तु ऐसा समझना भूल है वास्तव में एक भाषा के अध्यापक के लिए स्थानीय भाषा का कोश उसके मार्गदर्शक का कार्य करता है।

मेरा यह लेख कन्नड़ तथा हिन्दी के तुलनात्मक सन्दर्भ में है। अभी तक जो द्विभाषी कन्नड़-हिन्दी कोश बने हैं उनके अध्ययन से पता चलता है कि यह कोश एक शिक्षक अथवा अनुवादक की दृष्टि से अधिक उपयोगी नहीं है केवल सामान्य ज्ञान के सन्दर्भ में उनका उपयोग हो सकता है, यह कोश न तो पूर्ण कोशों के वर्ग में लाये जा सकते हैं न अध्येता कोशों में, वास्तव में अध्येता-कोश तो अभी बना ही नहीं है और इसी कोश की आवश्यकता व उपयोगिता एक अनुवादक तथा अध्यापक को अधिक है। कन्नड़ तथा हिन्दी के जो द्विभाषी कोश उपलब्ध हैं उनका अध्ययन करने पर मैंने पाया कि एक अध्यापक की दृष्टि से उनमें अनेक कमियाँ हैं। कन्नड़ भाषी विद्यार्थियों के अध्यापन में मैंने पाया कि यदि पारिभाषिक

शब्दों के समानार्थी शब्द स्थानीय भाषा में विद्यार्थियों को दे दिए जाएँ तो सम्प्रेषण सरल हो जाता है, अध्यापक को शब्द के विश्लेषण में समय नहीं लगाना पड़ता वह अमुक भाषा-भाषी विद्यार्थी की मातृभाषा का शब्द देकर अध्यापन आगे बढ़ा सकता है। कभी-कभी कुछ ऐसे भी शब्द आ जाते हैं जिनका विश्लेषण करने में अधिक समय भी लगता हैं तथा यथोचित विश्लेषण हो भी नहीं पाता। जैसे शब्द हैं मान या नखरा। इस शब्द का समानार्थी है 'ओय्यार' इसी प्रकार -छत्ता' शब्द का समानार्थी है, 'गुडू'। अब यदि अध्यापक का स्थानीय भाषा के इन समानार्थी शब्दों से परिचय है तो संप्रेषण सरल हो जाता है अन्यथा अध्यापन का अधिक समय ऐसे शब्दों के विश्लेषण मे लग जाता है। साहित्य के अध्यापक के लिए दो भिन्न भाषाओं के साहित्य-कोशों की भी बहुत अधिक आवश्यकता है। इससे भाषाओं की साहित्यिक प्रवृत्तियों का तुलनात्मक अध्ययन करने में विद्यार्थियों को सहायता मिलती है। हिन्दी साहित्य में काल विभिन्न विधाओं छायावाद, रहस्यवाद इत्यादि की प्रवृत्तियों का कन्नड़ की समानान्तर विधाओं के साथ अध्ययन करके विद्यार्थी सरलता से अर्थ ग्रहण कर सकते हैं। उदाहरण के लिए हिन्दी का छायावाद तथा कन्नड़ का नव्य काव्य एक ही हैं। यदि अध्यापक को स्थानीय भाषा की इस प्रवृत्ति का ज्ञान होगा तो वह विद्यार्थियों को तुलनात्मक दृष्टि से इस विषय को समझा सकता है।

उच्चारण की दृष्टि से आर्य तथा द्रविड़ भाषा-परिवार की भाषाओं में अन्तर है। अध्यापक के लिए आरम्भ में ही यह अन्तर स्पष्ट करना आवश्यक है। द्रविड़ भाषा परिवार की भाषाएँ स्वरांत है। इस विशेषता को कोश की भूमिका में ही स्पष्ट कर देना आवश्यक है। प्रत्येक भाषा की तरह द्रविड़ भाषाओं में भी अरबी-फारसी के शब्दों का प्रयोग है किन्तु कन्नड़ भाषा में अरबी-फारसी के शब्दों की विशेषता यह है कि इन शब्दों का रूप व उच्चारण कन्नड़ में बदल गया है। यह इतना बदल गया है कि अरब-फारसी के सही शब्द की पहचान भी कठिन हो जाती है, उदाहरण के लिए 'फरार' शब्द के लिए कन्नड़ में 'परारी' फितूर के लिए 'पितूरी' जमानत के लिए 'जामीनु' शब्द हैं। कोशकार के लिए आवश्यक है कि वह भूमिका में स्पष्टीकरण कर दें। इसी प्रकार कन्नड़ की एक और विशेषता यह है कि इसमें संस्कृत के शब्दों के अर्थ बदल गये हैं अर्थात् एक ही शब्द का अर्थ कन्नड़ में तथा हिन्दी में भिन्न है जैसे अवसर शब्द का अर्थ कन्नड़ में है 'शीघ्र,' संसार का अर्थ 'परिवार' तथा प्रपंच का अर्थ 'संसार'। यह कुछ ऐसे परिवर्तन हैं जो भाषा सीखने वाले तथा सिखाने वाले दोनों को ही जानना आवश्यक हैं। जहाँ तक संस्कृत शब्दों के उच्चारण का सम्बन्ध है इनकी भिन्न प्रकृति से शब्द के अर्थ में अन्तर नहीं होता जैसे संस्कृत के अनुस्वार का उच्चारण कन्नड़ में मवत् तथा हिन्दी में अधिकतर नवत् होता है। यह अन्तर भाषा के मौखिक प्रयोग से स्पष्ट हो जाता है।

कन्नड़ के क्रियापदों का प्रयोग भाषा सीखने में कुछ कठिनाई उत्पन्न करता है, इस विशेषता को देखते हुए कन्नड़ तथा हिन्दी के अध्येता कोश की बहुत अधिक आवश्यकता है क्योंकि साधारण कोशों के माध्यम से यह बात भली प्रकार स्पष्ट नहीं होती क्योंकि कन्नड़ का एक ही क्रियापद भिन्न सन्दर्भों में भिन्न अर्थों में प्रयुक्त होता है। उदाहरण के लिए कन्नड़ का एक क्रियापद है 'बीसु' इसके तीन अर्थ हैं—पीसना, फेंकना तथा पंखा करना किन्तु विशेषता यह है कि पीसना क्रियापद का प्रयोग केवल आटा, चावल इत्यादि पीसने के अर्थ में होता है। मसाला पीसने के लिए 'बीसु' क्रिया का प्रयोग न होकर एक अन्य क्रिया पद 'आडु' अथवा 'रूब्बु' का प्रयोग होता है। अतः यदि यह भेद प्रयोग के द्वारा न समझाया गया तो प्रारम्भिक अवस्था में भाषा सीखने में कठिनाई होती है। इसी प्रकार एक अन्य क्रिया पद है 'केब्सु' जिसका अर्थ है सुनना, माँगना, पूछना तथा मानना और प्रश्न करना। यह सभी अर्थ अध्येता कोश के माध्यम से स्पष्ट किए जा सकते हैं। भारतीय भाषाओं में द्विभाषी अध्येता कोशों का अभाव है, आवश्यकता है एक ऐसी शीघ्र योजना की जिसमें सर्वप्रथम इस कमी की ओर ध्यान दिया जाय। द्विभाषा-अध्येता कोश विद्यार्थी, अध्यापक तथा अनुवादक सभी के लिए सन्दर्भ ग्रन्थ के रूप में आवश्यकता है।

इस विषय पर व्यापक रूप से अध्ययन की अपेक्षा है।

बोली कोश निर्माण : समस्या एवं समाधान

–डॉ. राजेन्द्र मिश्र

[इधर बोली कोश निर्माण की दिशा में कोशकारों का ध्यान आकृष्ट हुआ है। प्रकृत शोध निबन्ध में प्रो. मिश्र ने लोकभाषा के शब्दों का संस्कृत के साक्ष्य पर उपवृहंण करने का अभिनव प्रयास किया है। न केवल व्याकरणिक साक्ष्य पर शब्दों की मीमांसा की गयी है, अपितु व्यावहारिक उदाहरणों एवं सन्दर्भों द्वारा भी यथायथ रूप में स्पष्ट किया गया है।–सम्पा.]

इलाहाबाद विश्वविद्यालय में अध्यापन करते हुए, पिछले दशक में 6-7 वर्षों तक एम.ए. पूर्वार्ध में भाषा विज्ञान पढ़ाने का सुयोग मिला। स्वभावतः, भाषा वैज्ञानिक ग्रन्थों का पारायण करते-करते भाषा-विकास की प्रक्रिया के प्रति जिज्ञासात्मक अभिरुचि उत्पन्न हुई और एक बिन्दु पर पहुँच कर मेरी दृढ़ धारणा बन गयी कि इस देश की अधिकांश राज्य-भाषायें संस्कृत का ही परिणाम अथवा विवर्त हैं। विशेष रूप से राष्ट्रभाषा हिन्दी और उसकी बोलियाँ : मैथिली, भोजपुरी, अवधी, ब्रजभाषा एवं बुन्देलखण्डी : तो शब्दभण्डार की दृष्टि से शत प्रतिशत संस्कृत की ऋणी हैं।

प्राचीन आचार्यों ने भी संस्कृत भाषा को प्रकृति (Base) माना है। इस प्रकृति से ही जुड़ी होने के कारण परिणामी भाषाओं का प्राकृत कहा गया : प्रकृति : संस्कृतम्, तस्माद्भवं प्राकृतम् : ये प्राकृतें ही अपने प्रान्तों के नाम पर महाराष्ट्री, शौरसेनी पांचाली तथा मागधी आदि रूप में प्रख्यात हुईं। कुछ प्राकृतों का नामकरण प्राकृतभाषी जातियों अथवा वर्गों के आधार पर ही हुआ, जैसे आभरी, शकारी, चाण्डाली आदि। सुशिक्षित एवं संस्कारप्रवण[1] नागरजनों की तुलना में अशिक्षित एवं संस्कारोपहत ग्राम्यजन निश्चित ही भाषा प्रयोग में शिथिल रहे हैं। चाहे वह भाषा का सिद्धान्तपक्ष हो : ज्ञान : अथवा व्यवहारपक्ष हो : उच्चारण : प्राकृतों के

---

1. बाणभट्ट प्रणीत कादमम्बरी मे शूद्रक वैशम्पायन शुक की वाणी की प्रशंसा में इसकी चर्चा करते हैं–प्रथमं तावदिदमेव महादाश्चर्य यदयमसंकीर्णवर्ण-प्रविभागाम् अभिव्यक्ति मात्रानुस्वारसंस्कारयोगां विशेषसंयुक्ता गिरम् उदीरयतिः कादम्बरीकथामुखम्।

जन्म का रहस्य भी यही है। परन्तु चूँकि शिष्ट भाषा का प्रयोग नागरजनों अथवा ग्राम-परिवेश के संस्कार सम्पन्न लोगों तक ही सीमित था, जब कि प्राकृतें नगरग्राम दोनों में ही निर्बाध गति से प्रयुक्त होती थीं--अतएव इन प्राकृतों को भी भाषाई स्तर पर व्यवस्थित किया गया। एक ओर जहाँ महाकवि राजशेखर ने संस्कृत-प्राकृत में पुरुष-महिला सरीखा अन्तर पाते हुए[1] प्राकृत में उन्मुक्त काव्यसर्जना की, वाक्पतिराज, हेमचन्द्र आदि ने विशुद्ध प्राकृत में महाकाव्य लिखें, वहीं दूसरी ओर वररुचि तथा मार्कण्डेय प्रभृति आचार्यों ने समय-समय पर प्राकृत व्याकरण भी लिखे। इस प्रकार वाङ्मय एवं व्याकरण के द्विधा स्रोतों से प्राकृत भाषा का स्वरूप, संस्कृत के ही समान सुव्यवस्थित हो उठा। प्राकृत व्याकरणकारों ने, सूत्र-शैली में पाणिनि के ही समान नियम लिखे और स्पष्ट किया कि संस्कृत शब्दों की प्राकृत में अवतारणा किन व्याकरणात्मक तत्वों पर निर्भर है। यदि प्राकृत के व्याकरण न होते तो निश्चय ही आज हिन्दी शब्दकोश के जाने कितने प्रचलित शब्द अनर्गल प्रतीत होते! 'ध्यह्योर्झः' सूख को पढ़कर ही हम संस्कृत सन्ध्या का प्राकृत 'संझा' : और हिन्दी सांझ : रूप समझ पाते हैं। 'गृहस्य घरो पतौ' सूत्र ही हमें सन्तुष्ट करता है कि संस्कृत गृह शब्द का प्राकृत में 'घर' रूप हो जाता है, बशर्ते गृह शब्द के साथ प्रति शब्द न जुड़ा हो!

प्राकृत व्याकरण का मनन करने के बाद मैं दृढ़तापूर्वक इस निर्णय पर पहुँचा कि हिन्दी तथा उसकी बोलियों में शायद ही कोई ऐसा शब्द (क्रिया अथवा क्रियेतर) मिले जो संस्कृत मूलक न हो। यह बात और है कि हम किसी ठेठ गँवई शब्द को संस्कृत से जुड़ने योग्य माने ही न! परन्तु मेरी दृष्टि में यह केवल हमारा प्रमाद अशक्ति अथवा पूर्वाग्रह या फिर हीन भावना मात्र है। हाँ, जो शब्द अरबी, फारसी, अंगरेज़ी अथवा अन्य आर्येतर भाषाओं के हैं, उनकी जड़ संस्कृत में खोजना आवश्य उपहासास्पद है।

इस भावना का निरूपण करने के लिये मैंने पिछले वर्ष एक शोध निबन्ध लिखा जिसके हिन्दी तथा संस्कृत रूप पत्रिकाओं में प्रकाशित हुए[2] और मुझे हार्दिक परितोष एवं उल्लास हुआ जब मेरे अनेक समवयस्क मित्रों तथा कतिपय वरिष्ठ पाठक विद्वज्जनों ने भी मेरे परिश्रम एवं नूतन प्रस्थान का स्वागत करते हुए मेरे घोषित प्रस्ताव का समर्थन किया कि हिन्दी भाषा-भाषियों के उपयोगार्थ संस्कृत-लोकभाषा कोष होना आवश्यक है।

मित्रों तथा विद्वानों ने वाचिक एवं पत्रलिखित सभाजनों से प्रेरणा पाकर

---

1. परुप्ता सक्कअबन्धा पाउअन्धो वि होइ सुउमारो।
प्ररिसमहिलाणं जेत्तिअमिहन्तरं तेतिअभिमाणं ॥--कर्पूरमंजरी 1-4।
2. इलाहाबाद यूनिवर्सिटी हिन्दी मैगजीन, 1982 ई. अंक। परमार्थ-सुधा (संस्कृत त्रैमासिक) वाराणसी।

पिछले वर्ष भर मैंने प्रभूत परिश्रम किया तथा एक लघुकथा शब्दकोष का निर्माण कर पाने में सफल हुआ। शब्दकोष निश्चय ही अभी अपूर्ण है क्योंकि यह मात्र लोकप्रचलित शब्दों का संकलन नहीं हैं, बल्कि सूक्ष्म निरीक्षण, गम्भीर मनन-चिन्तन, शास्त्रसम्मत तर्कबुद्धि तथा प्रयोग में आये साहित्यिक साक्ष्यों पर आधारित संस्कृत शब्दों के आमूलजूड़ परिवर्तनों तथा कायाकल्पों की एक ऐसी युगावधिक गाथा है, जिस पर पहले तो एकाएक विश्वास नहीं होता और विश्वास हो जाने पर मन, आर्कमिडीज की तरह अलभ्यलाभजनित आह्लाद से ओतप्रोत हो उठता है।

प्राचीन वैयाकरणों ने वस्तु की प्रकृति के आधार पर नामकरण किया था। फलतः प्रत्येक शब्द की व्युत्पत्ति उसके अन्तःसौन्दर्य अथवा उसकी अन्वर्थनामता को स्पष्ट कर देती है। उदाहरणार्थ—मर्या का अर्थ है सीमा। जो सीमा में बाँध दे उसे मर्यादा कहते हैं—मर्याम् सीमाम् आदत्ते इति मर्यादा!

अब सुनी-सुनाई परम्परा से मर्यादा का अर्थ समझ लेना एक बात है और उस शब्द का विश्लेषण करके उसका अर्थ समझना कुछ और ही बात है। गोस्वामी तुलसीदास संस्कृत के प्रकाण्ड पंडित थे, उन्होंने रामचरितमानस में हजारों ऐसे अप्रयुक्त अथवा अल्पप्रयुक्त अवधी शब्द प्रयुक्त किये हैं जिनका अर्थ सौन्दर्य उनके संस्कृत रूपों को समझने से ही स्पष्ट हो सकता है।

इस प्रकार बोली कोश के निर्माण में आवश्यकता है उन शब्दों के ऐतिहासिक सर्वेक्षण एवं विश्लेषण की। हजारों वर्षों के अन्तराल में भारत में संस्कृतियों एवं भाषाओं का ऐसा विनिमय, एकीकरण तथा अंशावदान हुआ है कि असंख्य शब्द अर्थवत्ता की दृष्टि से दुर्बोध हो गये हैं। आवश्यकता है उन्हें उनके विकासक्रम में समझने की। एक ही शब्द अवधी जनपदों में उच्चारण-वैषम्य के कारण अनेक मुख बन गया है। यदि बहराइच में प्याड़ा, ख्यात तथा मेंहा शब्द प्रचलित हैं तो प्रतापगढ़, जौनपुर में 'पेड़ा खेत तथा माँ, शब्द।

इस समस्याओं का समाधान मेरी दृष्टि में यही है कि हम हिन्दी की बोलियों की रचना प्रक्रिया संस्कृत व्याकरणों की नियमावली से समझें क्योंकि संस्कृत-प्राकृत तथा हिन्दी (एवं उसकी बोलियों) में एकसूत्रता है, एक प्रवाह है। मात्र बाह्य रूप में पार्थक्य है—भीतर की परम्परा एक है। मैंने 'बीसलदेव रास' में इतने स्तरीय संस्कृत शब्दों का प्रयोग पाया है कि आश्चर्य होता है। वे शब्द अत्यन्त सारगर्भित एवं रचना प्रक्रिया की दृष्टि से गम्भीर है। अब मैं विद्वज्जनों तथा राष्ट्रभाषा के जिज्ञासु पाठकों के परीक्षण हेतु स्वरचित्त कोष का अत्यन्त संक्षिप्त विवरण प्रस्तुत कर रहा हूँ। पाठकों से मेरा विनम्र निवेदन है कि साहित्य सम्मेलन प्रयाग को अथवा स्वयं मुझे ही मेरी विवेचन पद्धति के दोषों अथवा मेरे मौलिक प्रमादों से अवगत करायें ताकि पाण्डुलिपि में संशोधन परिमार्जन किया जा सके।

संस्कृत-लोकभाषा कोश

(अ)

1. अये : संस्कृत सम्बोधन : ए, ऐ। ए लड़के, ऐ लड़के। प्राकृत में आदि स्वर लोप एक सामान्य प्रक्रिया है। यदि आदिस्वर लोप होगा तो प्राकृत अथवा हिन्दी में 'ए' होगा। यकाक चूँकि अ तथा ए स्वरों के बीच में है अतः 'कगचजतदपयवां प्रायो लोपः' नियम से उसकी लोप हो जायेगा। यदि आदिस्वर लोप ह होगा तो अ + : य -- विहनी : ए = ऐ ओगा।
2. अंजलि : (पुल्लिग) अंजुरी। र तथा ल में अभेद होने के कारण (रलयोरभेद): ल का र हो गया है परन्तु मध्याक्षर में आया उकार अनियमित प्रतीत हेता है। संभवतः अंगुलि आदि शब्दों के अन्धसादृश्य (Malanalogy) के कारण हों।
3. अच्छा : विश्लेषण, अच्छ : अच्छा, अच्छम् : साफ-सुथरा निर्मल।
4. अश्ववार : (अश्वारोही), असवार (मध्य व्यंजन लोप), सवार (आदि स्वर लोप) बरुना चकती कर गहे बगहा पर असवार।
पलासहित रच्छा करें बाढ़ें राज तुम्हार॥
5. अलाबु : > लाबूः (आदि स्वर लोप) = ल् + आ + व् + उ ल् + उ + व् + आ (स्वर--व्यत्यय अथवा Metathesis) = लउवा। अलाबु शब्द जब कन् प्रत्यय से युक्त होगा तब अलाबुकी > लउकी। चौकी।
6. अष्टमासिक ' > अठवांसा। आठवें महीने में उत्पन्न होने वाला बच्चा। इकार तथा ककार का लोप तो स्वाभाविक है, परन्तु 'मो नुस्वरः' के अनुसार यहाँ म् + आ की स्थिति 'आ; जैसी हो गयी है। इस स्थिति में ध्वनि साम्य के कारण प्रायः: अ का स्थान व ले लेता है। इस प्रकार अठआंसा-अठवांसा।
7. अनड्वान् (पुल्लिग अण्डुवाः अंडुवाः) अर्थात् अण्डकोशों से युक्त बैल। यहाँ पर उकार मध्यस्वरागम (Anaptyxis) का उदाहरण है। इसी को स्वरभक्ति कहते हैं। व का सम्प्रसारण उ होता है (इग्यण : सम्प्रसारणम्) उस परिस्थिति में अनड् -- व = उ अण्डू शब्द बनेगा, अन्त्य स्वर के लोप के साथ। ग्रामीण क्षेत्र में अण्डू तथा अंडुवा--दोनों ही शब्द प्रचलित हैं।
8. अयोध्या-अजोध्या। अजोधिया दूसरे शब्द में स्वरभक्ति है। 'कगचज-तदपयवां प्रायों लोपः' से अ तथा ओ स्वरों के मध्यवर्ती य का लोप जाने पर प्रक्रिया इस प्रकार होगी--अयोध्या अ-ओ-ध (अन्त्य व्यंजन लोप) सन्धि के बाद औध। ओकार जब ह्रस्वता को प्राप्त होगा तब अउध > अवध।
9. अस्ति : अस् धातु, लट् लकार प्र.पु. एकवचन : आदि स्वर लोप के बाद

स्ति स् – त् इ हइ = है।

10. अगुरवर्तिका = अगरबत्ती। अगरबाती। अगुरू शब्द में ग्र तथा रू के उकार का आकार होना स्वर–समीकरण (Assimilation) का उदाहरण है। वस्तुतः मूल शब्द अगुरूवर्तिः है।

(आ)

11. आलोकयष्टिः : मशाल : लुकाठी, लुआठी।
आदिस्वर लोप तथा ओकार की ह्स्वता के कारण – लकु + यष्टिः यकार का 'कगचज' आदि नियम से लोप तथा ष्टकार का ठकार। इस प्रकार लुक + अं × ठी = लुआठी। यदि उक्त नियम से कभी लुप्त हुआ तो लुआठी शब्द बनेगा।

इसी प्रकार आलोक + काष्ठ = लुकाठ अथवा लुआठ। लुक + काठ के दो ककारों में से एक का लोप निश्चय ही होगा। भाषा विज्ञान में इस प्रक्रिया को ही समाक्षरलोप (Haplology) कहते हैं।

प्रयोग देखें–कबिरा खड़ा बाजार में लिये लुकाठी हाथ।

जब दो पृथक शब्दों के अंशयोग से एक तीसरा नया शब्द बनता है तो उसे मिरूणः कहा जाता है। उपर्युक्त उदाहरणों में यही प्रक्रिया है।

12. आभीरः = अहीर।
'खघछझथघफमां प्रायो हः नियम के भकार का हमार। प्रारम्भिक दीर्घ ही ह्स्वता।

13. आम्रवाटी–अमवाड़ी, अमवारी।
वाटी को ही वाटिका भी कहते हैं। संस्कृत से द्वित्व अक्षर प्राकृत में अकेले हो जाते हैं। इस परिवर्तन में निर्बल वर्ण प्रायः लुप्त होता है। भ्र में रकार निर्बल है अतः आम्र का अम रूप बना है। ड, ल तथा र ध्वनियाँ परस्पर अभिन्न हैं अतः वाटी बाड़ी वारी बारी सभी रूप व्यवहृत होते हैं।

14. आम् (अव्यय) हाँ।
हिन्दी में स्वीकृति-सूचक शब्द। यहाँ आदि व्यंजनागम होने से तथा म् की अनुस्वारता में 'हाँ' शब्द बनेगा।

(इ)

15. इषीका > सींका। सौंक। आदि स्वर लोप (Aphesis) तथा अनुस्वारागम।

16. इष्टका > इट्टका > ईंटा। ईंट। ककार का लोप स्वरान्तरवर्ती होने के कारण।

इटावा शहर का पौराणिक नाम इष्टकापुरी अथवा इष्टापथ मिलता है। (कठो. में 'या इष्टका यावतीर्वा यथा वा' प्रयोग मिलता है।)

(उ)

17. उष्ट्रपृष्ठांगम > उट्र-पठांग – ऊटपटांग।
द्वित्व के हटते ही पूर्ववर्ती स्वर दीर्घ हो जाता है। जैसे भक्त भात, चक्र चाक, हस्त हाथ आदि। इसी प्रकार उट्र का ऊट। रकार का लोप निर्बलवर्ण होने के कारण।

ऊँट की बेडौल पीठ की तरह मूर्खतापूर्ण बेड़ौल बातचीत को भी हम 'ऊटपटांग' कहते हैं।

18. उपाध्यायः = उवाज्झायः > उ > आज्झाय > ओझाय > ओझा। 'पो वः' नियम से प का व तथा वकार की 'कगचज' नियम से लोप।

'ध्यह्योर्झः' सूत्र ध्य का झ तथा अन्तिम य का लोप (अन्त्याक्षर लोप, Apocope)।

19. उपहारः > उ – प् – अ – ह् – आ – रः > प + आ – ह् + उ – र = पाहुर। स्वरविपर्याय का रोचक उदाहरण। नई बहू के आने पर गाँव में 'पाहुर' बाँटा जाता है।

20. उपायनम् > वायनम् व – इ – न – म् = वैना बैना। आदि-स्वर लोप, पकार का वकार (पो वः) तथा 'इचुयशानां तालु' नियम से उच्चारण स्थान की समतावश य के स्थान पर इकार।

बैना का भी अर्थ उपहार है। हर्ष की रत्नावली नाटिका में वायनक शब्द का प्रयोग मिलता है।

21. उलूखलम् > उ-ल्-ऊ > ऊखल > ओखर। ओखरी।
यद्यपि ल् लुप्त होता है किन्तु अकार के रूप में अपना संस्कार छोड़ जाता है फलतः अ + ऊ (यहाँ अनियमित है) मिलकर औ बन जाते हैं। रलयोरभेदः से ल का र।

(ऊ)

22. ऊषरः > ऊसर (वन्ध्या भूमि)।

(ए)

23. एरण्ड > र्-ए-ण्ड > रेण्ड, रेंड। मध्य स्वर तथा आदिस्वर में विपर्यय से रेड़ शब्द बना। एक वृक्ष विशेष।

(ऐ)

24. ऐरावणः > एरावण > अ-इरावण > अहिरावन।
इ के स्थान पर व्यंजनागम। रावण के भाई का नाम।

(ओ)

25. ओष्ठः > होठ, होंठ
आदिव्यंजनागम तथा अनुस्वारागम।

(अं)

26. अंगप्रच्छदः > अंग – उ – च्छदः > अंगउछा, अंगोचा।
प्र में रकार का लोप, पकार का वकार (पो वः) वकार का उकार (सम्प्रसारण) दकार का लोप।

इसी प्रकार अंगरक्षः से अंगरखा शब्द बनेगा।

27. अंगुलिः > अंगुरी (रलयोरभेदः) अं-गृ-उ-लि = उंगली (स्वर विपर्यय की प्रक्रिया से)।

28. अंगुष्ठः > अं – गृ – उ – ष्ठ > अउंठा।
'क ग च ज' आदि से गकार का लोप। लोप–होने पर अंगूठा

(ऋ)

29. ऋक्षः > रीछ (भालू)
संस्कृत ऋ का परिवर्तन रि, रु अथा र के रूप में देश के विभिन्न अंचलों में होता है। पूर्वी उत्तर प्रदेश में 'रि' की परम्परा है। जैसे वृक्ष ब्रिच्छ अथवा बिरिछ। पश्चिमी उ.प्र. एवं दिल्ली में र की परम्परा है, जैसे वृक्ष ब्रक्ष, मृग म्रग।

परन्तु दक्षिण भारत की परम्परा 'रु' उच्चारण की है जैसे ऋतु रूतु, अमृतांजन अम्रतांजन।

क्षकार (द्वित्व) (क् + ष) है अतः द्वित्व हटते ही पूर्ववर्ती स्वर दीर्घ हो गया है।

(क)

30. कलघण्टिका[1] (मीठे कण्ठ वाली एक चिड़िया) कलहण्टिका > किलहंटा।
घकार का हकार 'खघछझ.' आदि नियम से तथा ककार का लोप 'कगचज' नियम से हुआ। इस प्रक्रिया के बाद स्वरविपर्यय (अ तथा इ) हुआ।

---

1. इस शब्द की व्याख्या के लिए गुरुवर्य डॉ. चण्डिका प्रसाद शुक्ल जी का ऋणी हूँ।

31. कर्गजम् > कग्गज > ककागज, कागद।
काग का कागद बनना विषमीकरण (Dissimilation) का उदाहरण है।
ग्रामग्रीत की कड़ी द्रष्टव्य है–
मनभोली चिरैया कागद लिहे जाइ!

32. कनिष्ठांगुलिका > कनगुरिया (कानी उँगली)
यहाँ स्वरलोप (द्वितीय इकार) अक्षरलोप (ष्ठ) रलयोरभेदः तथा ककारः का लोप–प्रयत्नलाघववश एक ही साथ हुए हैं।

(का)

33. काष्ठवती > कट – उ – ती > कठउती, कठौती, कठौती, कठौता (पानि कठौताभरि लै आवा)
व का उ सम्प्रसारण क्रिया के अन्तर्गत है।

34. काष्ठपुत्तलिका > कठपुतली, कठपुतरी।
त्त में समाक्षरलोप, लकार का रकार, का के रहने पर 'कठपुतरिआ' (या) रूप बनेगा।

(कु)

35. कुटिलः > टिल > टिड > टेड़, टेढ़।
आदिव्यंजन – आदिस्वर; (= आदि अक्षर) का लोप। डलयोरभदः से लकार का डत्व। लोकभाषा में ड – ढ में विशेष अन्तर नहीं माता जाता। यह प्रकृति पूरे वर्ग में है जैसे पठितः पढ़ा, मिष्ट मीठ आदि।

36. कुम्भकार > कुम् – ह आर > कुम्हार अथवा कोंहार।
पूर्व निर्दिष्ट नियम से भ का ह, क का लोप। म् के अनुस्वार होने पर उकार के गुणवश 'को' रूप बनेगा।

(कू)

37. कूषमाण्डम् > कू – ह – म् – आ – ण्ड > कुम्हड़ा अथवा कोंहड़ा।
मा का आकार ड से युक्त हो गया है षकार का हकार स्वभावतः होता है। 'ससजुषो रूः नियमवश। संस्कृत के स् का हिन्दी में ह तथा र रूप प्रायः मिलता है।
उदाहरण कपोतृस् – कपोतर – कबूतर।
निश्चय ही कबूतर का रकार स् के रुत्व का परिणाम है।

(के)

38. केऽपि > केव — केउ।
इसी प्रकार को पि से कोउ शब्द। हिन्दी शब्द 'कोई' भी कोऽपि का ही परिवर्तित रूप है।

(कै)

39. कैवर्तः > केवट (एक जाति विशेष) तकार का टकार प्रायः होता है, जैसे मातृमंगल > मटिमंगरा (एक वैवाहिक महोत्सव)।

(को)

40. कोकिलः > को — इ — ल > कोयल।
उच्चारण साम्यवश इ का स्थान य लेता है। क का लोप 'कगचज' नियम से। कभी-कभी कोकिलस् के सकार का रकार होने पर 'कोइलर' रूप बनता है।

41. कोष्ठागारः > कोठा — आ — र > कोठार।
गकार का लोप उपर्युक्त नियम से।

(क्र)

42. क्रुद्धवरम् अथवा क्रोधवरम् (गृहम्) विवाह के बाद वर तथा वधू को एक एकान्तकक्ष मे ले जाया जाता है, वहाँ वधू की सखियाँ वर को परम्परानुसार बहुत हैरान करती है। टेढ़े-मेढ़े तथा बेतुके सवाल पूछ कर। और भी अनेक लोकाचार वर द्वारा सम्पन्न कराये जाते हैं।

ऐसी स्थिति में वर का क्रुद्ध हो उठना स्वाभाविक है। संस्कृत में मेरी दृष्टि से दोनों ही शब्द उपयुक्त होंगे--क्रुद्धः वरः यस्मिन् तत् गृहम् क्रुद्धवरम्। अथवा क्रोधयुक्तः वरः यत्र तत् गृहम् क्रोधवरम्।

आगे की प्रक्रिया देखें--क्रुद्धवर > कोहबर। क्रोधवर > कोहबर। तुलसी क्रोधी परशुराम को कोही कहते हैं।

43. क्रोडः > कोडः > कोरा (गोदी) र तथा ड का परस्पर विनिमय होता है जैसे--वरः > बड़ा, लगुड़ः > लउर > लउरि।

(कृ)

44. कृष्णः > क — ह् — न = कन्ह, कान्ह, कान्हा, कांधा।

ऋकार का लोप, सकार का हकार, ह् तथा न में व्यंजन विपर्यय। यदि ऋकार का लोप न हुआ, क्रिस्न तथा किसन, किशन रूप बनेंगे।

45. कृपाणः > किरपान।

यहाँ कृ को क्रि मानकर स्वरभक्ति द्वारा 'किर' रूप मिला है। इसी प्रकार कृपा, किरिपा, किरपा।

प्रकीर्ण–

अब विस्तारभय के कारण कुछ चुने हुए शब्दों की व्याख्या प्रस्तुत कर रहा हूँ। पूरी प्रक्रिया न देकर संकेत मात्र किया जा रहा है।

46. भिन्नेऽहनि (अर्थात् दिन निकलने पर, सति सप्तमी का प्रयोग) भिन्नहिनं, भिन्नहियं (अवधी)।

47. लगुडः + यष्टिः (दोनों संस्कृत में एकार्थक हैं) Blending प्रक्रिया से नया शब्द बनेगा–लष्टिः > लट्ठी > लाठी।
परन्तु इन शब्दों के अकेले रहने पर लगुड > लउर (लउरि) तथा यष्टिः जट्ठि > जाठ शब्द बनेंगे।

48. त्रिविक्रमः।
बलि को छलने वाले वामन भगवान् का नाम जिन्होंने तीन (त्रि) ही डगों (विक्रम) में त्रिलोकी नाप ली थी। वामन की कथनी और करनी में बड़ा अन्तर था। ऐसे ही छल को आज तिकड़म कहा जाता है प्रक्रिया इस प्रकार है–त्रिविक्रमः > ति वि क् र म > ति – इ – क ड़ म > तिकड़म : त्रिविक्रमी का परिवर्तन 'तिकड़मी' में होगा।

49. बल्कलम् > बक्कल > बोकला (किसी चीज का छिलका)।
अनियमित रूप से फोकला या फोकलाई भी बनता है। चमड़ी उधेड़ लेने के अर्थ में यह प्रयोग भी अवधी में चलता है–'बोकला नेरि लेब।'

50. भिन्नवासरः > भिन – व – उ – आ – सर – भिनुसार, भिन्सार।

दो नकार में से एक का लोप समाक्षर लोप (Haplology) है जैसे दद्दा–ददा या दादा। स्वर–व्यत्यय भी यहाँ प्रभावी है।

51. व्यह्नः (विगतं अहः) – व्य = व् + व + अ + ह् + न > स्वरव्यत्यय से विहान।

52. परश्वः > पर – स – उ > परसो, परसों (अनुनासिक-उच्चारण वश)

53. जिह्वाचटुलः > ब्भिाचटुल > जिभचटोर। लालची।
रलयोरभेदः से ल का र।

54. नग्नलुंचितः।
दिगम्बर जैनी, जो नंगे रहते थे तथा मुण्डन कराये रहते हैं। अर्थापकर्ष के कारण आज यह शब्द गाली बन गया है।
ग् न में व्यंजन-विपर्यय होने पर (न् ग) ङ्ग' बन जायेगा। इस प्रकार

नग्नलंचितः > नंगालुच्चा।

55. रसवती > रस – उ (सम्प्रसारण) ती (तकार का लोप) > रसोई, रसोई (अनु. उच्चारण)।

56. चतुष्कम् > उचक्क > चउका > चौका या चौक (पूरना)।

57. प्रदक्षिणम् > प – र – इ – क्ष – ण > परिछन या परछन।
प्र में स्वरभक्ति तथा दकार का लोप। क्षि के इकार का र से योग।

58. भगिनीपतिः > बहिनी – बहिन – पति।
'पो वः' से प का व तथा सम्प्रसारण क्रिया से व का उ। तकार का लोप पूर्व नियम से। अब प्रक्रिया देखें–बहिन+उ+इ=बहिनोइ, बहनोइ, बहनोई।
ठीक इसी प्रकार–ननान्द्पतिः > ननद – उ + इ – ननदोई, नन्दोई।

59. पिच्छिलम् (विशेषण) > विछलन्। पो वः से पकार का वकार।

60. तृणकम्भरम् > तिनका भर अथवा तनिका भर (थोड़ा)
इसी प्रकार > रुचिकम्भरम् > रचिका भर अर्थात् आसानी से बलपूर्वक नहीं।

61. शाकोपहितम् (द्विदलम्) अर्थात् पालक आदि शाक से उपहित (व्याप्त) दाल > सकपहिता।

62. रुक्कवचग् (व्यंजनम्) अर्थात् रुक् (रोग) का कवचभूत। (निवारण करने वाला) खाद्यपदार्थ। गाँव में उड़द की दाल पीस कर और उड़द की दी बड़ियाँ डालकर यह पकवान बनता हैं जो अपने नामार्थ से सर्वथा विपरीत पाचन बिगाड़ देता है : इसे 'रिकंवच' कहते हैं
एक क का लोप Haplology का परिणाम है। स्वरपरिवर्तन अनियमित प्रतीत होता है।

63. गोधूमः + यवी > गोजाई। यह लाठी की तरह Blending निर्मित नवीन शब्द है। इसका अर्थ गेहूँ और जई का मिश्रण।

64. दुर्लभः दुल्लभ > दुल्लह > दुलहा, दूल्हा।
सारी प्रक्रियायें स्पष्ट हैं। इसी प्रकार वल्लभः > बलहा।

65. शृंगालः > सि – आ – र > सियार, स्यार।
ऋ यहाँ इकार में परिवर्तित हुआ है, गन्दार का लोप तथा ल का रत्व।

66. सूतगृहम् (नवजात शिशु का घर) सू – ऊ अ (त का लोप) घर (गृह का 'घर' आदेश) > सउर, सउरि।
उ तथा अ में स्वर-व्यत्यय तथा मध्याक्षर (घ) लोप।
सूतगृह में गाये जाने वाले गीत को ही 'सोहर' कहते हैं।
जब घकार का लोप न होकर हकार मे परिवर्तन होगा। तब – स – उ – अ – हर > स + उ + हर = सोहर।

67. चण्डं–चण्डम् > चांड़-चांड़। चांड़े–चांड़े बोलना यानी जोर से बोलना।

68. विरलम् > विलर (अक्षर-व्यत्यय) बिड़र, बिंड़र, बीडंर (डलयोरभेदः)

69. तृतीयेतरः, तृतीयेतरी > तेतरा, तेतरी। अर्थात् तृतीय (तीसरे) से इतर (पृथक्) उत्पन्न लड़का या लड़की। ऐसी सन्तान को गाँव में अच्छा नहीं मानते, चाहे वह तीन कन्याओं के बाद जनमा पुत्र हो, चाहे तीन पुत्रों के बाद जनमी कन्या।

यहाँ 'तीय' अंश का एक ही साथ लोप हुआ है।

70. विषतूलिका (जहर की कूंची, आकार-साम्य के कारण? > बिसतुइया (छिपकली)।

71. विषकर्परः (जहर से युक्त सिर वाला) > बिसखोपरा, बिचखोपड़ा। ष का च विषमीकरण प्रक्रिया के कारण है।

72. पूर्णमासी > पूर्नमासी > पुन्नवांसी। रकार का नकार होना समीकरण है जैसे चक्र का चक्क। चाक।

मा = म् + आ = आं = वां।

73. अमावास्या > अमावस > अमाउस > अमौसा। मावस।

74. लघुवरः (वर का छोटा भाई) > लहुवर > अहुअर > लहुरा, लहुर।

घ का हकार पूर्वोक्त नियम से है। पाकर का लोप भी 'कगचज' नियम से है। मध्यवर्ती अ, र से जुड़ गया है।

75. गुल्मः > गुलम (स्वरभक्ति) > गुरम, गुरमा (रलयोरभेदः)

कहीं-कहीं 'गुरमी' प्रयोग भी मिलता है। सादृश्य के प्रभाव से।

76. पिण्डकः > पिरकी (छोटी फुड़िया) सम्भवतः 'पिण्डकी' की कल्पना करके 'पिरकी' शब्द बना। ल, ड तथा र का विनियम स्पष्ट है। कालिदास लिखते हैं–ततः गण्डस्योपरि पिण्डकः संवृत्तः (शाकु.अं. 2)

77. खट्वाकीटः–खटकिरवा।

खट्या का वा, कीट से संयुक्त हो गया है। कीट कीड़ा कीरा तीनों एक ही मूल शब्द से विकसित रूप हैं जो कि कालान्तर में सबके अर्थ बदल चुके हैं। कीड़ा सामान्य कृमि है, परन्तु कीरा सर्प का पर्याय है। खट्वाकीट का अर्थ है खटमल।

78. क्षुरप्रः > खुरपा, खुरपी। खुरपी में क्षुरप्री की कल्पना है।

क्ष का ख सहज प्रक्रिया है जैसे–वृक्ष > रुक्ख > रुख, अक्षि > आँख, मक्षी > माछी, माखी, मक्खी।

79. टिट्टिभस् > टिटिहरा, टिटिहरी।

भकार का हकार खघछझऋ आदि नियम से। परन्तु र निश्चय ही स् के रुत्व (ससजुषो रुः) के कारण है जैसे कि कबूतर (कपोतस्) में हमने

निर्दिष्ट किया है।

80. मुकुटः > मउट > मउड > मउर, मौर।
आदिस्वर लोप, ककार लोप तथा रकार का डत्व एवं रत्व।

81. पानीयघट्टः > पनघट।
अनेक स्वरों तथा व्यंजनों का लोप प्रयत्नलाघव के कारण। जैसे आजकल पम्पिंगसैट को पन्सेट कहने लगे हैं।
इसी प्रकार पानीयहारिणी को पनिहारिनी या पनिहारिन कहेंगे।

82. नापितः। नापितानी (?) प और त के लोप होने पर नाई बनेगा, स्त्रीलिंग में नाइन।
परन्तु पकार के क्रमशः व तथा उ होने पर नाऊ-नाउन शब्द बनेंगे। यद्यपि 'नापितानी' शब्द अशुद्ध है परन्तु है यह भवानी, शिवानी के सादृश्य पर आधारित।

83. शिलोपधानम् (शिला को ढंकना) सिल्–औ–प्–अ–धान > सिलपोहना। ओ तथा अ में विपर्यय, ध का नियमतः ह तथा धा के आ का न से योग।
यह विवाहकालीन एक लोकाचार है।

84. छविल्लः > छइल्ल > छइला, छैला। वकार का लोप।

85. शफरी > शपरी (अल्पप्राणीकरण) > उ – उ – सी, सौरी। एक विशिष्ट जाति की मछली।

86. मत्स्यः (मच्छ) + शफरी मछरी, मछली।
इसी प्रकार मकरमत्स्यः > मगरमच्छ।

87. द्विरागमनम् द् – व (उ) र्–आ गमनन् > दोंग।
स्वरव्यत्यय होने से स्थिति इस प्रकार होगी–दा + उ + गमनम् = दोंग।

88. भ्रातृकृतः (जिसे भाई बना लिया जाय) भाइ–कड़ा, मैकड़ा, मैकरा।

89. पुष्पम् (संस्कृत) + गुल (फारसी) = फूल + वाटी = फुलवाड़ी, फुलवारी।
मुझे पूर्ण विश्वास है कि फूल पुष्प और गुल का मिश्रण ही है। धम्मपद में अनेकशः पुप्फगन्ध शब्द का प्रयोग हुआ है। उसी प्रकार के संस्कारवश गुल के साथ मिल कर फूल शब्द बना है।
इसी प्रकार मधुपवाटी > महुवारी, वंशवाटी > बंसवारी आदि शब्द बने हैं।

90. ताम्बूली (ताम्बूल + मत्वर्धक इनि प्रत्यय) > तम्बोली > तमोली।
ताम्बूलिनी से तमोलिन।

91. नखनिकृन्तनी > नहन्नी।
खकार का हकार नियमानुकूल है। यह शब्द भी मिश्रण से निर्मित है।

92. स्थूलस्थूल (अतिशय मोटा) > थुलथुल।

93. पादौनः (पदेन चतुर्थांशेन ऊनः हीनः अर्थात् एक चौथाई कम) द का लोप, और का ह्रस्वत्व। > पउन। यदि औ ह्रस्व न होता तो 'पौन' शब्द बनेगा।

94. चौक्षः (विशेषण) > चोखा, चौख। संस्कृत में चौक्ष का अर्थ है पवित्र। अग्निसम्पर्क से कोई भी पदार्थ शुद्ध हो जाता है। सम्भवतः इसीलिए आग में भुने बैगन तथा आलू के मिश्रण को भी 'चोखा' ही कहते है। चतुर्भाणी में इस शब्द का व्यंग्यात्मक प्रयोग पद-पद पर मिलता है।

95. सन्ध्यालोके > संझलउके। सन्धिविग्रह का उदाहरण, लो = ल+उ।

96. खरः + परुषः (दोनों समानार्थक) > खरुस यानी कठोर, नीरस।

97. साधुः > साहु, साह।

इस शब्द की एक और रोचक प्रक्रिया मेरे विचार से यह होगी– स् – आ – घ् – उ = सा + उ + घ = सोध > सोझ।

गोकि 'ध्यह्योझ.' सूत्र ध्य का परिवर्तन झ मानता है। परन्तु उसी वजन पर अकेला धकार ही झकार बन गया है।

सोझ का अर्थ है सीधा।

98. दुर्लालनम् > दुलाल > दुलार।

दुर्लालित से दुलरुवा तथा अनियमित रूप से दुलरुई (लड़की)।

99. मुखदुर्बलः > मुखदुब्बर > मुँहदूबर।

जो बोल न सके।

100. मातृष्वसा > म – उ – सी + मौसी।

ईकार स्त्रीलिंग बनाने के लिये अन्धसादृश्य वश लगा लिया गया है, अन्यथा टाप् प्रत्यय स्वयं स्त्री बोधक है।

हिन्दी में जनजातीय कोश निर्माण की आवश्यकता : प्रविधि एवं प्रणाली

–डॉ. रामलखन गुप्त

[प्रकृत निबन्ध में जनजातीय कोश निर्माण की संभावनाओं और उसकी प्रविधि एवं प्रणाली का विवेचन किया गया है। डॉ. गुप्त का जनजातीय क्षेत्र से लगाव रहा है। यही कारण है कि उन्होंने इस लेख में समस्त संभावनाओं को बड़ी सूक्ष्मता पूर्वक स्पष्ट किया है।–सम्पा.]

आज भारत जैसे विशाल तथा बहुभाषा भाषी देश की हिन्दी राजभाषा और सम्पर्क भाषा है। यह बात अवश्य है कि अभी भी हिन्दी अपनी दोनों स्थितियों में सुदृढ़ नहीं है। कारण कई हो सकते हैं किन्तु उनमें एक प्रमुख कारण यह है कि हिन्दी को उपर्युक्त दोनों स्थितियों के लिए सुनियोजित ढंग से प्रतिस्थापित करने का प्रयत्न नहीं किया गया है। वस्तुतः इसके लिए हिन्दी की भाषिक स्थितियों का आकलन कर तद्‌जन्य निष्कर्षों के अनुरूप स्वरूप-निर्माण का कार्य आवश्यक है। यह एक भाषा वैज्ञानिक तथ्य है कि किसी बहुभाषा की बहुव्यवहृत भाषा में आदान की प्रक्रिया बड़ी तीव्र होती है। उसमें जहाँ एक ओर उसकी बोलियों से सम्बद्ध सजातीय आदान निरन्तर होता रहता है वहीं सहज सम्पर्क की दशा में अन्य भाषाओं से विजातीय आदान भी होता है। हम जानते हैं कि हिन्दी की कई उपभाषाएँ तथा सैकड़ों क्षेत्रीय रूप है जिनमें हजारों ऐसे शब्द हैं जो हिन्दी के अभी तक के किसी भी कोश मे स्थान नहीं पा सके हैं। मैं यहाँ विशेष रूप से हिन्दी में जनजातीय कोश के निर्माण की आवश्यकता पर चर्चा करना चाहूँगा।

मैं जिस क्षेत्र में कार्यरत हूँ वहाँ की लगभग 52 प्रतिशत आबादी जनजातियों से सम्बद्ध है। गोंड़, कोल, भरिया आदि दसों उपजातियाँ हैं। सैकड़ों वर्ष पहले इन जातियों की अपनी मातृभाषा थी किन्तु हिन्दी क्षेत्र की आबादी से इनका घनिष्ठ सम्पर्क हुआ। आवश्यकता एवं सम्मानजनित प्रेरणा के फलस्वरूप हिन्दी ही आज इनकी भाषा है किन्तु इनके द्वारा प्रयुक्त हिन्दी में सैकड़ों शब्द हैं जो इनकी पूर्व मातृभाषा के हैं साथ ही ऐसे देशज शब्द भी हैं जो व्यक्ति या समाज अपनी

भौगोलिक व भाषिक परिस्थितियों के अनुकूल विकसित कर लेता है।

ये जनजातियाँ आज भी आधुनिक सभ्यता से दूर हैं। इतनी बड़ी जनसंख्या को देश की विकास धारा के साथ जोड़ना नितान्त आवश्यक है। यह तभी सम्भव है जब हम इन्हें शिक्षा के माध्यम से वैज्ञानिक दृष्टि सम्पन्न कर सकें और किसी भी भविष्य की शिक्षा तब आधुनिक और सुग्राह्य बन जाती हैं जब हम उसे अपनी शब्दावली के माध्यम से सीखते हैं। उदाहरण के लिए आज शासन प्रौढ़ शिक्षा के माध्यम के ग्रामीण जनों में राष्ट्रीय एकता, परिवार कल्याण, कृषि विकास तथा अन्यान्य विविध विकास के कार्यों से परिचित कराने के लिए प्रयत्नशील है। इनके लिए जो पाठ्य सामग्री उपलब्ध हो, यदि उनमें इन जातियों की शब्दावली का अधिकाधिक प्रयोग किया जावे तो वह विषय वस्तु अधिक रुचिकर व ग्राह्य होगी। शासन के द्वारा चलाए जा रहे विभिन्न कार्यों में, जहाँ जन सामान्य की भागीदारी होती है वहाँ भी अधिकारियों, कर्मचारियों का उनकी बोली व शब्दावली से परिचय होना नितान्त आवश्यक है।

और इस प्रकार की शब्दावली तभी प्राप्त की जा सकती है जब हमारे पास इन जनजातियों की व्यवहृत शब्दावली का कोटा हो। अभी तक हिन्दी में इस प्रकार के कोटों का नितान्त अभाव है। यद्यपि ग्रियर्सन महोदय के 'बिहार प्रोजेण्ट लाइफ' से लेकर आज तक कई अनुसंधान कर्ताओं ने हिन्दी की क्षेत्रीय शब्दावली पर कार्य किया है किन्तु कोटा निर्माण की दिशा में कोई उल्लेखनीय प्रयत्न नहीं हुआ। वस्तुतः इस प्रकार के कोश निर्माण भाग जनपदीय शब्दावली के रूप में ही है : इससे इतर जनपदों के घरेलू उद्योग धन्धों की शब्दावली भी कम महत्वपूर्ण नहीं होती। जनपदीय कृषि शब्दावली के साथ भिन्न-भिन्न शिल्पियों व पेशेवर लोगों की शब्दावली का संग्रह इस प्रकार के कोशों की सामग्री का महत्वपूर्ण अंश होती है। अभी कुछ दशकों पूर्व तक कोश विकास प्रारम्भिक स्थिति में था, जिसमें केवल शब्द अर्थ ही दिखाया जाता था किन्तु अब यह कार्य जटिल और अधिक वैज्ञानिक हो गया है। जहाँ तक जनजातीय कोशों का प्रश्न है उसमें और भी सावधनी की आवश्यकता होगी क्योंकि आजकल हम स्थानीय बोली के कोश से यह आशा करते हैं कि उसमें वे सभी शब्द होंगे जो कि अमानक भाषा में प्रचलित हैं और इन शब्दों का यथार्थ ध्वन्यात्मक रूप तथा सुनिश्चित अर्थ दिया गया हो।

वस्तुतः जनजातीय कोश के निर्माण में सम्बन्धित क्षेत्र का भाषिक सर्वेक्षण किया जाना आवश्यक होगा क्योंकि जनजातीय लोक साहित्य अभी तक लिपिबद्ध तथा प्रकाशित नहीं है। कतिपय अनुसंधानकर्ताओं ने इस ओर प्रयास किया है किन्तु उनका कार्य सीमित तथा अपर्याप्त है। वस्तु सर्वेक्षण के द्वारा ही विभिन्न भाषिक रूपों के साथ शब्द संकलन का कार्य व्यक्तिगत और सामूहिक रूप में किया जा सकता है।

इन कोशों की भाषा सामग्री प्राप्त करने के लिए सर्वेक्षण दो रूपों में किया जा सकता है–

प्रथम–एक भाषिक सर्वेक्षण तथा दूसरा द्विभाषिक सर्वेक्षण। प्रथम प्रकार के सर्वेक्षण में सर्वेक्षक तथा सूचक के मध्य भाषा का प्रयोग नहीं होता जबकि दूसरे के अन्तर्गत सूचक द्विभाषिक (बाईलिंग्वल) होता है। स्पष्ट है कि इन दोनों में एक भाषिक सर्वेक्षण के द्वारा अधिक तथा विश्वसनीय भाषिक सामग्री उपलब्ध होती है। सर्वेक्षण के दौरान प्राप्त सामग्री का विश्लेषण का भी अत्यन्त महत्व होता है। अधुनिक कोश विज्ञान में शब्दार्थ के अतिरिक्त अन्य भाषिक रूपों का विवेचन या संकेत किया जाना भी आवश्यक होता है। वस्तुतः शब्दों के अतिरिक्त उनमें प्रस्तुत होने वाले अन्य भाषिक रूपों यथा प्रत्यय, उपसर्ग, आघात दीर्घता आदि का सांकेतिक होना आवश्यक होता है। इसके अतिरिक्त उच्चारण गत विशेषताओं का उल्लेख किया जाना भी आवश्यक होता है यथा स्थान शब्दों के ऐतिहासिक विकास तथा उसके व्यवहार की भौगोलिक सीमा का भी उल्लेख किया जा सकता है। जनजातीय कोश में शब्द विशेष के ऐतिहासिक विकास पर भी प्रकाश डाला जा सकता है। इस प्रकार जनजातीय कोश का निर्माण निश्चित रूप से अधिक जटिल है। अस्तु इस प्रकार के कार्यों के सम्पादन में सर्वेक्षक या अनुसंधानकर्ता तथा उसके सहायकों का भाषा सर्वेक्षण तथा कोष निर्माण की बारीकियों से परिचित होना नितान्त आवश्यक है ताकि प्राप्त सामग्री का सम्पादन विश्वसनीय हो सके। सम्प्रति सैकड़ों जनजातीय छात्र उच्च्व शिक्षण संस्थाओं में अध्ययन करते हैं ये अपने क्षेत्र की भाषिक सामग्री के उपयोगी सूचक हो सकते हैं। इन सूचकों को भी भाषा सर्वेक्षण तथा भाषिक सामग्री के प्रति लेखन का प्रारम्भिक प्रशिक्षण दिया सकता है।

मैंने अपने इस लघु लेख में संक्षेप में हिन्दी के जनजातीय कोशों के निर्माण की आवश्यकता प्रतिपादित की है साथ ही सामग्री संकलन पर भी संक्षिप्त प्रकाश डाला है। निश्चित ही इस प्रकार के कोश जहाँ हिन्दी भाषा की श्रीवृद्धि करेंगे वहीं जनजातियों को विविध विषयों का ज्ञान प्राप्त करने में परम सहायक सिद्ध होंगे।

अथातो जनजातीय शब्द जिज्ञासा

—डॉ. त्रिलोचन पाण्डेय

[प्रकृत-निबन्ध जनजातीय शब्दों के संग्रह और कोश निर्माण की प्रक्रिया का एक अनुभवगत आख्यान है। इसमें एक साथ कोश निर्माण में आने वाली बाधाओं, उसके निर्माण की प्रविधि-प्रणाली एवं उपयोगिता पर विचार किया गया है। इस प्रकार पूरा लेख सिद्धान्त एवं व्यवहार की समग्र को समेट कर अनेकानेक नवीनतम सूचनाएँ देने को सामर्थ्य से युक्त है।—सम्पा.]

कोई नया नाम सुनते ही मेरे कान खड़े हो जाते हैं और यह जानने की उत्सुकता होती है कि यह नाम क्यों पड़ा होगा? इस शब्द का वास्तविक अर्थ क्या होगा? फिर यही उत्सुकता जिज्ञासा बन जाती है और उस वस्तु, व्यक्ति अथवा स्थान के विषय में कुछ अधिक जानने के लिए प्रवृत्त कर देती है। फिर यही जिज्ञासा जब उमड़-घुमड़ कर झकझोरने लगती है तो मैं संस्कृति, समाज और मनोविज्ञान की अन्तर्यात्रा करने लगता हूँ। यह अन्तर्यात्रा शब्दार्थ का अनुसन्धान बन जाती है।

लोक जीवन से अधिक लगाव होने के कारण मेरे यायावर ने मुझे भौतिक जगत् के विस्तार में तो देश-विदेश घुमा ही दिया, देश-काल के भीतर बिखरती हुई जनजातियों को देखने की प्रेरणा भी दी। लोक साहित्य और लोक-भाषा का अध्ययन करते हुए जहाँ मुझे शास्त्रीय विवेचन अधूरा लगा, वहाँ पर मैंने "संस्कृत भाषा कूप जल, भाषा बहता नीर" का आदर्श मानते हुए लोक व्यवहार को स्वीकार कर लिया। कोशकर्ता यदि मूलतः वैयाकरण है तो संस्कृत भाषा का कूप जल स्वीकार नहीं करेगा। यदि वह भाषा शास्त्री है तो "भाषा बहता नीर" को वरीयता देगा।

सन् 1980 के आस-पास मेरा ध्यान मध्य प्रदेश की जनजातीय शब्दावली की ओर आकर्षित हुआ। गोंड वर्ग के लगभग आठ हजार शब्द 'फील्ड वर्क' के आधार पर मेरी झोली में आ गये। इनके आधार पर सन् 1987 में 'हिन्दी गोंडी शब्द कोश' प्रकाशित हुआ। मेरी योजना थी कि आगामी दस वर्षों में क्षेत्रीय योजनाओं

के अनुसार सभी जनजातियों के शब्द-संग्रह कराए जाएँ और क्षेत्रीय-निर्धारण इस प्रकार से हो–

1. दक्षिणीक्षेत्र–बस्तर, रामपुर, दुर्ग जिले,
2. पूर्वी क्षेत्र–सरगुजा, बिलासपुर, रायगढ़ जिले,
3. मध्यवर्तीय क्षेत्र–मण्डला, शहडोल, बालाघाट, सिवनी, छिन्दवाड़ा, बैतूल जिले,
4. पश्चिमी क्षेत्र–झाबुआ, धार, खरगौन, रतमाल जिले।

अनुमान था कि प्रत्येक जनजातीय क्षेत्र से यदि दस-दस हजार शब्द भी एकत्र हो जायेंगे तो लगभग चालीस हजार शब्द हमारी उपलब्धि होंगे जिनसे गोंड, बैगा, परधान, कोल, कोरकू, आगरिया, हलवा, मुड़िया, माड़िया, दोर्ला, ओरांव, भरिया, खैरवार, खड़िया, भैना, भील, भिलाला जैसी जनजातियों की सांस्कृतिक विशेषताओं पर पर्याप्त प्रकाश पड़ेगा।

कारणवश उक्त योजना तो अधूरी रह गयी किन्तु जनजातीय क्षेत्रों में 'फील्ड वर्क' की छाप मेरे मन पर छोड़ गयी। जनजातीय शब्दा-संग्रह, शब्दर्थ निरूपण, कोश-निर्माण की अपनी समस्याएँ हैं और सामान्य कोश-निर्माण की अपेक्षा यह कार्य बिल्कुल भिन्न और पर्याप्त कठिन हैं, सामान्य धारणा है कि किसी प्रकार निर्धारित विषय के शब्द-संग्रह कर लिए, उन्हें अकारादि क्रम से व्यवस्थित कर लिया, और कोश की पांडुलिपि तैयार हो गयी। जनजातीय सन्दर्भ में इस प्रकार की धारणा पूर्णतः निर्मूल सिद्ध होती है।

जनजातीय कोश रचना के तीन प्रमुख चरण हैं जिन्हें क्रमशः (1) कोश-रचना की पूर्व तैयारी, (2) प्रयुक्तियों का चयन, और (3) शब्द समूह का वर्गीकरण कह सकते हैं। पाण्डुलिपि संपादन एवं प्रकाशन जैसे कार्य इसके अनुवर्ती हैं, यहाँ पर मैं प्रारम्भिक चरण अर्थात् पूर्व तैयारी की रूपरेखा प्रस्तुत करना चाहूँगा।

यह कार्य सर्वप्रथम शब्दार्थ निरूपण के प्रमुख उद्देश्य से प्रारम्भ होता है। कोश कर्ता जनजातीय शब्द कोश क्यों बनाना चाहता है? शब्दों का विश्लेषण धार्मिक, सामाजिक, आर्थिक, ऐतिहासिक, भाषिक--एकाधिक दृष्टियों से सम्भव है और वह इसी उद्देश्य से प्रेरित होकर अपना मार्ग सुनिश्चित करेगा। यदि वह उन जातियों के सांस्कृतिक पक्ष को उजागर करना चाहता है तो शब्द-संकलन करते समय जनजातियों के आचार-विचारों, लोक विश्वासों, मान्यताओं, रीति-रिवाजों, मेलों-त्योहारों जैसे पक्षों को प्रमुखता दी जायेगी। यदि कोशकार का उद्देश्य जनजातीय भाषाओं की विशेषताएँ बतलाने का है तो संकलन की पद्धति भिन्न होगी जहाँ शब्दों का उच्चारण, रूप रचना, वाक्य रचना, समवर्ती प्रभाव जैसी प्रवृत्तियों की व्याख्या प्रमुख हो जायेगी।

स्पष्ट है कि सभी प्रकार के उद्देश्यों की पूर्ति एक साथ सम्भव नहीं है। अतः

कोश कार को सर्वप्रथम अपनी रुचि, क्षमता, आवश्यकता के आधार पर उद्देश्य का निर्धारण कर लेना चाहिए। 'फील्ड वर्क' की कुशलता इसकी प्राथमिक आवश्यकता है। इसके अभाव में वह दूसरे प्रकार का कोश-निर्माण कर सकता है किन्तु जनजातीय कोश का विचार त्याग देना चाहिए।

दूसरी आवश्यकता शब्द संकलन की मौलिकता है अर्थात् कोशकार का प्रस्तुतीकरण दूसरों की अपेक्षा नवीन होना चाहिए। इसके लिए अपेक्षित होगा कि वह अन्य विद्वानों की तत्सम्बन्धी प्रकाशित सामग्री का अवलोकन करे। यह देखने का प्रयत्न करे कि दूसरों ने उनके विषय में कब और कहाँ अपने मंतव्य प्रकाशित किए हैं। मध्य प्रदेश की जनजातियों पर अंग्रेज अधिकारियों, यूरोपीय मिशनरियों ने यथा समय बहुत कुछ लिखा है। किसी ने उनकी गोत्र-वंश परम्परा, सामाजिक संगठन का अधिक वर्णन किया है तो किसी ने आर्थिक, धार्मिक जीवन पर अधिक ध्यान दिया है। बैरियर इल्विन जैसे विद्वानों ने उनके बाह्य-आंतरिक सभी पक्षों की जानकारी दी है। 'दि बैगा', 'दि आगरिया', 'फोकसॉग्स आव दि मैकल हिल्स' जैसी पुस्तकें कोशकार की मार्ग दर्शक हो सकती है जहाँ उपयोगी शब्द सूचियाँ (ग्लासरी) प्रकाशित की गयी है।

मौलिकता का तात्पर्य सर्वथा नई बात कहना नहीं है। यदि कहीं पूर्व-उल्लिखित शब्द अब सुनाई नहीं देते तो देखना चाहिए कि उनके स्थानापन्न शब्द कौन से हैं। नवीन भावों, पदार्थों को प्रकट करने के लिए जो शब्दावली जनजातियाँ अपना रही हैं, वे स्थानीय परिवेश में ढल कर उन्हीं की बन जाती है। कभी जन-जातियाँ दूसरे स्थान पर जाकर बस जाती हैं, अथवा अपनी ही भौगोलिक इकाई में सिमट कर रह जाती हैं। तब उनका बोली-क्षेत्र भिन्न हो जाता है, अथवा नाम बदल जाता है।

ग्रियर्सन के भाषा सर्वे के अनुसार गोंडी बोली मण्डला जिले में बोली जाती है। सन् 1981 में मण्डला की यात्रा करने पर मुझे गोंड नामधारी तो अनेक व्यक्ति मिले किन्तु तथाकथित गोंडी के उदाहरण नहीं मिले। विशेष कर वैसे वाक्य नहीं सुनाई दिए जो भाषा सर्वे में प्रकाशित है। तब किसी ने बतलाया कि गोंड अपनी बोली को 'पारसी' कहते हैं जो मण्डला तहसील के कुछ खण्डों तक सीमित है। पचास-साठ वर्षों के भीतर जनजातीय भाषा की स्थिति बदल गयी।

'फील्ड वर्क' की तीसरी आवश्यकता क्षेत्रीय यात्राओं के माध्यम से अभिसूचकों (इनफॉरमेन्ट) के साथ प्रत्यक्ष सम्पर्क स्थापित करना है। इसके लिए प्रायः क्षेत्रीय अधिकारियों, ग्राम प्रमुखों, स्थानीय कार्यकर्ताओं, अध्यापकों की सहायता ली जाती है। कभी उन्हीं लोगों द्वारा प्राप्त सामग्री कोश का आधार बनाई जाती है। किन्तु मेरा अनुभव है कि ऐसी सामग्री द्वितीय, तृतीय श्रेणी की होगी। अन्यत्र प्रकाशित शब्दों को मिलाकर बृहदाकार शब्द सूची बनाने पर यही सामग्री चतुर्थ श्रेणी की हो

जायेगी क्योंकि यह सम्पर्कजन्य नहीं होगी।

मौलिक संग्रह के लिए जनजातियों के बीच स्वयं जाकर रहना अनिवार्य है यद्यपि क्षेत्र विशेष का निर्धारण कोशकार की सुविधा पर निर्भर है। चयनित क्षेत्र परिचित, अपरिचित किसी प्रकार का हो सकता है। अपरिचित क्षेत्रों में प्रवेश करने की कला विदेशियों से सीखनी चाहिए जो पेशेवर व्यक्तियों से खोज-खोज कर सम्पर्क करते हैं, प्राप्त सामग्री की गहरी परीक्षा करते हैं, फिर उसका तुलनात्मक मूल्यांकन करके भहत्वपूर्ण निष्कर्ष प्रस्तावित करते हैं। एम.बी. एमेन्यू के 'ओरल पोयट्स ऑव साउथ इंडिया' जैसे शोध पत्र, मिलटन सिंगर द्वारा संपादित 'ट्रेडीशनल इंडिया' जैसी पुस्तकें, जेराल्उ बेरमैन द्वारा लिखित 'हिन्दूज ऑव दि हिमालयाज' जैसे प्रबन्ध इसी कारण मानक हो गये हैं। कोशकार के लिए भारत इतना विशाल है कि वह असम से लेकर गुजरात तक, कश्मीर से लेकर कन्याकुमारी तक कहीं भी क्षेत्रीय सम्पर्क कर सकता है।

अभिसूचकों से प्रत्यक्ष सम्पर्क कितना ओर किस प्रकार लाभदायक है—यह कोशकार के प्रशिक्षण, उसकी कुशलता पर निर्भर है। प्रत्येक व्यक्ति प्रत्येक क्षेत्र से शब्द संग्रह करने में सफल नहीं होता—यह एक मान्य तथ्य है। दूर के ढोल सुहावने होते हैं, इसलिए कोई क्षेत्र दूर से देखने पर आकर्षक प्रतीत हो सकता है। किन्तु स्थानीय निवासियों के बीच पहुँच कर भोजन व्यवस्था, रहन-सहन, वार्तालाप, आवागमन आदि की विशेष स्थितियों के साथ अपने को अनुकूलित करने के लिए एक अभिरुचि बनानी पड़ती है। इसके लिए स्वामी भाव की अपेक्षा सेवकभाव विकसित करना पड़ता है, जो कठिन है। संग्रहकर्ता को विषय स्थितियों के बीच रहते हुए अपने को तटस्थ रखना पड़ता है, अन्यथा उसकी सफलता संदिग्ध हो जायेगी। इसलिए कोशकार का प्रशिक्षण चौथी आवश्यकता है।

सम्पर्क स्थापित करने के पश्चात् पाँचवीं आवश्यकता है अभिसूचकों अथवा पेशेवर व्यक्तियों की संख्या निर्धारित करना जो शब्द भण्डार के मूलस्रोत हैं। आयु, लिंग, भेद, व्यवसाय द्वारा उनका निर्धारण नहीं करने से या तो वांछित सूचनाएँ नहीं मिलतीं, या एक जैसे तथ्यों की पुनरावृत्ति हो जाती है। निम्नांकित आधार पर अभिसूचकों का वर्गीकरण समीचीन होगा–

1. स्त्री वर्ग, पुरुष वर्ग के अलग प्रतिनिधि,
2. आयु क्रमानुसार सभी अवस्थाओं के प्रतिनिधि,
3. विभिन्न आर्थिक, सामाजिक वर्गों के प्रतिनिधि।

जनजातियों में व्यवसाय के आधार पर प्रायः स्तरीकरण नहीं होता, एक जाति दूसरी जाति के सामान्य काम कर लेती है। हाँ, पंडा, पुरोहित, समाना, गुनियाँ, ओझा जैसे लोगों की बात अलग है जो जादू-टोने के विशेषज्ञ होते हैं। कोशकार को शब्द संग्रह करते हुए उनके पारम्परिक ज्ञान से अवश्य लाभान्वित होना

चाहिए। कुछ लोग मत्स्य आखेट, जड़ी-बूटी संग्रह में कुशल होते हैं, कुछ लोग कृषि कार्य की विशेष जानकारी रखते हैं। स्त्रियाँ पुरुषों की अपेक्षा अधिक रूढ़िवादी होती हैं। इन सभी लोगों से वांछित शब्द मिलते हैं।

लोक गायकों से सामग्री प्राप्त करना, शब्द संग्रह करना कठिन होता है। कारण यह है कि पेशेवर गायक हर समय उपलब्ध नहीं होते, वे हर समय गा नहीं सकते। वे मौज में आकर 'करमा', 'लहकी', 'भड़ौनी', जेसे गीत चलते फिरते सुना भी दें, किन्तु 'सेंवारी', 'नगाना', जैसे गीत सबके सामने गाने को तैयार नहीं होते। बहुत जोर देने पर कह देंगे कि उन्हें कुछ भी स्मरण नहीं है। तब विशेष शब्दावली एकत्र करने के लिए उनके मेलों, त्योहारों की प्रतीक्षा करनी पड़ती है क्योंकि वह अवसर विशेष से जुड़ी रहती है। उनके परिवेश से अनभिज्ञ रहनेपर 'लाडू काज, छेरता', 'झराई', 'तिदाना बतारी', 'देव खल्ला', 'ठाकुर देव', 'नरायन पेन' जैसे शब्दों की व्याख्या सम्भव नहीं है।

उचित अवसर की प्रतीक्षा करने के साथ-साथ अभिसूचकों की मनोवृत्ति को समझना शब्द संग्रह की छठी आवश्यकता है। जनजातियों का मानसिक धरातल भिन्न होने के कारण विचारों का आदान-प्रदान कठिन हो जाता है। उनकी सरलता सहजता का तात्पर्य यह नहीं है कि वे अपने जीवन के सारे रहस्य उद्घाटित कर देंगे। बहुत प्रश्न करने पर वे घबड़ा जाते हैं, फिर संग्रहकर्ता की जानकारी अधूरी रह जाती है। आर्थिक सहायता, भोजन, वस्त्र आदि की सुविधाएँ देने के प्रलोभन उन्हें आकर्षित अवश्य करते हैं, किन्तु ऐसी परिस्थिति में उनकी सूचनाएँ कितनी सार्थक होंगी—यह कहना कठिन है।

अभिसूचकों की मनोवृत्ति जानने का उपाय है सामूहिक रूप से उनके साथ तादात्म्य स्थापित करना, अर्थात् उनके लोकोत्सवों में सम्मिलित होकर उनकी मानसिकता को समझना। यदि संस्कार, रीति रिवाज की शब्दावली एकत्र करनी है तो उनके घर-घर जाकर जन्म, विवाह, मृत्यु में सम्मिलित होकर लोकाचारों का प्रयोगात्मक रूप देखना श्रेयस्कर होगा। तत्सम्बन्धी सूचियाँ 'ग्लासरी' होने पर भी उनकी पुनः परीक्षा कर लेनी चाहिए क्योंकि शब्दों का अर्थ विस्तार, अर्थ संकोच होता रहता है। यदि 'करमा', 'लहकी', 'भड़ौनी', 'सेंवारी', 'नेंगान' जैसे शब्दों का तात्पर्य जानना है तो लोकोत्सवों द्वारा ही उनका वास्तविक स्वरूप ज्ञात होगा। ये गीत हैं अथवा नृत्य, अथवा नृत्य/गीत-नृत्य हैं, इसका विर्धारण लोक समाज करता है, कोशकार नहीं। उसके लिए लोक समाज की धारणा को समझना अधिक महत्वपूर्ण हे।

शब्दों की अर्थ-व्याप्ति को जानने के लिए लोकोत्सवों में कितनी भागेदारी करनी चाहिए, कहाँ तक जनसमुदायों के साथ एकीकृत होना चाहिए—यह महत्वपूर्ण पक्ष है। इस प्रक्रिया को सहभागी प्रेक्षण (पार्टिसिपेन्ट आबजरवेशन) कहते हैं।

शब्दार्थ की जानकारी के लिए वस्तुस्थिति का अवलोकन करना ही पर्याप्त नहीं होता, उस स्थिति में अपनी भागेदारी भी निभानी पड़ती है। शब्दों के अर्थ उनके प्रयोगों से खुलते हैं जिनके लिए मानव समूहों के सभी क्रियाकलाों को जानना अपेक्षित है। इसलिए उनके साथ उठना बैठना, वार्तालाप करना आवश्यक है, यह ध्यान रखना होगा कि वे कहाँ तक बाहरी व्यक्ति की भागेदारी को स्वीकार करते हैं और कहाँ उसकी उपेक्षा करने लगते हैं।

जनजातियों के क्रियाकलाप प्रायः दो प्रकार के होते हैं–(1) सामान्य क्रियाकलाप, (2) विशेष क्रियाकलाप। पहले के अन्तर्गत उनकी दैनिक जीवन चर्या सम्मिलित है जैसे सोकर उठना, पारिवारिक सम्बोधन, खानपान, हास-परिहास, अपने काम पर जाना, आदि। तत्सम्बन्धी शब्दावली इन्हीं क्रियाकलापों का अवलोकन करने से प्राप्त की जाती है। यदि उनके भोजन पदार्थों, पुष्प, वृक्ष आदि की जानकारी चाहिए तो "यह वस्तु क्या है?", "उस पदार्थ को क्या कहते हैं?" जैसे प्रश्न पूछ कर वांछित उत्तर मिल जाते हैं।

विशेष क्रियाकलापों के अन्तर्गत उनकी आकस्मिक घटनाएँ सम्मिलित हैं जिनके लिए जन्म मृत्यु, गृह कलह, मारपीट, भूत प्रेतों का प्रकोप, पलायन आदि की प्रत्यक्ष जानकारी आवश्यक है। अन्ध विश्वासों की शब्दावली के लिए किसी 'पंडा बाबा' जैसे प्रभावशाली ओझा का साहचर्य उपयोगी होगा जिनकी चर्चा वैरियर इल्विन ने छोटी सी पुस्तक 'लीव्ज फ्राम दि जंगल' में की है। इस पुस्तक में इल्विन की डायरी के अंश प्रकाशित हैं।

कोशकार की सातवीं आवश्यकता साक्षात्कार (इंटरव्यू) की प्रविधि चयन करने की है और यह देश काल की संगति पर निर्भर है। प्रत्यक्ष तथा अप्रत्यक्ष दोनों प्रकार के साक्षात्कारों से वांछित सूचनाएँ प्राप्त की जाती है किन्तु क्षेत्रीय कार्यकर्ताओं का अनुभव है कि जनजातियों के बीच अप्रत्यक्ष प्रणाली उपयुक्त होती है। यदि कहीं अभिसूचक साक्षर हैं, शिक्षित हैं, कोशकर्ता का प्रयोजन समझते हैं, तो संग्रह की प्रत्यक्ष प्रणाली से भी काम लिया जा सकता है, किन्तु जहाँ अपरिचित व्यक्ति की उपस्थिति मात्र पर सन्देह किया जाता हो, उसे गुप्तचर अथवा 'साहब' मान लिया जाता हो, वहाँ कोई प्रश्नावली काम नहीं देती।

अतः कोशकार को सर्वप्रथम अपने प्रयोजन के प्रति जनजातियों की निष्ठा उत्पन्न करना आवश्यक है, तभी उसका साक्षात्कार सफल होगा। अभिसूचकों के भीतर अनेक प्रकार की शंकाएँ विद्यमान रहती है। अपरिचित व्यक्ति की सुविधाएँ देख कर वे त्रस्त हो जाते हैं। उनकी टूटी-फूटी भाषा सुनकर वे हँसते हैं, उसके विंचारों से सहमति प्रकट करते हुए भी असहमत रहते हैं, बहुत प्रश्न करने पर असमंजस में पड़ जाते हैं। वस्तुतः साक्षात्कार के लिए उनके पास समय होता ही नहीं। इन कठिनाइयों से बचने के लिए प्रश्नोत्तर की शैली बदलनी पड़ती है। उन

लोगों के बीच निवास करते हुए, उनके साथ-साथ चलते हुए, कभी मनोरंजन करते हुए अपने अवलोकन की क्षमता पर ही निर्भर रहना पड़ता है। एक बात यह है कि सामग्री लेखन अथवा टेपांकन की सुविधाएँ सर्वत्र नहीं मिलतीं।

अब प्रश्न है अभिसूचक से प्रश्न किस प्रकार पूछे जाएँ? यह संग्रहकर्ता की आठवीं आवश्यकता है। किसी मछुआरे से वह प्रश्न करने पर कि "तुम कितने प्रकार की मछलियाँ पकड़ते हो", वह सम्भवतः प्रश्नकर्ता की ओर जिज्ञासा से देखने लगेगा। अधिक से अधिक 'बुट्टा', 'करचा' दो तीन नाम लेकर मौन धारण कर लेगा। ये शब्द सुनकर संग्रहकर्ता जानना चाहेगा कि इनका अन्तर क्या है? शब्द ज्ञान से अर्थ ज्ञान में वृद्धि नहीं होती, उसे जानने की इच्छा बलवती होती है। इस प्रश्न के स्थान पर यदि वह पूछे—"क्या तुम बुट्टा मछली पकड़ते हो", अथवा "करचा मछली कहाँ मिलेगी?" तो मछुवारा अधिक सन्तोषजनक उत्तर देगा क्योंकि वह प्रश्नकर्ता का तात्पर्य समझ गया है।

अमूर्त प्रश्न (कितने प्रकार की) करने से अभिसूचक समुचित अर्थ ग्रहण नहीं करता, किन्तु वह प्रश्नकर्ता को अपनी कठिनाई भी नहीं बतला सकता। मूर्त प्रश्न करने पर वह न केवल सभी प्रकार की मछलियों के नाम बतलायेगा बल्कि प्रयास करने पर उनके गुण-धर्म से भी परिचित करा देगा। आत्मीय शैली से पूछने पर मण्डला के एक गोंड मछुवारे ने मुझे न केवल दस-बारह प्रकार की मछलियों के नाम गिनाये बल्कि उनके गुण-धर्म भी बतलाये थे। जैसे 'बुट्टा' मछली गोल, चिकनी और काले रंग की होती है। इसका वजन लगभग 12 सेर होता है। 'करचा' मछली सफेद और चौड़े पेट वाली होती है। इसका वजन लगभग 5 सेर होता है। उसने मछलियों की अनेक विशेषताएँ बतलाई थीं।

इस शैली से प्रश्न करने पर मैंने एक बार गोदई नामक सँपेरे से 15-20 प्रकार के साँपों के नाम उनके रूपाकार एकत्र किए थे जिन्हें 'गोंडी-हिन्दी शब्द कोश' में प्रकाशित किया था। एक बार मुझे ज्ञात हुआ कि जनजातियों में देशी दारू बनाने की एक रोचक पद्धति है जिसे 'झराई' कहते हैं। कई व्यक्तियों से पूछने पर संतोषजनक उत्तर नहीं मिला। गाँव-गाँव के लोग मेरा प्रश्न सुन कर हँसते थे। एक बार मैं पाँच सात मील की ऊबड़-खाबड़ यात्रा करने के पश्चात् एक गोंड के घर पहुँचा जहाँ तीन चार आदमी हाथ में दारू बना रहे थे। 'पुतादा' जैसा शब्द मुझे बार-बार सुनाई दिया जिसे मैंने अंकित कर लिया। आगे चल कर आत्मीय शैली के प्रयोग से मुझे ज्ञात हुआ कि स्वयं अपने हाथों से उतारी गयी दारू 'पुतादा' कही जाती है और मशीन से उतारी गयी दारू 'कल दारू' कही जाती है। 'कल' शब्द का अर्थ लोक भाषा में मशीन है।

मेरा अनुभव है कि अच्छे संग्रहकर्ता भी शब्दार्थ ग्रहण करने में कभी पीछे रह जाते है। कारण यह है कि अपने ज्ञान को बोझ अथवा सब कुछ जान लेने की

शीघ्रता उनके यथार्थ को संकुचित कर देती है। वे अपनी दृष्टि को प्रधानता देते हुए शब्दार्थों की व्याख्या करते हैं, तब पूर्वाग्रह प्रभावी होने लगते हैं। फील्ड वर्क में अभिसूचक की, मानव समूहों की दृष्टि प्रमुख है—इस तथ्य को वे अनदेखा कर देते हैं, और यहीं से वास्तविक कठिनाई प्रारम्भ होती है। अपने ज्ञान को दूर रख कर वे अभिसूचकों के जितने निकट जायेंगे और जितना अधिक उनकी मन स्थिति से तादात्म्य करेंगे, उतना ही अपने कार्य में अग्रसर होंगे। फील्ड वर्क के लिए 'सहानुभूति' (सिंपैथी) उतनी उपयोगी नहीं होती जितनी उपयोगी 'सहअनुभूति' (इंपैथी) होती है।

इस तथ्य का अनुभव मैंने विदेशों में भी किया है। त्रिनीदाद की बोल-चाल में गंजापन "बाम बाम हेड" कहा जाता है। समवयस्कों की गपशप जो नितांत आंतरिक होती है, "लाइमिंग" कही जाती है। चुसकी आम को "हेड हाट" शब्द प्रचलित है। अनपेक्षित व्यक्ति को "हाग" कहते हैं जिसे कोई आमन्त्रित नहीं करता। "बाइलर" और "चिकन", "हाट फूट" और "हाट शर्ट", "बनाना" और "प्लान्टेन", "जैक फूट" और "शटाइन" का अन्तर मैंने वहीं सीखा। एक बार अपनी अधूरी जानकारी का प्रदर्शन करते हुए अध्यापकों की कक्षा में "बाम बाम हेड" का प्रयोग कर बैठा तो वे खिलखिला कर हँसने लगे। एक महिला अध्यापक ने उठ कर कहा—"सर, इसका एक दूसरा अर्थ भी है जिसे मैं सबके सामने नहीं कहना चाहती।" तब मेरे चौंकने की बारी थी। उस दिन मैंने जाना कि शब्दार्थ किस प्रकार लोक मानस से सम्पृक्त होते हैं।

तात्पर्य यह कि शब्दार्थ की वास्तविक प्रतीति सह अनुभूति (इंपैथी) होने पर ही सम्भव है। इसे शब्द संग्रह की नवीं आवश्यकता कह सकते हैं।

ऊपर मैंने जनजातीय कोश रचना की पूर्व भूमिका स्वरूप कुछ आवश्यक बातों का उल्लेख किया है। इनका समुचित विचार किए बिना तत्सम्बन्धी शब्दार्थ-विवेचन सम्भव नहीं है। जहाँ तक शब्द-प्रयुक्ति के चयन का, उनके उपयुक्त वर्गीकरण का प्रश्न है, वह कोश रचना का दूसरा चरण है जिसे कोश संपादन कहते हैं। तत्पश्चात् कोश रचना का तीसरा चरण पाण्डुलिपि का निर्माण प्रारम्भ होता है जिसकी यहाँ चर्चा नहीं की गयी है।

मेरा विचार है कि भारतीय संस्कृति के अध्येता के लिए जनजातीय शब्दावली का संग्रह चुनौती का विषय है और राष्ट्रीय सन्दर्भों को देखते हुए अत्यन्त महत्वपूर्ण है। सभी जनजातियाँ इस समय अन्तर्बाह्य प्रभावों के फलस्वरूप सांस्कृतीकरण (एकल्चरेशन) की तीव्र प्रक्रिया से गुजर रही हैं। यदि समय रहते उनकी शब्दावली एकत्र नहीं की गयी तो कुछ दशकों पश्चात् यह दुर्लभ ही नहीं, अलभ्य हो जायेगी। इसलिए शब्द संग्रहकर्ता कोशकार को "अथातो जनजातीय शब्द जिज्ञासा" का मंत्र ग्रहण करना चाहिए।

हिन्दी-व्युत्पत्ति-कोश : प्रकृति एवं तकनीक

–डॉ. नरेश कुमार

[प्रस्तुत निबन्ध के लेखक कोश के अधिकारी विद्वान हैं। अब तक उनके दो कोश ग्रन्थ प्रकाशित हो चुके हैं। एक कोश का शीर्षक ही 'व्युत्पत्ति कोश' है। यही कारण कि उन्होंने हिन्दी व्युत्पत्ति कोश के समस्त संभाव्य पक्षों को स्पष्ट करने का प्रयास किया है–सम्पा.]

व्युत्पत्ति कोश में शब्दों के उद्‌गम, विकास, रचना-प्रक्रिया आदि पर ऐतिहासिक परिप्रेक्ष्य मे विचार किया जाता है। वस्तुतः व्युत्पत्ति के बिना किसी शब्द की आत्मा तक पहुँचना असम्भव होता है। शब्दों की व्युत्पत्ति से जहाँ किसी शब्द के वास्तविक स्वरूप को समझने में सहायता मिलती है वहाँ उनके ऐतिहासिक विकास के गूढ़तम रहस्यों का भी उद्‌घाटन होता है। कुछ व्यक्ति निरुक्ति के बिना अर्थ का ज्ञान प्राप्त करते हैं, उनका ज्ञान भाषा की ऊपरी सतह तक ही सीमित रहता है। व्युत्पत्ति से ही इस बात का ज्ञान होता है, कि कोई शब्द किस भाषा का है और देश-काल आदि के भेद से उसके रूप एवं अर्थ में किस दिशा में विकास हुआ है।

व्युत्पत्ति-निर्वचन की दृष्टि से यास्क का 'निरुक्त' सर्वप्रथम उल्लेखनीय ग्रन्थ है। सन् 1931 में श्री आर.एल. टर्नर का नेपाली कोश–A Comparative and Etymological Dictionary of the Nepali Language. प्रकाशित हुआ। अंगरेज़ी भाषा के क्षेत्र में जॉन्सन ने अंगरेज़ी का व्युत्पत्तिमूलक कोश बनाया, परन्तु जॉन्सन के समय व्युत्पत्ति का आधार कल्पना होती थी, उदाहरणार्थ, जॉन्सन ने बताया कि girl 'लड़की' की व्युत्पत्ति garruleeus 'बक्-झक् करने वाली से है। सन् 1816 ई. में बॉप ने भारोपीय भाषाओं का तुलनात्मक अध्ययन प्रस्तुत किया, जिसका विषय था–संस्कृत, जेंद, आरमेनियम, ग्रीक, लेटिन, लिथुआनियन, प्राचीन स्लैविक, गौथिक और जर्मन भाषाओं का तुलनात्मक व्याकरण।" सन् 1910 में स्कीट की A Conicise Etymological Dictionary of the English Language प्रकाशित हुई। अंगरेज़ी के व्युत्पत्तिमूलक कोशों में बेजउड द्वारा सम्पादित

"डिक्शनरी ऑव एंग्लिश एटीमॉलाजी" वाटर डब्ल्यू स्काट की "ऐन एटीमॉलाजिकल डिक्शनरी ऑव दि इंग्लिश लैंग्वेज" उल्लेखनीय कोश हैं। क्लूगे के जर्मन व्युत्पत्ति-कोश, फ्रेंक के "डच भाषा का व्युत्पत्ति-कोश", गौडफ्रवा का "फ्रेंच व्युत्पत्ति-कोश" और बुगमान के इंडो-जर्मन भाषाओं के तुलनात्मक व्याकरण (छह खण्ड) ने व्युत्पत्ति शास्त्र को नवीन रूप प्रदान किया। श्री वी.वी. शास्त्री की "ए कम्प्लीट एटीमॉलाजिकल डिक्शनरी ऑव दि वैदिक लैंग्वेज एवं टी. बरो की "ए द्रविडियन एटीमॉलाजिकल डिक्शनरी, प्लैट्स की ए डिक्शनरी ऑव उर्दू, क्लासिकल हिन्दी एण्ड इंग्लिश" शब्दों के विकास की कथा को देने में सक्षम सिद्ध हुए।

भारतीय भाषाओं में भी इस दिशा में प्रगति हुई। सन् 1925 में मेहता तथा मेहता गुजराती पर, सन् 1931 में ज्ञानेन्द्र मोहनदास ने बंगला पर, सन् 1946 में कुलकुर्णी ने मराठी पर, सन् 1955 में हेमचन्द्र बरुआ ने असमी पर, सन् 1962 ई. में सीताराम ललस ने राजस्थानी पर महत्वपूर्ण कार्य किया। इसके अतिरिक्त उड़िया में गोपाल चन्द्र एवं गुजराती में हरिबल्लभ भायाणी का नाम उल्लेखनीय है।

हिन्दी के शब्द कोशों में व्युत्पत्ति पक्ष काफी पिछड़ी हुई स्थिति में बना रहा। ऐतिहासिक महत्व के शब्द कोश हिन्दी शब्द सागर में सर्वप्रथम व्युत्पत्ति पर ध्यान दिया गया, परन्तु वह कोश व्युत्पत्ति की दृष्टि से अपूर्ण बना रहा। इसके उपरान्त "संक्षिप्त हिन्दी शब्द-सागर", "प्रामाणिक हिन्दी कोश", "हिन्दी शब्द संग्रह", "श्रीधर भाषा कोश", "भाषा शब्द कोश" (सम्पादक डॉ. रामशंकर रसाल) आदि शब्द कोशों में भी व्युत्पत्ति का पक्ष दुर्बल बना रहा। वृहत हिन्दी कोश में "हिन्दी शब्द सागर" की व्युत्पत्ति सम्बन्धी अशुद्धियों का उल्लेख करते हुए यह कहा गया है कि इस कोश में व्युत्पत्तियाँ इसलिए नहीं दी गयीं कि क्योंकि "हिन्दी शब्द सागर" को इस दिशा मे सफलता नहीं मिली। प्रस्तुत पंक्तियों के लेखक का हिन्दी व्युत्पत्ति कोश (हिन्दी भाषा का तुलनात्मक एवं व्युत्पत्तिमूलक कोश) सन् 1985 में प्रकाशित हुआ।[1]

प्रकृति एवं तकनीक

व्युत्पत्ति कोश का निर्माण भाषा-इतिहास-ध्वनि नियमों और उनमें परिवर्तन, अर्थ-परिवर्तन के नियमों को दृष्टि में रखकर किया जाता है। वर्ण के आगम, विपर्यय, विकार एवं लोप के कारण शब्द में परिवर्तन होता रहता है शब्द के प्राचीनतम स्वरूप, प्रयोग और विकास-क्रम पर व्युत्पत्तिकार की सतत दृष्टि लगी रहती है। कोई शब्द एक भाषा से दूसरी भाषा में किस प्रकार प्रवेश पा गया और उसकी मूल उत्पत्ति का स्रोत क्या रहा, इस पर व्युत्पत्तिकार गम्भीरतापूर्वक विचार करता है। शब्द के मूल को खोजने में उसे चिन्तन के अनेक आयामों से गुजरना

---

1. प्रकाश : इण्डोविजन प्रा.लि., II, 220, नेहरू नगर, गाजियाबाद।

पड़ता है। पता नहीं शब्द की खोज की यात्रा का पड़ाव कहाँ समाप्त हो। व्युत्पत्तिकार की चिन्तन-प्रक्रिया तब तक जारी रहती है जब तब कि वह उस शब्द की तह में नहीं पहुँच जाता। संभावनाएँ एवं अनुमान पर वह आधारित कल्पनाएँ जो केवल रूप-साम्य पर आधारित होता है, व्युत्पत्ति का ठोस आधार प्रदान करती हैं। एक शब्द के अनेक अर्थ हो सकते हैं, परन्तु उनकी व्युत्पत्ति भिन्न होगी यथा–आम (फल), सं. आम्र से और "आम" (जनसाधारण का, साधारण) अरबी "आम" से व्युत्पन्न हुआ। यह सम्भव है कि एक ही शब्द दो भिन्न भाषाओं में ध्वनि और अर्थ की दृष्टि में समान हो, परन्तु उसके स्रोत भिन्न हो सकते हैं, यथा–अवधी "नियर" और अंगरेज़ी "नियर" दोनों के मूल स्रोत भिन्न रहे हैं।

व्युत्पत्ति निर्धारित करते समय इस बात को दृष्टि में रखना होगा कि किसी भाषा पर किन-किन भाषाओं का प्रभाव पड़ा है। उदाहरणार्थ स्पेन मे अरबों का प्रभुत्व बने रहने के कारण स्पेनी भाषा में "ओखाला" पर अरबी "इंशाल्लाह तथा उस्तेद (आप) पर अरबी "उस्ताद" का प्रभाव स्पष्टतया परिलक्षित होता है।

हिन्दी के शब्दों की व्युत्पत्ति में केवल इतना ही उल्लेख करना पर्याप्त नहीं है कि कोई शब्द अमुक भाषा का है, अपितु सम्पूर्ण ऐतिहासिक क्रम को देना अपेक्षित है। उदाहरणार्थ यदि शब्द वैदिक संस्कृत या लौकिक संस्कृत से व्युत्पन्न है तो पालि, प्राकृत, अपभ्रन्श एवं अवहट्ट के रूप को भी देना अपेक्षित होगा। हिन्दी में सभी शब्द संकृत से व्युत्पन्न नहीं हैं। कुछ शब्द द्रविड़ भाषाओं एवं मुण्ड भाषा से गृहीत हैं और अनेक शब्दों को अरबी, पश्तों, पहलवी, फारसी, तुर्की, पुर्तगाली, अंगरेज़ी से अपनाया गया। व्युत्पत्ति का निर्धारित करते समय हमारा ध्यान शब्दों के रूप एवं अर्थ-साम्य की ओर जाता है, परन्तु रूप एवं अर्थ-साम्य में विरोध होने के कारण व्युत्पत्ति करना कठिन हो जाता है। उदाहरणार्थ "अढ़ाई" की व्युत्पत्ति डॉ. धीरेन्द्र वर्मा द्वारा सं. अर्द्ध-तृतीय प्रा. अडतीय से दी गयी जो कि अर्थ की दृष्टि से अशुद्ध है। कभी-कभी किसी शब्द की कई व्युत्पत्तियाँ विचारणीय होती हैं और यह निश्चित करना कठिन हो जाता है कि कौन-सी व्युत्पत्ति तुलनात्मक दृष्टि से ठीक मानी जाए।

व्युत्पत्ति कोश में भाषा साम्य को दिखाने की दृष्टि से अन्य भाषाओं के शब्दों से तुलना करनी भी अपेक्षित होती है। भारतीय भाषाओं में तो साम्य मिलता ही है, साथ विदेशी भाषाओं में भी साम्य मिलता है। उदाहरणार्थ रूसी भाषा का सूखा (हिन्दी सूखा), आगोन (अग्नि), त्रि (सं. द्वि), बल्गारियन भाषा के नेवे (नभ), चक्रक (चरखा), पत (सं. पथ), जर्मन के मेन्श (Mensech) और संस्कृत के मनुष्य में साम्य को देखकर किसका मन प्रसन्न नहीं होगा। इस प्रकार का तुलनात्मक अध्ययन भाषाओं की वंशपरम्परा को निश्चित करने में सहायक होगा। इसके अतिरिक्त बोलियों के प्रचलित रूपों का उल्लेख करना भी अपेक्षित है,

क्योंकि बोलियों का विवेचन सही व्युत्पत्ति के निर्धारण में सहायक सिद्ध होता है।

हिन्दी के शब्दों की व्युत्पत्ति का आधार प्राचीन एवं मध्यकालीन भारतीय भाषाओं के साथ-साथ विदेशी भाषाएँ भी हैं। अपभ्रन्श की कड़ी को क्रमिक विकास में दिखाने के लिए अपभ्रन्श के कोश का अभाव बाधक सिद्ध होता है। विदेशी भाषाओं से भी अनेक शब्द हिन्दी में गृहीत है। अतः अनेक विदेशी भाषाओं का ज्ञान अपेक्षित है केवल अरबी एवं फारसी तक ही हमारा प्रयास सीमित नहीं होगा, अपितु अरबी से आगे बढ़ाकर म्लेच्छ वंश की उन भाषाओं तक जाना होगा, जहाँ से अरबी के शब्द आये हैं जैसे–"मालमता" शब्द का "मता" "गाँव, जिला देश" "खलदी" भाषा का है और "माल" शब्द अरबी का है। इसी प्रकार शब्दों की परम्परा देखने के लिए न केवल हम फारसी तक अपने प्रयत्न सीमित रखेंगे, अपितु पहलवी, जंद, प्राचीन, ईरानी भाषा तक भी पहुँचने का प्रयास करें। उदाहरणार्थ "पैगम्बर" शब्द को न केवल फ्रा. "पैगम्बर" से विकसित दिखाया जाए बल्कि यह भी दिखाया जाए कि पहलवी में भी अनेक ऐसे शब्द हैं जो कि संस्कृत से परम्परा से सम्बद्ध है। उदाहरणार्थ "मैखाना" (फ्रा. मैखानः) में शराबवाची "मैं" शब्द संस्कृत के मद्य से विकसित है। यह भी अपेक्षित है कि मूल विदेशी शब्दों को शुद्ध एवं वास्तविक रूप में दिया जाए।

व्युत्पत्ति कोश में शब्द की रचना (उपसर्ग, मूल धातु, प्रत्यय) का उल्लेख करना भी अपेक्षित है। विशेष रूप से तत्सम शब्दों में तो शब्द की रचना पर प्रकाश डालना वांछनीय है, परन्तु समाप्स का उल्लेख करना आवश्यक नहीं है। यहाँ यह भी उल्लेख करना आवश्यक है कि संस्कृत के व्युत्पत्ति-कोश और हिन्दी के व्युत्पत्ति-कोश के निर्माण की तकनीक में अन्तर का होना स्वाभाविक ही है। "निरुक्त" वाली पद्धति से हिन्दी के व्युत्पत्ति-कोश की पद्धति से हिन्दी के व्युत्पत्ति-कोश की पद्धति भिन्न होगी। हिन्दी के व्युत्पत्ति-कोश में शब्द के ऐतिहासिक क्रम को दृष्टि में रखकर विकास की प्रक्रिया को दिखाना आवश्यक है।

व्युत्पत्ति कोश का कार्य स्वतन्त्र रूप से निरन्तर खोज का विषय है, भविष्य में व्युत्पत्तिकारों की सत्यान्वेषी, निष्पक्ष एवं तटस्थ दृष्टि, चिन्तन एवं विभिन्न भाषाओं का गम्भीर अध्ययन ही शब्दों की निरुक्ति के गम्भीर, जटिल एवं श्रम-साध्य कार्य को सरल बना सकेगा। वैज्ञानिक दृष्टि से सम्पादित व्युत्पत्ति-मूलक शब्द कोश आज सबसे अधिक महत्वपूर्ण राष्ट्रीय आवश्यकता है।

हिन्दी-कोश-निर्माण : संभाव्य दिशाएँ एवं उनका स्वरूप

–प्रो. विश्वनाथ शुक्ल

[प्रो. शुक्ल ने हिन्दी कोश निर्माण के सन्दर्भ में कई अनिर्दिष्ट एवं महत्वपूर्ण सन्दर्भों का उपवृंहण किया है। इसमें इतिहास, संस्कृति प्रयोग एवं परम्परा सभी दृष्टियों से विषयवस्तु को स्पष्ट किया गया है।–सम्पा.]

भारत की राष्ट्रभाषा, राजभाषा और सम्पर्क भाषा के रूप में हिन्दी पर उत्तरदायित्व का जो बड़ा भार है, उसका भान इस समय प्रत्येक भारतीय को होना चाहिए। भारत की स्वाधीनता, अखण्डता और सांस्कृतिक एकता के लिए समर्पित, जागरूक अनेक भारतीय और विदेशी मनीषी-महापुरुषों ने एक स्वर से हिन्दी के व्यापक महत्व और इस दायित्व का अनुभव वर्षों पूर्व कर लिया था। इनमें हिन्दी भाषियों से भी आगे अहिन्दी भाषी मनीषियों के नाम आते हैं। अपनी उदार आध्यात्मिक प्रवृत्ति, सरलता, अखण्ड ऐतिहासिक एवं सांस्कृतिक यात्रा के अनेक पड़ाव पार करके हिन्दी अब विश्वभाषाओं में से एक विराट्-महत्व की भाषा के क्षेत्र में प्रवेश कर चुकी है। गत तीन विश्व हिन्दी सम्मेलन इसके प्रमाण हैं। इन सम्मेलनों में विश्व के अनेक देशों से आये हुए हिन्दी प्रेमी मनीषियों के पारस्परिक विचार-विनियम की भाषा हिन्दी थी, यह प्रत्येक भारतीय के लिए एक सुखद अनुभव है। यह एक प्रत्यक्षदर्शी के रूप में मैं कह सकता हूँ। हमारे संविधान में मुख्यतः संस्कृत की भाषा और शब्द सम्पदा से समृद्ध हिन्दी राजभाषा के रूप में स्वीकृत है। ज्ञान विज्ञान के सशक्त माध्यम और राष्ट्र की सम्पर्क भाषा के रूप में उसे पूर्णतया समर्थ और विकसित करने के प्रयास भी आरम्भ से ही चल रहे हैं, किन्तु हम अभी तक हिन्दी की बहुविध आवश्यकताओं और उसके सर्वतोमुखी विकास के विराट कार्यक्षेत्र का अनुमान और सर्वेक्षण पूरा नहीं कर पाये हैं। ऐसा नहीं है कि हमने राष्ट्रभाषा के रूप में हिन्दी का समर्थन करने वाले मनीषियों में राजा राममोहन राय, महर्षि दयानन्द, रवीन्द्र नाथ ठाकुर, लोकमान्य, महात्मा गाँधी, आचार्य क्षितिमोहन सेन, शारदाचरण मित्र, सुभाषचन्द्र बोस, चक्रवर्ती राजगोपालाचारी, सरोजिनी नायडू,

कन्हैयालाल माणिकलाल मुंशी, कृष्ण मेनन, अनन्तगोपाल शेवडे, स्वर्णसिंह, एम. हिदायत उल्ला, रेहानातैयबा जी, सरदार बल्लभ भाई पटेल, जार्ज ग्रियर्सन, कु. मार्गोत हेलजिंग, आडोलेनस्मेकल, प्योतर वारान्निकाव, डॉ. ए.एल. बेशम, मोटूरि सत्यनारायण, डॉ. जाकिर हुसेन आदि प्रमुख हैं।

हिन्दी में अब तक उल्लेखनीय कुछ नहीं किया है, और हमारे पास सार्वभौम रूप से स्वीकृत पूँजी के रूप में कुछ नहीं है। भाषा और साहित्य दोनों क्षेत्रों में हमारी सर्जनात्मक और गदेषणात्मक प्रतिभा के जो अवदान है, उन पर समूचे राष्ट्र को संतोष और गर्व हो सकता है। किन्तु चरैवेति का आदर्श और आकांक्षा वाले इस राष्ट्र को निरन्तर आगे बढ़ना है। हिन्दी को आज उसी ऊर्जा की संवाहिका के रूप में राष्ट्रीय और अन्तराष्ट्रीय क्षेत्र में प्रतिष्ठित होना है। हिन्दी को अपनी सर्जनात्मक को भूमिका निभाने के लिए अब भी बहुत करना शेष है। हिन्दी के मनीषियों को धीरता श्रम और वैज्ञानिक तटस्थता से विकास की सम्भाव्य दिशाएँ खोजनी हैं।

अनेक साहित्यिक विधाओं के विशाल सर्जनात्मक वाङ्मय के अतिरिक्त हिन्दी में साहित्य और भाषा के विविध पक्षों और आयामों पर अत्यन्त महत्वपूर्ण शोध कार्य संपन्न हुआ है। विभिन्न भारतीय और विदेशी विश्व-विद्यालयों और शोध संस्थानों में हजारों शोध प्रबन्धों की सृष्टि हुई है। इनमें से अनुमानतः 10 प्रतिशत शोध प्रबन्ध विशुद्ध रूप से भाषा के ही पक्ष पर लिखे गये हैं। किन्तु भाषा विज्ञान की आधारभूत और महत्वपूर्ण शाखा कोश विज्ञान पर हमारा पर्याप्त ध्यान नहीं गया है। इस शाखा के सम्बद्ध मेरी जानकारी में हिन्दी में दस से अधिक शोध प्रबन्ध नहीं हैं।[1] यद्यपि भारत ही वह देश है जहाँ सर्वप्रथम भाषा का वैज्ञानिक विश्लेषण आरम्भ हुआ। प्रसिद्ध कोश विज्ञानी प्रो. कत्रे के मतानुसार भारत में 3000 वर्ष पूर्व भाषा का विश्लेषण आरम्भ हो चुका था। उनके अनुसार कोश विज्ञान को मनुष्य ने पर्याप्त समय लगाकर विकसित किया है। संस्कृत और यूनानी कोश विज्ञान का कार्य हुआ है। वैदिक निघण्टु और निरुक्तों को देखने से स्पष्ट हो जाता है कि भाषा में स्वतन्त्र शब्दों का अध्ययन भाषागत रूपों के विश्लेषण से पहले हुआ। यह बात और है कि आज भाषाविज्ञान की प्रवृत्ति शब्द के संदर्भगत अध्ययन की ओर विशेष रूप से उन्मुख है।

भारतीय प्रज्ञा ने सदैव ही मूलतत्व की जिज्ञासा और अन्वेषण किया है। मानव समाज के पारस्परिक विचार विनिमय के माध्यम भाषा का जन्म अनाहद नाद से होता है। नाद या ध्वनि से आकार ककरादि वर्ण, वर्णो से पद (शब्द, क्रियाएँ) और पदों से वाक्य बनते हैं। वाक्यों (भाषा) के सहारे यह सारा लोक व्यवहार चलता है। इस प्रकार यह सारा लोक व्यवहार चलता है। इस प्रकार यह सारा विश्व-प्रबन्ध नाद के आधात्रि है।[2]

ध्वनि-सिद्धान्त के आचार्य आनन्दवर्धन ने वैयाकरणों को प्रथम विद्वान और व्याकरण को सब विधाओं का मूल माना था। (प्रथमे हि विद्वांसों वैयाकरणों) व्याकरण मूलत्वात् सर्व विद्यानाम्) किन्तु व्याकरण के लिए अध्येतव्य, विश्लेष्य सामग्री तो शब्द ही है जो व्याकरण से पहले ही विद्यमान रहता है। व्याकरण की गति ही सम्बद्ध शब्दकोश के उपलब्ध रहने पर सम्भव होती है। इस प्रकार शब्द कोश की उपादान भूत महत्ता स्पष्ट है। प्रोफेसर सु.मं. कत्रे का यह कथन यथार्थ है कि "इस प्रकार के संग्रह भाषा के वास्तविक विश्लेषण के लिए उपयुक्त सामग्री का संग्रह किया। इसके पश्चात् उस सामग्री के भाषा वैज्ञानिक विश्लेषण के सहायक के रूप में व्युत्पत्ति शास्त्र विकसित हुआ।[3] शब्द कोश शब्द और वाक्य के शक्तिग्रह (अर्थ ज्ञान) के उपायों में प्रमुख है।[4] इसीलिए हमारे प्रतिभ ज्ञान सम्पन्न मेधावी पूर्वजों ने संस्कृत में अत्यन्त उत्कृष्ट शब्द कोशों की बड़ी ही समृद्ध परम्परा का निर्माण किया है, जो सौभाग्य से हमें विरासत में मिली है। संस्कृत के साथ भारत में पालि, प्राकृत और अपभ्रन्श के देशी नाम माला जैसे शब्द कोश नाम मालाओं के अभिधान से प्रसिद्ध हुए जिन्हें प्राचीन हिन्दी के ही शब्द कोश कहना चाहिए। हिन्दी के आदि काल से हिन्दी में पद्यबद्ध कोशों की परम्परा हमें रीतिकाल के अन्त तक मिलती है। ब्रिटिश शासन काल में शासक वर्ग ने अपने कर्मचारियों को स्थानीय क्षेत्रीय और केन्द्रीय मानक भाषा का ज्ञान कराने के लिए हिन्दी और अन्य भारतीय भाषाओं के शब्द कोश निर्माण कराये। भारत में अपने साम्राज्य को सुदृढ़ करना अंगरेज़ी शासकों का प्रमुख उद्देश्य था। किन्तु ग्रामं गच्छन् तृणं स्पृशति" के नियमानुसार अनेक विद्वानों में भारतीय भाषाओं के प्रति साहचर्यजन्य अनुरागमयी जिज्ञासा जग उठी और उन्होंने अंगरेज़ी हिन्दी कोश तैयार कराये। 1789-90 में जान गिल क्राइस्ट द्वारा कलकत्ता से प्रकाशित, ए डिक्शनरी इंगलिश एण्ड हिन्दुस्तानी" एक ऐसा ही द्विभाषी शब्द कोश है। विशुद्ध ज्ञानार्जन और विद्याव्यवसन से प्रेरित होकर शब्द कोश निर्माता कतिपय यूरोपीय विद्वान भी इस क्षेत्र में आये।[5]

हिन्दी के सर्वांगीण विकास और उत्कर्ष के लिए प्रतिबद्ध काशीनागरी प्रचारिणी सभा ने सं. 2004 वि. (1947 ई.) में कोश विभाग की स्थापना की और उसके अन्तर्गत 2013 वि. (1956 ई.) में कोश ग्रन्थ माला और कोश संस्थान का स्थायी नियोजन कर हिन्दी शब्द सागर प्रकाशित किया, जिसके सम्पादकों में बाबूराम श्यामसुन्दरदास, आचार्य रामचन्द्र शुक्ल, श्री रामचन्द्र वर्मा आदि। श्री रामचन्द्र वर्मा ने वैयक्तिक स्तर पर भी हिन्दी में एक भाषी और द्विभाषी कोश निर्माण में पर्याप्त योग दिया है। उनके 3 कोश प्रामाणिक हिन्दी कोश, उर्दू हिन्दी कोश विज्ञान पर भी उनका प्रयास पहला कहा जायगा।[6] डॉ. हरदेव बाहरी, डॉ. कामिल बुल्के और डॉ. भोलनाथ तिवारी का योगदान हिन्दी कोश निर्माण में महत्वपूर्ण है।

डॉ. तिवारी के लगभग 15 विभिन्न कोश प्रकाशित हो चुके हैं तथा कोश विज्ञान (1979) नामक सिद्धान्त ग्रन्थ भी हिन्दी में इस विषय पर आ चुका है।

इधर गत बीस पच्चीस वर्षों में पाश्चात्य भाषा विज्ञान जगत के कोश विज्ञान के क्षेत्र में काफी प्रगति और नवचिन्तन हुआ है। इस विषय के प्रति एक नयी वैज्ञानिक दृष्टि और कोश निर्माण की प्राचीन परिपाटी की समीक्षा के साथ कोश निर्माण के नये मानदण्ड और नई समाजशास्त्रोन्मुख वैज्ञानिक पद्धति विकसित हुई है। पुराने कोश विज्ञानी सैम्युअल जॉन्सन, स्कैलीनर आदि ने कोश निर्माण को एक यंत्रवत् जड़ परिश्रम, कठोर दण्ड, यातना बुरी तरह उबा देने वाला कार्य कहा था, मानो कोश निर्माण कार्य में किसी बुद्धियोग, प्रशिक्षण जन्यदक्षता और वैज्ञानिक पद्धति के पालन की आवश्यकता न हो। किन्तु ऐसा नहीं है। वास्तव में आज के कोश विज्ञान कोश निर्माण प्रक्रिया और कोश की प्रकृति में बड़े क्रांतिकारी परिवर्तन हुए हैं। इस दिशा में सी.सी. वर्ग (रिपोर्ट ऑन दी नीड फॉर पब्लिशिंग डिक्शनरीज व्हिज डू नॉट टूडेट एग्ज़िस्ट-1960), एच.ए. ग्लीसन (प्रॉब्लेम्स इन लेक्सिकोग्रेफी-1962) प्रो. एस.एम. कत्र (लेक्सिकोग्रेफी 1965) यू लारेंस (दी रैण्डम हाउस डिक्शनरी ऑफ दी इंगलिश लैंग्वेज-1968) एल. जुगुस्ता (मेन्युअल ऑफ लेक्सिकोग्रेफी-1971) तथा दोरोस्जेक्की (एलीमेंट्स ऑफ लेक्सिकोग्रेफी से मिओटिक्स-1971) आदि के विचार महत्वपूर्ण हैं। कोश विज्ञान के क्षेत्र में भारतीय विद्धान इनसे प्रभावित हुए हैं और उन्होंने अपने मौलिक विचार भी दिये हैं। इधर कोश निर्माण तकनीक पर प्रो. ए.आर. केलकर, डॉ. रवीन्द्रनाथ श्रीवास्तव, डॉ. सतीश कुमार रोहरा, डॉ. सूरजभान सिंह आदि ने उपयोगी विचार विमर्श किया है। नये कोश विज्ञानियों ने कोश की नई परिभाषा और अभिलक्षण दिये हैं।[7]

कोशों में प्रविष्टियों के नये प्रतिमान प्रस्तुत किये है। कोश में प्रविष्टि पाने वाली इकाई का उपर्युक्त भाषी रूप, उस इकाई का सामाजीकृत होना, और उस इकाई का गृहीत भाषा समुदाय के वाग्व्यवहार का अंश होना आवश्यक बताया गया है। टॉमसपिल्स जैसे आधुनिक भाषाशास्त्रियों के स्वर में पुराने रूढ़िबद्ध कोशकारों के प्रति विद्रोह का स्वर और नवीन भाषा प्रयोगों की वकालत है (दे. उनका लेख डिक्शनरीज एण्ड यूसेज)[8] सम्भवतः भाषा प्रयोगों की नवीनता को ऐसे विचार प्रवाह हिन्दी में पश्चिम से आये है। उत्तर प्रदेश हिन्दी संस्थान लखनऊ के तत्वावधान में 1977 और 1978 वर्ष की दो "प्रयोग वार्षिकी" प्रकाशित हुई, जिनमें उक्त वर्षों में साहित्य, भाषा प्रयोगों की सूची है। इसे हम एक प्रयोग-कोश कह सकते हैं, किन्तु इसमें अभी वैज्ञानिक पद्धति का प्रयोग दृष्टिगत नहीं होता। हिन्दी में सभी क्षेत्रों में नये प्रयोगों के कोश-निर्माण की एक सम्भाव्य दिशा है। डॉ. जगन्नाथन की कृति प्रयोग और प्रयोग कोश निर्माण की इस दिशा का संकेत करती है। हिन्दी में प्रयोग-कोश का कार्य बहुत विशाल है, बहुजन सहाय्य साध्य

है। भाषा, साहित्य, ज्ञान-विज्ञान, राजनीति, आर्थिक व्यापारिक सामाजिक क्षेत्रों में हिन्दी के जो नये प्रयोग नयी पारिभाषिक शब्दावली तथा अर्थ संकेतों सहित आगत शब्दानुवाद आदि के रूप में प्रायः दैनिक, साप्ताहिक, पाक्षिक और मासिक पत्रों द्वारा हिन्दी में आ रहे हैं, उन्हें समझने परखने के लिए व्यवस्थित और विषयानुसार प्रयोग कोशों की आवश्यकता का अनुभव हो रहा है। (हम साहित्य का उदाहरण ले सकते हैं जो, कोश को स्थायी उपजीव्य और प्रयोज्य सामग्री है। अज्ञेय जी ने दिनमान द्वारा नए और विशिष्ट भाषा प्रयोगों से हिन्दी की अभिव्यक्ति सामर्थ्य को काफी आगे बढ़ाया। अंगरेज़ी के टाइम्स जैसे स्थापित पत्र की विषय वस्तु और अभिव्यक्ति को हिन्दी जगत में तुल्य योग्यता और वजन के साथ लाने में दिनमान के भाषा प्रयोगों ने महत्वपूर्ण भूमिका निभाई है। सारे भारत के विभिन्न प्रदेशों से प्रकाशित हिन्दी पत्रों में तत्तत् प्रदेश की विशिष्ट भौगोलिक, ऐतिहासिक, सांस्कृतिक और सामाजिक स्थिति ने नये भाषा प्रयोग दिये हैं। उनमें जो अर्थच्छायाएँ हैं, वे निश्चय ही अखिल भारतीय हिन्दी के प्रयोग कोश की घटक सामग्री हैं। भारतीय हिन्दी ही नहीं हमें विश्व हिन्दी के स्वरूप का भी संधान करना है। यदि भारत में केरल को विश्वनाथ अय्यर ललित निर्णय लिखते हैं, मारीशस के अभिमन्यु अनतः उपन्यास कहानियाँ लिखते हैं और चेकोस्लोवाकिया के ओडोलेन स्मेकल कविता लिखते हैं तो उनके भाषा प्रयोग निश्चय ही विशिष्ट होंगे और वे हिन्दी के प्रयोग कोश की विषय वस्तु का निर्माण करेंगे। किन्तु इस प्रकार के कोश के निर्माण का कार्य एक दुष्कर एवं व्यय साध्य कार्य हैं, जिसमें सूक्ष्म गम्भीर भाषा वैज्ञानिक प्रज्ञा से सम्पन्न अनेक विद्वानों के तत्परता पूर्ण सहयोग की आवश्यकता होगी। भारत के अनेक विश्वविद्यालयों में भाषा विज्ञान के विकसित विभाग हैं। शाखाओं सहित केन्द्रीय हिन्दी संस्थान जैसी संस्थाएँ है। क.मु. हिन्दी तथा भाषा विज्ञान विद्यापीठ है। मैसूर स्थित भारतीय भाषा संस्थान है। भारतीय भाषा परिषद है। इन सभी अध्ययन केन्द्रों में पारस्परिक सहयोग राज्य सरकारों और विश्वविद्यालय अनुदान आयोग के आर्थिक सहाय से हिन्दी में विविध कोशों का निर्माण हो सकता है। उदाहरण के लिए हिन्दी में स्तरीय उच्चारण कोश का अभाव है। व्यक्तियों, वस्तु तथा स्थान नामों के नागरी लिप्यंकन में कितनी कठिनाई होती है, विशेषकर विदेशी नामों के शुद्ध लिप्यंकन में यह आप जानते हैं। न.प्र. सभा के हिन्दी विश्वकोष में चीनी यात्री ह्वेनसाग के नाम की 9-10 पृथक वर्तनियाँ प्रयुक्त हुई हैं। सुप्रसिद्ध भाषा भूगोल शास्त्री गिलिएरॉ (Gillieron) के सही नामोच्चारण के प्रयत्न में हिन्दी में 5-6 वर्तनियाँ हैं। किन्तु मैं अब भी आश्वस्त नहीं कि उनका नाम सही बोल रहा हूँ। विदेशी नामों के सही उच्चारण की तो बात ही क्या, भारतीय भाषाओं के नामोच्चारण को सही रूप देने वाला उच्चारण कोश हिन्दी में अभी तक अपेक्षित है। अंगरेज़ी में डेनियल जोन्स का

उच्चारण कोश इंगलिश प्रोनाउसिंग डिक्शनरी 1917 में प्रकाशित हुआ, जिसके 1956 तक ही ग्यारह संस्करण हो चुके है। बी.वी.सी. लंदन के 40 वर्षों के अनवरत प्रयास से अंगरेज़ी नामों का उच्चारण कोश प्रकाशित हुआ है।

एक और दिशा की ओर इंगित करना चाहूँगा। हिन्दी में तिथि कोश का निर्माण होना चाहिए। हिन्दी के किसी भी क्षेत्र में कार्य करने वाले व्यक्ति को अनेक बार महत्वपूर्ण ऐतिहासिक घटनाओं, विशिष्ट व्यक्तियों से सम्बद्ध तिथियों किसी ग्रन्थ की रचना तिथि आदि के उल्लेख की कितनी आवश्यकता आ पड़ती है, इसका अनुभव सभी को है निश्चित तिथि का उल्लेख विषय निरूपण का अदभुत प्रामाणिकता प्रदान करता है। एक उदाहरण लीजिए। मान लीजिए हिन्दी का एक अध्यापक तुलसी की विनयपत्रिका के 99वें पद की यह पंक्ति पढ़ा रहा है—"नाम नरेश प्रताप प्रबल जग जुग चालत चाम को।" यदि इसमें अध्यापक छात्रों को यह ऐतिहासिक घटना और 1554 की वह तिथि नहीं बताता। जब हुमायूँ ने गंगा पार कर जान बचाने वाले भिश्ती को कुछ घण्टों के लिए बादशाह बना दिया था, और उस भिश्ती ने अपने चमड़े की मश्क को काट काटकर अपने सिक्के चला दिये थे, तो समझिये कि अध्यापक ने अपने विषय के प्रति न्याय नहीं किया। "संतन कहा सीकरों सों काम," "नाहिन रहयौ उर में ठौर" आदि अन्य पद भी इसी सन्दर्भ में प्रस्तुत किये जा सकते हैं। अतः विविध सन्दर्भों में अतिशय उपादेय हिन्दी तिथि कोश की आवश्यकता स्पष्ट है। आप जानते हैं कि अंगरेज़ी में तिथि कोश (डिक्शनरी ऑफ डेट्स) जिसके 1956 वाले संस्करण में ही 40 हजार विश्व घटनाओं की तिथियाँ दी गयी हैं। हमें साहित्य से सम्बद्ध तिथियों का ही कोश सम्प्रति पर्याप्त होगा। तिथि कोश को चर्चा में मैंने मध्यकाल से तुलसी, सूर, कुंभनदास की पद-पंक्तियों को प्रसंगवश उद्धृत किया है तो उसी काल के भक्ति काव्य के सुष्ठु अध्ययन अध्यापन में संगीत कोश की अनिवार्य आवश्यकता को भी सुधीजन के सामने रखना अपना कर्तव्य समझता हूँ। साहित्य, संगीत और कला का एक जिज्ञासु विद्यार्थी होने के नाते मेरी निश्चित मान्यता है कि भक्तिकाव्य का मार्मिक ज्ञान संगीत के शास्त्रीय और प्रायोगिक ज्ञान की तो बात ही दूर संगीत-रुचि ही विरल है। संगीत की शास्त्रीय शब्दावली नाद, श्रुति, स्वर, राग नाम, लक्षण, संगीत वाद्यों के स्वरूप आदि का सामान्य ज्ञान ही संगीत कोश के माध्यम से हिन्दी भक्ति काव्य के अध्येताओं को हो जाय तो उन्हें एक विशिष्ट परितोष की अनुभूति होगी। जब सूर की पंक्ति "भरत भरयो मन भयो पखावज, चलत सअंगत "चाल" में वह असंगत चाल के स्थूल अभिधमार्थ के नीचे छिटकती हुई संगीत की प्रायोगिक और शास्त्रीय अर्थच्छटा को दे देगा, तो उसे और ही रसानुभूति होगी। नाथ सिद्धों के काव्य से लेकर विद्यापति कबीर, जायसी, तुलसी सूर आदि अष्ट छाप कवियों मीरा, आदि के कवियों में संगीत की ज्ञान राशि भरी हुई है। इनके पदों के शीर्ष पर सैकड़ों रागों के नामों का उल्लेख व्यर्थ ही नहीं है। पद में वर्णित विषय वस्तु से रागों

का प्रसाद, निराला, मैथिलीशरण गुप्त, पंत, महादेवी, जानकी वल्लभ शास्त्री, जैसे कृति कवि-कवयित्रियों और यहाँ तक कि अनेक गद्य लेखकों के कृतित्व के मूल्यांकन के लिए संगीत का आधार भूत ज्ञान अपेक्षित हैं।

हिन्दी में क्रियारूपों की बड़ी विविधता है। शुद्ध हिन्दी को बोलने लिखने में अहिन्दी भाषियों और विदेशी भाषियों की आवश्यकताओं को ध्यान मे रखते हुए आधुनिक हिन्दी क्रियाकोश का निर्माण करना चाहिए। निरर्थक क्रिया रूपों आदि का भी पूर्ण व्याकरणिक वर्णन 1969-71 में श्रीलंका के पेरादेनिया विश्वविद्यालय में हिन्दी अध्यापन करते हुए मुझे ऐसे हिन्दी क्रियाकोश की आवश्यकता का तीव्र अनुभव हुआ था। उसी समय मुझे यह भी प्रेरणा हुई कि हिन्दी की एक सगी भगिनी भाषा सिंहली का भी अध्ययन प्राचीन हिन्दी के ऐतिहासिक सांस्कृतिक विकास क्रम का अध्ययन करने में बड़ा सहायक है। इस दृष्टि से सिंहली-हिन्दी, हिन्दी-सिंहली कोश का निर्माण होना चाहिए। स्वयं मैंने इस ओर किंचित प्रयास किया था।

हमारे संविधान की अष्टम सूची में परिगणित प्रमुख भारतीय भाषाओं के कोशों से ही अब हमारी राष्ट्रीय एकता और अखण्डता की संवाहिका हिन्दी भाषा को बल नहीं मिलेगा। हमारे देश में मातृभाषा के रूप में व्यवहृत आज शताधिक उपभाषाएँ या बोलियाँ हैं। इनमें से अठारह तो हिन्दी भाषी प्रदेशों में ही है। इन क्षेत्रीय बोलियों में जो अमूल्य शब्दार्थ-सम्पदा भरी पड़ी हैं, वह अनुपम है। जब अंगरेज़ी में स्कीट (Skeat) द्वारा आठ भागों में (English Dilect Dictionary) प्रस्तुत की जा सकती है, तो हमारी हिन्दी में तो उससे कई गुना विस्तार है। इसी कारण प्रसिद्ध फ्रेंच भाषाशास्त्रविद् मिये (Mielle) ने भारतवर्ष को एक भाषा वैज्ञानिक का स्वर्ग कहा था। भारत में 200 जनजाति हैं, इनमें 35 जनजातियाँ हिन्दी क्षेत्र में रहती हैं। इन जनजातियों की भाषाएँ अब क्रमशः क्षीण हो रही हैं। ग्रियर्सन के भाषा सर्वेक्षण के बाद हिन्दी प्रदेश के भाषा सर्वेक्षण का कार्य नहीं हुआ। अनेक पंचवर्षीय योजना में वह आगे के लिए टलता रहा है। अब समय आ गया है कि हिन्दी प्रदेश का भौगोलिक भाषा सर्वेक्षण हो। इससे प्राप्त सामग्री से अनेक उपयोगी कोश जैसे वृत्ति (पेश) कोश आदि बन सकेंगे। इस समय मलयालम में (Lexicon) (पूर्ण कोश) बन रहे हैं। जिसमें यावन्मात्र व्यवहृत मलयालम शब्द होंगे। हिन्दी में भी ऐसे कोश की नितान्त आवश्यकता है। अभी वो हिन्दी थीसॉरस (ईप्सितविधान-कोश) ही दूर की आशा बना हुआ है। हिन्दी प्रदेश के पूर्ण भाषा सर्वेक्षण के बाद अखिल भारतीय मानक हिन्दी के अनेक विषयों से सम्बन्द्ध कोशों का निर्माण हो सकता है।

हिन्दी प्रदेश में एक केन्द्रीय कोश लेखागृह (Dictionary Scriptorium) की नितान्त आवश्यकता है। यह कोश संस्थान समस्त आधुनिक उपकरणों से सम्पन्न होना चाहिए। कोश विद्या के विकास और उत्थान में विशेष सक्रिय और अग्रणी रानी दुर्गावती विश्वविद्यालय जबलपुर जो अपनी केन्द्रीय भौगोलिक स्थिति और हिन्दी की

ऐतिहासिक सांस्कृतिक धरोहर को बचाये रखे हैं, इस केन्द्रीय कोश संस्थान के लिए उपयोगी हो सकता है।

कतिपय शोध प्रबन्ध ये हैं–

1. (क) हिन्दी कोश साहित्य (1400 से 1700 तक) आलोचनात्मक और तुलनात्मक अध्ययन–अचलानन्द जखमोला (इलाहाबाद 1661).
   (ख) हिन्दी कोश शास्त्र का विकास--वंशीधर पंडा (बम्बई 1963).
   (ग) हिन्दी कोश विज्ञान का उद्भव और विकास–योगेश्वर पाँडेय (काशी, 1964, भारतीय विद्या प्रकाशन काशी से प्रकाशित 1971)।
   (घ) हिन्दी कोश सिद्धान्त एवं कार्य–देवेन्द्र वर्मा (जबलपुर 1978).
   (ङ) आधुनिक हिन्दी कोश साहित्य का अध्ययन पोपट सदाशिव जगताप पुणे विश्वविद्यालय 1983).
2. नादेन व्यज्यते वर्णः पदं वर्णात्याद्वचः॥
   वचसो व्यवहारोऽयं नादाधीनयतो जगत्। सं. रत्ना. 1.2.2
3. अण्णामलै विश्वविद्यालय में 19 में डॉ. कत्रे द्वारा कोश विज्ञान पर दिये गये भाषण के हिन्दी अनुवाद से 1 (अनु. डॉ. सरोजनी शर्मा, केन्द्रीय हिन्दी संस्थान, आगरा, 1980 प्रथम संस्करण).
4. शक्तिग्रहं व्याकरणोपमानकोशाप्तवाक्याद्रव्यवहारतश्य।
   वाक्यस्य शेषादिवृतेर्वदन्ति सांनिध्यतः सिद्धपदस्य वृद्धाः॥
5. इनमें (क) चिल्डर्स–ए डिक्शनरी ऑफ पालि लेंगुज (लंदन 1875).
   (ख) टी.डब्ल्यू. रायसडेविड्स–पालि इंगलिश (डिक्शनरी लंदन 1921-25).
   (ग) ट्रेंकनर–ए क्रिटिकल पालि डिक्शनरी (कोपेनहेगेन-1924).
   (घ) आर.एल. टर्नर–ए कम्पेरेटिव डिक्शनरी ऑफ इंडो आर्यन लेंगुएजेज (लंदन 1962).
6. हिन्दी कोश रचना : प्रकार और रूप तथा कोश कला।
7. डॉ. सतीशकुमार रोहरा ने अपने एक लेख में सी.सी. वर्ग की परिभाषा में कुछ संशोधन करते हुए कोश की यह परिभाषा दी है–"कोश उन समाजीकृत भाषा रूपों की व्यवस्थित रूप से क्रमबद्ध सूची है जो वैज्ञानिक पद्धति का अनुसरण करते हुए किसी भाषा समुदाय के वाग्व्यवहार से संगृहीत किये गये हों, तथा जिनकी कोशकार द्वारा इस प्रकार व्याख्या की गयी हो कि योग्य पाठक प्रत्येक भाषा रूप का स्वतन्त्र अर्थ समझ सके तथा उस भाषा रूप के सामुदायिक प्रकार्य सम्बन्धी समस्त तथ्यों से अवगत हो सकें।"

हिन्दी कोश-कार्य

–डॉ. हरदेव बाहरी

[प्रस्तुत लेख हिन्दी कोश-कार्य का अर्थ और इति है। इत्यलम्।–सम्पा.]

(1) भूमिका

राष्ट्रीय ग्रंथालय, कलकत्ता से 1964 ई. में भारतीय भाषाओं के 2190 कोशों की सूची प्रकाशित हुई थी। यह सूची बड़े परिश्रम और अन्वेषण से तैयार की गयी थी। इसके संग्रह में अनेक विश्वविद्यालयों, संस्थानों, पुस्तकालयों और प्रकाशकों का सहयोग प्राप्त किया गया था। इसके अध्ययन से पता चलता है कि हिन्दी के कोश-ग्रन्थ संख्या में सबसे अधिक हैं। इस सूची में हिन्दी के 308, उर्दू के 225 (जिनमें अधिकतर पाकिस्तान के प्रकाशन हैं), तमिल के 211, बंगाली के 209, गुजराती के 125, मराठी के 115, तेलुगु के 77, पंजाबी के 71, मलयालम के 67, कन्नड़ के 62, उड़िया के 36, असमी के 19, कश्मीरी के 5, एवं सिन्धी संथाली, निकोबारी आदि 32 भाषाओं के 68 कोशों के नाम गिनाए गये हैं। 137 कोश बहुभाषीय हैं। संस्कृत, पालि और प्राकृत कोशों की एक ही सूची कर दी है। इनकी कुल संख्या 388 है, किन्तु अमरकोश को 43 बार, शब्दकल्पद्रुम को 3 बार, निरुक्त को 8 बार, संस्कृत-बंगाली अमरकोश को 8 बार अभिधानप्पदीपिका को 4 बार, संस्कृत-अंगरेज़ी अमरकोश को तीन बार, संस्कृत-मलयालम अमरकोश को 8 बार, संस्कृत-मराठी अमरकोश को 3 बार, संस्कृत-तेलुगु अमरकोश को 11 बार गिनाया गया है। मेरी गिनती में संस्कृत कोशों की संख्या 280 के लगभग बनती है।

'भाषा' के सितम्बर और दिसम्बर 1967 के दो अंकों में डॉ. भोलानाथ तिवारी ने 'हिन्दी कोशों की परम्परा' का सटिप्पण लेखा-जोखा प्रस्तुत किया था। उसकी सूची में 363 कोश थे जिनमें कुछ प्राचीन कोश हस्तलिखित रूप में मिलते हैं, प्रकाशित नहीं हैं। भारत की अन्य भाषाओं से हिन्दी में संकलित कोशों को कलकत्ता वाली सूची में तत्तद् भाषा के अन्तर्गत उल्लिखित किया गया है, हिन्दी के अन्तर्गत नहीं। तिवारी की सूची में ऐसे 28 नाम हैं। दोनों सूचियों की तुलना करने से ज्ञात

होता है कि दसियों कोश ऐसे हैं जो कलकत्ता वाली सूची में तो हैं, किन्तु तिवारी की सूची में नहीं हैं, और दसियों ऐसे हैं जो तिवारी की सूची में हैं परन्तु कलकत्ता वाली सूची में नहीं हैं।

इन दोनों सूचियों के प्रकाशन से बहुत पहले प्रस्तुत पंक्तियों के लेखक ने ओरियंटल कान्फ्रेन्स के 1941-42 वाले वाराणसेय अधिवेशन में 'कोशकारी में हिन्दी का योगदान' शीर्षक एक निबन्ध पढ़ा था जिसमें हिन्दी के कोशों का समीक्षात्मक अध्ययन प्रस्तुत किया गया था। यह निबन्ध भी प्रकाशित है। एक और निबन्धन अप्रैल, 1968 में हुए हिन्दी भाषाविज्ञान की प्रवृत्तियों से सम्बद्ध सम्मेलन में पढ़ा था। यह भी प्रकाशित है। दोनों निबन्ध अंगरेज़ी में हैं।

उपर्युक्त सन्दर्भ का तात्पर्य यह है कि हिन्दी में जो कोश-कार्य हुआ है उसका परिचय कम-से-कम करा दिया गया है; इसलिए प्रस्तुत लेख मे पिष्टपेषण नहीं किया जायेगा। विषय को भी थोड़ा सीमित कर दिया जा रहा है—स्वतंत्रता-प्राप्ति के बाद के हिन्दी कोशकार्य पर ही विचार किया जाएगा, एवं उस कोश-कार्य की उपलब्धियों और त्रुटियों पर विशेष रूप से और गम्भीरतापूर्वक अपनी मीमांसा प्रस्तुत की जाएगी जिसने आने वाले कोशकारों का थोड़ा-बहुत पथप्रदर्शन भी हो सके।

प्रस्तुत विवेचन के अंतर्गत उन्हीं कोशों की चर्चा की जा रही है जिसमें मुख्य या अर्घ्य शब्द हिन्दी का है, उसका अर्थ या व्यवहार भले ही हिन्दी में बताया गया हो या किसी अन्य भाषा में। उदाहरणस्वरूप हिन्दी-अंगरेज़ी कोशों की बात तो कही जाएगी, परन्तु अंगरेज़ी-हिन्दी कोशों की नहीं क्योंकि यों दूसरे प्रकार के कोश अंगरेज़ी के कोश हैं। किसी का मत इससे भिन्न हो सकता है, किन्तु मेरा यही मत है।

(2) हिन्दी-हिन्दी कोश

राजभाषा और सम्पर्क भाषा होने से हिन्दी की अपनी विशेष स्थिति है। शिक्षा का माध्यम हो जाने से भी, विशेषतः हिन्दी प्रदेशों में हिन्दी भाषा का बहुमुखी प्रसार हुआ है। हिन्दी की आवश्यकता को लोगों से पिछले 25 वर्षों में खूब समझा है। इससे पहले केवल विद्यार्थियों के लिए कोश लिखे जाते थे अतः शब्दों और अर्थों की संख्या अत्यन्त सीमित थी। प्रायः शब्द-संग्रह पाठ्यपुस्तकों से किया जाता था अथवा कुछ हिन्दी-अंगरेज़ी कोशकारों के संग्रहों से, जो शासनकार्य के लिए बोलचाल की भाषा के आधार पर किए गये थे, सहायता ली जाती थी। वास्तविक कोश-सम्पादन का कार्य नागरी प्रचारणी सभा के तत्वाधान में सन् 1910 में आरम्भ हुआ। स्वातंत्र्यपूर्व युग के निम्नस्तरीय कोशकार्य का यही एक अपवाद था। वर्षों तक इसी 'हिन्दी शब्दसागर' के आधार पर एक जिल्द के कुछ बड़े कोश, मझोले, छोटे और बहुत छोटे शब्दकोश तैयार होते रहे, जिनका कोशकला की दृष्टि से कुछ भी महत्त्व

नहीं है। हिन्दी शब्द सागर के अपने गुण-दोष थे इसमें लगभग एक लाख प्रविष्टियाँ थीं। उस समय तक प्राप्त साधनों और साहित्य को दृष्टि में रखें तो कहा जा सकता है कि यह हिन्दी का पूर्णतम कोश था, मुहावरों और साहित्यिक उद्धरणों की तो यह खान ही थी। अर्थच्छटाएँ देने में भी यह सब से बढ़ चढ़ कर था। शब्दों की व्युत्पत्ति देने का भी व्यवस्थित प्रयास पहली बार इसी कोश में हुआ। किन्तु व्युत्पत्ति ही इसका निर्बलतम पक्ष है। घुड़कना, घिसिघिस, पैदल, पौधा, बेड़ी, झोंका, मोचना आदि सैकड़ों शब्द इसका प्रमाण हैं। सम्पादकों की धाँधली, मनमानी, अल्पज्ञता और अवैज्ञानिकता प्रकट है। देशी, अरबी, फारसी के लेबल बहुत-कुछ गलत हैं। अर्थों का जमघट तो बहुत है, लेकिन यह विचार नहीं किया गया कि हिन्दी में कौन-कौन अर्थ प्रचलित हैं। अर्थों में कोई क्रम भी नहीं हैं—न ऐतिहासिक, न प्रधानतापरक और न ही संगति-क्रम। कई शब्दों पर विश्वकोशीय जानकारी दी गयी है जो स्कूली निबन्ध शैली की है। उद्धरण भी यत्र-तत्र हैं, सर्वत्र नहीं, और कहीं-कहीं पूरी कविता तक उद्धृत कर दी गयी है।

अब इस शब्दसागर का संशोधित-परिवर्धित संस्करण प्रकाश मे आ रहा है। इसके कुल ग्यारह भागों में से दस प्रकाशित हो चुके हैं। इसके आधुनिकीकरण पर 11 वर्ष और सरकारी अनुदान के दो लाख से अधिक रुपये लग चुके हैं। पूरे सेट का दाम 175 रु. है। कुल पुष्ट संख्या लगभग 5800 होगी। टाइप मोटा-मोटा पाइका है और 23 इंच लम्बे एक कालम में कुल 41 पंक्तियाँ हैं (दस-प्वाइंट टाइप होता तो 56 पंक्तियाँ आ जातीं)। मूल शब्दसागर की अपेक्षा शब्दसंख्या लगभग दुगनी होगी, किन्तु कैसे शब्दों की? उदाहरण—पृ. 5090 पर 38 शब्द हैं—सालना, सालनिर्यास, सालपान, सालपर्णी, सालपुष्प, सालभंजिका; सालम मिश्री, सालर, सालरस, सालवाहन, सालवेष्ट सालशृंग, सालस[1], सालमा, सालसी, सालहज, सालहासाल, साला[1], साला[2], साला[3], साला[4], सालाकरी, सालातुरीय, सालाना, सालार[1], सालार[2], सालारजंग, सालावृक, सालावृकेय, सालि[1], सालि[2], सालिक, सालिका, सालिगराम, सालिग्राम, सालिनी और सालिब मिश्री। इनमें संस्कृत, अरबी-फरसी हिन्दी बोली के तथा भ्रष्टोच्चरित आदि सब तरह के शब्द हैं जिनका मानक हिन्दी में व्यवहार नहीं होता। पूछा जाये कि बकरी के लिए सर्वभक्ष, सूर्य के लिए सर्वभवोद्भव, पथिक के लिए सालिक, चंदन के लिए सितोद्भव या सारिका के लिए सात्विक हिन्दी के किस ग्रन्थ में हैं? सारा संस्कृत का कोश, सारा उर्दू का कोश, सारा ब्रजभाषा या राजस्थानी या अवधी का कोश भर देने से कोश का कलेवर दुगुना छोड़ तिगुना ही क्यों न हो जाये, इसके 'हिन्दी' शब्दकोश तो नहीं बनता। अंगरेज़ी में प्राचीन भाषा के अलग कोश हैं, मध्यकालीन भाषा के अलग और जिसे हम प्रचलित मानक अंगरेज़ी कहते हैं उसी का शब्दभंडार, वेब्स्टर, कान्साइज, आक्सफ़ोर्ड, चेम्बर्स, नटल, फुंड एण्ड वैग्नल, कैसल, रैंडम हाउस आदि प्रसिद्ध कोशों में हैं। बोलियों के कोश अलग होते हैं। शब्दसागर में बेकार, अप्रचलित और 'अहिन्दी' शब्दों की भरमार है।

इसके विपरीत, उदाहरणार्थ संकटकाल, संकटकालीन, संकटग्रस्त, संकटमय, संकटावस्था, संकरण, संकर पद, संकर शब्द, संकलनकर्ता, संकलनत्रय (स के अर्न्गत पहले दो पृष्ठों में) तो नहीं हैं, किन्तु संक, संकट चौथ, संकटाक्ष, संकटीतीर्ण (?) संकत, संकथित, संकना, संकनी, संकरधरनी, संकरषन, संकराश्व, संकरिया, संकलप और संकला जैसे अप्रयुक्त, व्यर्थ और अनावश्यक शब्द ढेरों हैं।

ऐसे शब्दों के साथ f अथवा (५) का चिन्ह लगा है जो मानक हिन्दी के नहीं है, किन्तु एक ही पृष्ठ के उदाहरण लें—क्या सिच्छा (शिक्षा), शिखा (शिक्षा), सिखी (शिखी) मानक हिन्दी के शब्द हैं? उसी पृष्ठ पर 'सिचय' (कपड़ा) मेरी समझ में नहीं आया कि यह किस हिन्दी का शब्द है।

एक कसर बाकी है कि अगले संस्करण में अंगरेज़ी का सारा शब्दकोश भर दिया जाये क्योंकि अभी थोड़े ही शब्द आ पाये हैं। सिविल प्रोसीजर और सेंटेंस (वाक्य) जैसे शब्द तो ले लिए गये हैं, किन्तु सिविल कोर्ट, साइज, सेंटीमीटर, सिलिंडर जैसे प्रसिद्ध शब्द नहीं है।

व्युत्पत्ति की स्थिति वैसी ही है जो पहले संस्करण में थी। फिर भी यह स्वीकार करना पड़ेगा कि यह प्रयत्न स्तुत्य है क्योंकि हिन्दी के किसी अन्य कोश में इससे अच्छी निरुक्ति नहीं मिलती।

अशुद्धियाँ ढेरों हैं। 'सर्व' से व्युत्पन्न निम्नलिखित शब्द जिस रूप में छपे हैं उसे देख लें—

सवभवोद्भव, सममेध, सवरास, सवरूप, सर्वथासिद्धि, सवलाक्षत, सवला, सवलाक, सवलोह।

अर्थों की बात और भी विचित्र है। 'गो' शब्द के 16 अर्थ स्त्रीलिंग में और 18 पुल्लिग में दिये गये हैं। पहला प्रश्न तो यह है कि ज्या 'गो' शब्द हिन्दी में चलता है। 'गो' और 'गाय' तो हिन्दी में प्रचलित हैं, किन्तु 'गो' नहीं। 'गो' केवल थोड़े से समासयुक्त तत्सम शब्दों—गोशाला, गोचर्म, गोचारण, गोधन, गोपाल, गोमूत्र, गोरक्षा—में 'गाय' के अर्थ में और केवल 'गोचर' में 'इंद्रिय' के अर्थ में पाया जाता है। शेष सब अर्थ बेकार है। क्या कोई हिन्दी-भाषी 'आँख', 'बिजली', 'भैंस-बकरी', 'जीभ' या 'माँ' को गो कहता है? क्या पुल्लिग 'गो' के 18 अर्थों मे एक भी हिन्दी में विद्यमान हैं? फिर ये अर्थ 'हिन्दी' के शब्दकोश में क्यों हैं? इनसे निश्चय ही कोश के पाठकों के दिमाग में भ्रांतियाँ पैदा होती हैं। अभी जिस 'स' अक्षर वाले सद्यः प्रकाशित दसवें खण्ड की बातें ऊपर कह रहा था, उसी में सैकड़ों शब्द और अर्थ को कोष्ठक में लिखा है, (को.), अर्थात् ये अर्थ केवल कोशों में पाये जाते हैं। किन्तु सूर्य, शिव, वसु, ब्राह्मण, सूर्य के पुत्र, कर्ण, गर्भ, यज्ञोपवीत, उपनयन संस्कार--इन नौ अर्थों में प्रयुक्त 'सावित्र' शब्द का प्रमाण क्या किसी हिन्दी ग्रन्थ से दिया जा सकता है?

दूसरा महत्त्वपूर्ण शब्दकोश है 'बृहद् हिन्दी कोश'—सं. कालिका प्रसाद श्रीवास्तव

तथा अन्य, वाराणसी, 1952, जिसका चौथा संस्करण गत वर्ष प्रकाशित हुआ है। इस कोश का कलेवर भी थोड़ा बहुत प्रत्येक संस्करण में बढ़ता गया। इसके विशेष गुणों में छपाई की शुद्धता, शब्दों का सावधा संकलन, समासयुक्त शब्दों को मुख्य शब्द के पेटे में देने की पद्धति (जिससे जगह की बड़ी बचत होती है), एक कालम में 50 पंक्तियाँ (10 प्वाइंट टाइप होने के कारण), अपेक्षाकृत कम मूल्य और एकजिल्दी होने के व्यवहार की सुगमता है। हिन्दी कोशों की परम्परा के सारे दोष इसमें भी हैं—अप्रचलित, ग्रामीण, बोलीगत और अनावश्यक संस्कृत तथा उर्दू शब्दों की भरमार (यद्यपि 'सागर' की अपेक्षा बहुत ही कम), अर्थों में हिन्दी प्रयोग का अविचार ('गो' शब्द के इसमें भी स्त्रीलिंग के 12 अर्थ और पुल्लिग के 15 अर्थ दिए गये हैं, नय, नर के 12-12, 13-13 अर्थ हैं, ये तीनों शब्द विष्णु के नाम तो हैं ही), अर्थो में किसी क्रम या पद्धति का अभाव, आधुनिक शब्दों और अर्थों की कमी, इत्यादि। व्युत्पत्ति को बेकार समझा गया है, तत्सम शब्दों के आगे सं. (संस्कृत) अं. (अंगरेज़ी), अ. (अरबी) फा. (फारसी) का संकेत दे दिया गया है। शब्द-प्रयोग समझाने के लिए उदाहरण का उद्धरण नहीं है। मुहावरे और लोकोत्तियों को उचित स्थान दिया गया है।

1949 में रामचन्द्र वर्मा का एक कोश प्रकाश में आया था—प्रामाणिक हिन्दी कोश। इसमें दो संस्करण हुए थे। तभी वर्मा जी हिन्दी साहित्य सम्मेलन द्वारा संकलित 'मानक हिन्दी कोश के सम्पादन में लग गये। प्रामाणिक कोश इसके भीतर समा गया। इस दूसरे कोश का प्रकाशन पाँच खंडों में (1962-65) में हुआ। इसमें की स्तरों की विविधता बहुत अखरती है। स्वयं वर्मा जी बड़े पुराने कोशकार थे। 1909 से वे इसी कार्य मे लगे रहे थे। पहले 'सागर' के सम्पादक-मंडल में कार्य किया, फिर संक्षिप्त शब्दसागर सम्पादित किया और उसके बाद पर्यायों पर लिखते-पढ़ते रहे। किन्तु वृद्धावस्था में वे उतना परिश्रम नहीं कर सके, जितना इस भारी कोश के लिए अपेक्षित था। जितना कुछ 'प्रामाणिक' कोश का 'मानक' कोश में आ गया, वह तो सुन्दर है। उतने अंश का शब्दचयन, व्युत्पत्ति और अर्थों की व्यवस्था तथा पारिभाषिक शब्दों की व्याख्या सन्तुलित और वैज्ञानिक है, किन्तु शेष अंश जो सम्मेलन मे तैयार हुआ, त्रुटिपूर्ण रह गया। इस कोश में भी इंद्र के 14 अर्थ, कुल (सं.) के 10 और आक्रन्द के 8 अर्थ हैं। यही स्थिति सैकड़ों संस्कृत शब्दों की है जिन्हें कोशों से नकल कर लिया गया और ढेरों अर्थ दे दिए गये हैं जिनका न हिन्दी में प्रयोग होता है, न संस्कृत में। हिन्दी शब्दों—जैसे अभी, इतना, उधर, उड़ना, और, कुछ, क्या, खड़ा, खोलना, निकलना, पड़ा, भला आदि शब्दों का अर्थ-विवेचन बहुत ही अच्छा है। किन्तु कार्यक्रम प्रायः न तो प्रयोगाधिक्य के आधार पर रखा गया है, न कि अपने विकास के आधार पर।

निरुक्ति के स्तर भी विचित्र हैं। कहीं तो, विशेषतः संस्कृत शब्दों की निरुक्ति देने में अष्टाध्यायी और सिद्धान्त कौमुदी के वे-वे शब्द रखे हैं जिन्हें हिन्दी पाठक

समझते ही नहीं। उदाहरण–आखु [सं. आ 3 खन् + डु], आक्षेप [सं. आ 3 क्षिप् + घञ.], आक्रोष्टा [सं. आ 3 क्रुश् + तृच्], आखुकर्णी ब.स. ड़ीष्]। देववाणी के डु, घञ्, तृच्, डीष्, डीष् सचमुच अनवाणी को समझने के लिए न तो आवश्यक हैं, न सुबोध। कहीं, विशेषतः तद्भव शब्दों की निरुक्ति बिलकुल अवैज्ञानिक है, जैसे ऊबना [सं. उडेजन]. कफ [सं. क 3 फल् + ड], काम [सं. 3 कम् + घङ्] फेर [<फेरना], फेरना [>फेंर]।

दो-तीन बातें नई हैं जो कोशकला के विकास की दृष्टि से उल्लेखनीय हैं। एक तो अपूर्ण पर्यायों का प्रयोगभेद, जैसे चाव-चाह, ठंड-ठंडक, नमूना-बानगी, ऊपर-पर में, दूसरे, आधुनिक पारिभाषिक शब्दावली से नए-नए उदाहरण जो आज तक के अन्य कोशों में नहीं मिलते और जो अर्थ को समझने में बहुत सहायक होते है।

मध्यम श्रेणी के शब्दकोशों में 'भार्गव आदर्श हिन्दी शब्दकोश' सं. रामचन्द्र पाठक, वाराणसी, 1950, पृष्ठ सं. 1250, 'नालंदा अद्यतन कोष', सं. पुरुषोत्तम नारायण अग्रवाल, दिल्ली 1957, पृष्ठ सं. 1055, 'प्रचारक हिन्दी कोश' सं. लालधर त्रिपाठी, वाराणसी, 1950, पृष्ठ सं. 850 'हिन्दी राष्ट्रभाषा कोश' सं. श्रीवास्तव तथा मस्त, इलाहाबाद, 1952, पृष्ठ सं. 1560; तथा 'भारतीय हिन्दी कोश, दक्षिण भारत हिन्दी प्रचार सभा, मद्रास, 1956, पृष्ठ सं. 1100–यही आलोच्य युग के कोश हैं। इनके विषय में क्या कहा जाए! इतना पर्याप्त है कि इनके सम्पादक कोशकला से अनभिज्ञ हैं और हिन्दी भाषा की प्रकृति को भी पकड़ नहीं पाए। ये सब कोश दूसरे कोशों से बने हैं और इनका उद्देश्य मात्र व्यावसयिक है। 'भार्गव' से दो ही शब्दों की व्याख्याएँ यहाँ उद्धृत की जा रही है–

पद्य–कविता, काव्य, श्लोक, पिंगल के नियमों के अनुसार चार चरण वाला छंद।

प्रेममार्ग–वह मार्ग जो मनुष्य को सांसारिक विषयों में फँसाता है।

'नालंदा' में वर्तनी, व्याकरण, अर्थ, व्याख्या आदि की अशुद्धियाँ प्रत्येक पृष्ठ पर मिल जाती हैं। यही स्थिति 'प्रचारक' की है। यही कारण है कि हिन्दी में इनका कोई विशेष स्वागत नहीं हुआ। 'भारतीय हिन्दी कोश' का उद्देश्य दक्षिण भारत के हिन्दी-पशुओं को एक साधन उपलब्ध कराना है। इतने भर से व्यावसायिक उद्देश्य में उसे सफल ही माना जाएगा। 'हिन्दी राष्ट्रभाषा कोष' इन सबसे अच्छा है। सम्पादकद्वय शब्दों के चयन और उनके अर्थसंयोजन में तथा मुहावरों के संयोजन में अधिक सतर्क हैं। अपने सीमित उद्देश्य में यह कोश 'संक्षिप्त शब्दसागर' में समकक्ष कहा जा सकता है।

लघु हिन्दी-हिन्दी कोशों में हरिशंकर शर्मा का 'अभिनव हिन्दी कोष', आगरा, 1947, ब्रज किशोर मिश्र का 'राष्ट्रभाषा कोश', लखनऊ, 1951, नवल जी का 'नालंदा हिन्दी शब्दकोष', पटना, 1950-51, कृष्णमोहन गुप्त का 'संक्षिप्त हिन्दी प्रामाणिक कोश', इलाहाबाद, 1955 तथा आदित्येश्वर कौशिक का 'अशोक हिन्दी

शब्दकोश', दिल्ली, 1958 उल्लेखनीय है। ये कोश हाई स्कूल तक के विद्यार्थियों के लिए हैं। इनसे अपने कोशों की संख्या तो बढ़ी है, किन्तु कोशविज्ञान के विकास में इनका कुछ भी योगदान नहीं है।

(3) पर्यायवाची कोश

पुराने जमाने में अनेकार्थी और समानार्थी (पर्यायवाची) कोश लिखे गये थे। पाश्चात्य पद्धति के अनुसार लिखे गये वर्णक्रमिक कोशों में ये दोनों समाहित हो गये; फिर भी अलग से पर्यायवाची कोश हिन्दी में लिखे गये हैं। भोलानाथ तिवारी का 'बृहत् पर्यायवाची कोश', इलाहाबाद, 1954; गुप्त और कपूर का 'अभिनव पर्यायवाची कोश', दिल्ली 1972; इस क्षेत्र की नई उपलब्धियाँ हैं। पहले दो कोश अपेक्षाकृत अपने (छात्रोपयोगी) उद्देश्य में सफल माने जा सकते हैं, किन्तु अभी तक हमारे कोश साहित्य में अंगरेज़ी स्तर के पर्याय-कोशों का नितान्त अभाव है। रामचन्द्र वर्मा ने इस दिशा मे अत्यन्त स्तुत्य कार्य किया है—उनके 'शब्द साधना' 'शब्दार्थ मीमांसा' और 'शब्दार्थ ज्ञानकोश' में पर्यायों के सूक्ष्म भेदों का विवेचन प्रस्तुत किया गया है और कुल मिलाकर लगभग 3500 शब्दों का प्रयोग और अर्थ की दृष्टि से उनका बहुत ही विचारपूर्ण वैज्ञानिक अध्ययन हुआ है।

बदरीनाथ कपूर का 'शब्दपरिवार कोश', इलाहाबाद, 1968, अपने ढंग का नया कार्य है। संस्कृत में उपसर्ग, गतिशब्द, प्रत्यय, समास आदि से शब्दों का रूप-विस्तार और अर्थविस्तार करने की अद्‌भुत सामर्थ्य है। 'कृ' धातु से ही न जाने एक सौ के लगभग शब्द बन जाते हैं। वे सब शब्द 3 कृ की संगति हैं—उनका एक परिवार हैं। कार्यक्षेत्र बहुत आवश्यक और उपयोगी है, किन्तु खेद है कि सम्पादक ने बहुत जल्दबाजी से काम लिया है और सब शब्दों के परिवार अधूरे रह गये हैं। उदाहरण-स्वरूप—'कार' के परिवार में सात शब्द गिनाये गये हैं—अनुकार, अपकार, आकार, उपकार, प्रकार, प्रतिक और विकार। अधिकार, निराकार, संस्कार, सत्कार, सहकार, स्वीकार, साकार आदि भी तो इसी परिवार में हैं। इनका बहिष्कार क्यों? यही स्थिति प्रायः सभी शब्दों की है। फिर सगोत्र शब्दों का प्रतिनिर्देश भी कहीं नहीं दिया गया। उदाहरणतः यदि कर/कार को करण, कृत, कृति आदि से संदर्भित कर देते तो भरा-पूरा परिवार सामने आ जाता।

(4) मुहावरा और लोकोक्ति-कोश

हिन्दी भाषा का कोई नया लोकोक्ति-कोश इस युग में प्रकाश में नहीं आया। हिन्दी बोलियों के लोकोक्ति-कोश अवश्य बने हैं, जिनकी चर्चा आगे की जायेगी। मदनमोहन गुप्त का 'मुहावरे और प्रयोग' मुजफ्फरपुर, 1950; गोविन्ददास का 'लोकोक्ति और मुहावरे' मथुरा, 1954; बाल मुकुन्द अर्श का 'मुहावरे और लोकोक्तियाँ', दिल्ली, 1957; और रघुवीर शरण तथा श्रीराम गुप्त के कोश विद्यार्थियों के काम के

छोटे-छोटे कोश हैं। इनमें मुहावरे भी हैं, लोकोक्तियाँ भी। भोलानाथ तिवारी का 'हिन्दी मुहावरा कोश', इलाहाबाद, 1951, काफी बड़ा है, लेकिन इसमें भी मुहावरा और लोकोक्ति का भेद अस्पष्ट रह गया है। दूसरे यह भी हिन्दी भाषा का ठीक लेखा-जोखा प्रस्तुत नहीं करता। इससे बहुत अधिक मुहावरे और लोकोक्तियाँ 'मानक हिन्दी कोश' या 'हिन्दी शब्दसागर' में संगृहीत हैं। एक अत्यन्त उत्तम प्रयास पटना से रामदहिन मिश्र ने किया था। उनका 'बृहत् मुहाबरा कोश' केवल एक भाग 1959 में उनके स्वर्गवासोपरान्त प्रकाशित हुआ था। इसमें 'ज्ञ' अक्षर तक मुहावरे, उनके अर्थ और प्रयोग दिये गये हैं। किन्तु अधूरे कोश की क्या बात कही जाये?

(5) ज्ञानकोश

इस युग की सबसे बड़ी योजना 'हिन्दी शब्दकोश' की थी जिसका बीड़ा नागरी प्रचारिणी सभा ने उठाया था। बड़ी-बड़ी आशाएँ थीं—जनता का लाखों रुपया खर्च हुआ। बड़े-बड़े 'विद्वान' इसकी तैयारी में लगे रहे। दावे भी बहुत ऊँचे-ऊँचे किये गये, किन्तु लेखकों से उतना सहयोग नहीं मिल पाया, जितना ऐसे महत्वपूर्ण कार्य के लिये अपेक्षित था। कई प्रविष्टियों का विवेचन अधूरा है, कई एक का विषय तथ्य और तिथि आदि की दृष्टि से दोषपूर्ण है। कोश की त्रुटियों की ओर अनेक पत्रिकाओं में विस्तार से ध्यान दिलाया गया है। किन्तु हम तो इस भाव से देखते हैं कि पहले के कार्यों की तुलना में यह कार्य निश्चय ही व्यापक भी है, गम्भीर भी और संस्तुत्य भी है। आने वाली पीढ़ियों के लिये इससे और आगे बढ़ने का आधार मिलेगा, यद्यपि यह सोचकर ग्लानि होती है कि हिन्दी में अभी विद्यावान् कार्यकर्ताओं की कमी है। जो विद्वान् उपलब्ध हैं उनसे पूरा सहयोग नहीं मिलता।

विद्यार्थियों के लिए दो विश्वकोश अपने सीमित उद्देश्य में सफल माने जा सकते हैं—प्रथम, भारत सरकार का 'ज्ञान सरोवर' चार भाग, 1955; और दूसरा राजपाल एण्ड सण्ज का 'सचित्र विश्वकोश', दस भाग, जो एक अंगरेज़ी पुस्तकमाला का अनुवाद है।

विशिष्ट विषयों के ज्ञान से सम्बन्धित अनेक कोश प्रकाश मे आये हैं। इनका विषयवार ब्यौरा संक्षेप में दिया जा रहा है। विस्तार से इनकी समीक्षा एक अलग लेख में करना उचित होगा।

कृषि ज्ञानकोश, सं. नारायण दुलीचन्द्र व्यास, नई दिल्ली, 1955। बिहार राष्ट्रभाषा परिषद् का 'कृषि कोश' (दो खण्ड), सं. विश्वनाथ प्रसाद पटना, 1959, अंशतः शब्दार्थ कोश है और अंशतः ज्ञानकोश।

परिभाषा कोश, सं. बदरीनाथ कपूर, 1967।

मानविकी पारिभाषिक कोश—(दर्शन सं. नरवणे, साहित्य, सं. नगेन्द्र, मनोविज्ञान सं. पद्मा अग्रवाल) दिल्ली, 1965।

समाजशास्त्रीय विश्वकोश, सं. शम्भुरत्न त्रिपाठी।

भौगोलिक शब्दकोश और परिभाषाएँ, सं. अमरनाथ कपूर, इलाहाबाद, 1955।

तपोभूमि, सं. रामगोपाल मिश्र, प्रयाग, 1950 (धार्मिक और ऐतिहासिक स्थान)।

भाषाशास्त्र का पारिभाषिक शब्दकोष, सं. राजेन्द्र द्विवेदी, दिल्ली, 1963।

भाषाविज्ञान-कोश सं. भोलानाथ तिवारी, वाराणसी, 1964।

साहित्यशास्त्र का पारिभाषिक शब्दकोश—राजेन्द्र द्विवेदी, दिल्ली, 1955।

हिन्दी साहित्य कोश, दो भाग, सं. धीरेन्द्र वर्मा तथा अन्य, वाराणसी 1959, 163।

हिन्दी साहित्य की अंतर्कथाएँ (बाद में 'हिन्दी कथा कोश') सं. भोलानाथ तिवारी, इलाहाबाद, 1952, 1954।

प्रासंगिक कथाकोश, सं. गुलाब मेहता, इलाहाबाद, 1954।

भारतवर्षीय प्राचीन चरित्र कोश; सं. सिद्धेश्वर शास्त्री पूना 1964।

पुराण संदर्भ कोश, सं. पद्मिनी मेनन, कानपुर 1969।

पौराणिक कोश, राणाप्रसाद शर्मा, वाराणसी, 1971।

बाल्मीकि रामायण कोश, रामकुमार राय, काशी, 1965।

महाभारत कोश, रामकुमार राय, काशी, 1965।

हमारे संगीत रत्न, सं. लक्ष्मीनारायण गर्ग हाथरस, 1957।

प्रसाद साहित्य कोश, हरदेव बाहरी, इलाहाबाद, 1958।

प्रसाद काव्य कोश, सुधाकर पांडेय, वाराणसी, 1960—अर्ध शब्दार्थ कोश और अर्ध ज्ञानकोश।

(6) हिन्दी बोलियों के कोश

बोलियों के शब्दकोश अभी बहुत कम है। यह कार्य अपेक्षाकृत अधिक कष्टसाध्य और धनसाध्य है। वास्तव में ऐसा काम संस्थाएँ ही कर सकती हैं। किन्तु, उनकी भी अपनी सीमाएँ हैं। हिन्दुस्तानी एकेडमी, ब्रजसाहित्य मण्डल और बिहार राष्ट्रभाषा परिषद् ने कुछ कोशों का संकलन आरम्भ किया तो था, परन्तु सफलता नहीं मिली। हिन्दुस्तानी एकेडेमी का 'अवधी कोष', सं. रामाज्ञा द्विवेदी 'समीर', 1955, अधूरा और अवैज्ञानिक है, फिर भी संस्तुत्य है। एकेडेमी का 'तुलसी शब्द सागर', सं. हरगोविन्द तिवारी, 1954, और 'मानस शब्द सागर' सं. बद्रीनाथ अग्रवाल, कलकत्ता, 1955, तुलसी की साहित्यिक अवधी संकलन हैं। दोनों की पद्धति साधारण है—शब्द, उसका व्याकरण, अर्थ और संदर्भित पंक्ति। यही स्थिति लखनऊ विश्वविद्यालय द्वारा प्रकाशित 'ब्रजभाषा सूर-कोश', सं. प्रेमनारायण टंडन, 1951 से 1962, की है।

इन तीनों में कवि के न पूरे शब्द संग्रहीत हैं, न उनके रूप शुद्ध हैं, न रूपान्तर देने की कोई व्यवस्था, और न ही अर्थों की सही-सही संगति बिठाई गयी है। 'ब्रजभाषा सूर-कोश' से कुछ उदाहरण दे देना पर्याप्त होगा—

संज्ञार्थक क्रिया का '—ना' रूप दिया गया है जैसे अकबकाना, अटकना, ओनवना, कहना, कहवाना, डलना, डलवाना, चारना, छाँड़ना आदि। निश्चय ही ब्रजभाषा में यह आकारांत रूप नहीं होता। आठ से व्युत्पन्न आठक, आठवाँ (क्या यह ब्रजभाषा का रूप है?) आठहूँ, आठें, आठैं, आठों को आठ के पेटे मे रखना चाहिए था। इसी प्रका गाज, गाजत, गाजति, गाजन, गाजना (?), गाजुन, गाजि, गाजु, गाजें, गाजै एक मुख्य शब्द के पेटे में देने चाहिए थे। अर्थों को उदाहरण देकर संदर्भित नहीं किया गया। उदाहरणतः 'अन्देस' के छह अर्थ दिए गये हैं—सोच, भय, संशय अनुमान, हानि और दुविधा। केवल पहले दो के लिए सूर-सागर से उद्धरण दिए हैं, शेष चार अर्थों के उदाहरण नहीं दिए। प्रसंग से अर्थ निश्चित करना चाहिए था, कोशों से नहीं। इधर इलाहाबाद से 'कबीर कोश' 1973, तथा 'मीरा कोश', 1974, प्रकाशित हुए हैं जो इन कवियों की शब्दावली के उपादेय संग्रह हैं। पद्धति में कोई उल्लेखनीय विशेषता नहीं है।

राजस्थान शोध संस्थान, जोधपुर, ने 1956-57 में 'डिंगल कोष' का प्रकाशन किया था। इसमें हरराज का 'डिंगल नाममाला' नागराज का डिंगल कोष', हमीरदान रतनू का 'हमीर नागमाला', मुरारीदान का अवधानमाला डिंगल कोष', उदयराम का 'अनेकार्थी कोष', वीरभान रतनू का 'एकाक्षरी नाममाला' और उदयराम का 'एकाक्षरी नाममाला—आठ कोश संगृहीत हैं। बाद में इसी ग्रन्थ के सम्पादक नारायणसिंह भाटी ने संस्थान के तत्वाधान में सीताराम लालस की 30 वर्ष की कमाई को प्रत्यक्ष और साकार रूप देने का आयोजन किया। उनका 'राजस्थानी सबद कोस' अभी तक दो भागों (तीन खंडों) में (सम्पूर्ण का आधा) प्रकाशित हो पाया है। योजना बहुत बड़ी है—कुल ग्रन्थ के चार भाग होंगे और पृष्ठ संख्या 3500 के लगभग तथा शब्दसंख्या सवा लाख से कुछ अधिक होगी। हिन्दी बोलियों के कोश-साहित्य में इसे अवश्य एक विशिष्ट स्थान मिलेगा। इसमें प्राचीन साहित्य के शब्द, प्रचलित भाषा का बृहद् शब्द भंडार, मुहावरे और कहावतें संगृहीत हैं। प्रायः अर्थों की पुष्टि में लोक अथवा साहित्य से उदाहरण दिए गये हैं। पर्यायों के प्रति सन्दर्भ, शब्दों के रूप-भेद, अल्पार्थक एवं महत्ववाची शब्द और कहीं-कहीं विलोमार्थक शब्द भी दिए गये हैं—ये सब कोशकला की दृष्टि से महत्वपूर्ण तत्व हैं। यह मात्र शब्दकोश नहीं हैं, इसे हम राजस्थान का विश्वकोश भी कह सकते हैं। पहले भाग में भूमिका के अन्तर्गत राजस्थानी भाषा और राजस्थानी साहित्य का भरपूर परिचय दिया गया है। कोश के क्रम मे जीवनियाँ, स्थान, त्योहार, व्रत आदि भी हैं, जिनके सम्बन्ध में उपयोगी जानकारी जुटाई

गयी है। सचमुच कोश के संकलन सम्पादन में बहुत भारी परिश्रम हुआ है। इसके बारे में अभी और कुछ कहना कठिन है। सम्पूर्ण कोश प्रकाश मे आने दें। एक बात अवश्य लगी--उदाहरण स्वरूपः 'अंक' शब्द के 15 अर्थ, 'अंग' के 18, अंगल के 9 'कला' के 27, और गौ के 37 अर्थ दिए गये हैं। क्या ये सब अर्थ राजस्थानी में प्राप्त हैं? संस्कृत कोशों से अर्थ भर लेने से राजस्थानी का वास्तविक रूप सामने नहीं आयेगा।

हिन्दी बोलियों के लोकोक्ति-कोशों की संख्या अच्छी-खासी है। इनमें नरोत्तम स्वामी तथा मुरलीधर व्यास का 'राजस्थानी कहावतें, कलकत्ता 1947; रतनलाल मेहता का 'मालवी कहावतें' उदयपुर, 1950; चन्द्रलाल चौधरी का 'प्यास' कुमाऊँनी कहावत संग्रह), अलमोड़ा 1950; फूलजी भाई का 'राजस्थानी भीलों की कहावतें, उदयपुर, 1954; कृष्णानन्द गुप्त का 'बुन्देली कहावत कोश' लखनऊ, 1960; कन्हैयालाल सहल का 'राजस्थानी कहावतें' कलकत्ता 1960; व्यक्तिगत रूप से और मन की मौज में इकट्ठी की गयी प्रादेशिक लोकोक्तियों के लघु संग्रह हैं। बिहार, राष्ट्रभाषा परिषद् का 'कहावत कोश', सं. भुवनेश्वरनाथ मिश्र, पटना, 1965, बिहारी बोलियों का उत्तम कोश है। ऐसे कोशों की बहुत आवश्यकता है। कौरवी, ब्रजभाषा, हरियाणी, कन्नौजी, बघेली, छत्तीसगढ़ी आदि अनेक हिन्दी बोलियों के शब्दकोश अभी तक प्रकाश में नहीं आ पाए। बिहार की बोलियों पर कुछ कार्य हो रहा है। अवधी का लोकोक्ति कोश भी अपेक्षित है।

(7) हिन्दी से अन्य भाषा के कोश

अपने कोश-साहित्य को देखा जाये तो लगेगा कि हिन्दीभाषी विदेशी भाषाओं के पढ़ने-सीखने में कोई विशेष रुचि नहीं रखते। विश्वविद्यालयों में अंगरेज़ी के अतिरिक्त जर्मन, फ्रेंच, रूसी, चीनी, तिब्बती और जापानी भाषाओं की पढ़ाई की थोड़ी-बहुत व्यवस्था अवश्य है, किन्तु इन्हें अंगरेज़ी के माध्यम से सीखा-सिखाया जाता है। हिन्दी माध्यम की माँग पैदा नहीं हुई। इसीलिए विदेशी भाषाओं के कोशों का अभाव है। अंगरेज़ी भाषा की बात अलग है, फिर भी जिस स्तर के अंगरेज़ी-हिन्दी कोश उपलब्ध हैं, उस स्तर का कोई हिन्दी-अंगरेज़ी कोश नहीं मिलता। भार्गव कोश से जिज्ञासुओं की तृप्ति नहीं होती। इधर दो नये कोश प्रकाशित हुए हैं–'व्यावहारिक हिन्दी-अंगरेज़ी कोश' सं. चतुर्वेदी तथा तिवारी, दिल्ली, 1970, एवं 'मानक हिन्दी अंगरेज़ी कोश', सं. राममूर्ति सिंह, दिल्ली, 1971। शब्द-चयन की दृष्टि से व्यावहारिक (पृष्ठ सं. 750) कुछ अच्छा है, सामान्य हिन्दी की दृष्टि से बेकार के ब्रजभाषा, अवधी आदि बोलियों के शब्द प्रायः नहीं हैं। यह प्रचलित हिन्दी का कोश समझा जा सकता है, किन्तु इसके शब्द-चयन में आवृत्तियों के आधार पर हिन्दी की मूल शब्दावली का ध्यान रखा जाता और प्रशासन तथा आधुनिक ज्ञान-विज्ञान से सम्बन्धित अत्यन्त सामान्य एवं

आवश्यक शब्दावली को भी संगृहीत किया जाता तो इसकी उपयोगिता बढ़ जाती। सामाजिक शब्द, मुहावरे और लोकोक्तियाँ हैं तो अवश्य किन्तु बहुत कम। हिन्दी-अंगरेज़ी के व्यतिरेकी अध्ययन से भी लाभ उठाना चाहिए था और ऐसे प्रयोगों को अवश्य देना चाहिए था जिनसे दोनों भाषाओं की प्रकृति का भेद स्पष्ट हो जाता है।

मानक कोश (पृष्ठ सं. कुल 307) शब्द-चयन की दृष्टि से अत्यन्त अपूर्ण है। इसे शब्दसंग्रह कहना चाहिए, शब्दकोश नहीं। एक शब्द का प्रायः एक ही अर्थ दिया गया है, किन्तु वह अर्थ उसका प्रमुख और सटीक अर्थ है। इसका एक गुण अवश्य है कि इसमें जितना कुछ है, साफ-सुथरा है और आधुनिक है। पदबन्ध और मुहावरे बिलकुल नहीं हैं। प्रशासकीय कार्य में यह 'कोश' अधिक सहायक हो सकता है।

इस काल में विज्ञान के भी दो हिन्दी-अंगरेज़ी शब्दकोश प्रकाशित हुए हैं—डॉ. रघुवीर का 'हिन्दी-अंगरेज़ी पारिभाषिक शब्दकोश', नागपुर 1951 (पृष्ठ सं. 439) और केन्द्रीय हिन्दी निदेशालय का 'विज्ञान शब्दावली', भाग एक, दिल्ली, 1970, (पृष्ठ सं. 614)। रघुवीर पारिभाषिक शब्दावली के अग्रणी सम्पादक थे। उन्होंने प्राचीन संस्कृति साहित्य से सैकड़ों शब्द ढूँढ़ निकाले, सैकड़ों उपसर्ग-प्रत्यय आदि के जोड़ से गढ़े, सैकड़ों अपनी पद्धति से बनाये। भले ही आज उनका यह कोश कोश-साहित्य के विकास में मात्र नींव भर रह गया है, किन्तु वह नींव दृढ़ और और उसी के आधार पर आज का पारिभाषिक कोश-भवन खड़ा है। केन्द्रीय हिन्दी निदेशालय का 'विज्ञान शब्दावली' भाग एक, 1970 में प्रकाशित हुआ था। इसमें वनस्पति-विज्ञान, रसायन, भौतिकी, प्राणिविज्ञान गणित, भू-विज्ञान और भूगोल से सम्बन्धित लगभग 34000 शब्द हैं जिनमें उनके सामाजिक और व्युत्पन्न शब्द भी सम्मिलित हैं। हिन्दी में विज्ञान-सम्बन्धी बहुत-सी पाठ्यपुस्तकें आ गयी हैं। पुराने लोगों को उनकी भाषा समझने में कठिनाई होती है। उनके लिए यह ग्रन्थ और इसके साथ आगे आने वाले हिन्दी-अंगरेज़ी पारिभाषिक कोश अत्यन्त उपयोगी होंगे।

मास्को से दो बढ़िया कोश प्रकाशित हुए है : 1953 में ब्रेस्क्रोवनी का हिन्दी-रूसी शब्दकोश (पृष्ठ संख्या 1318 शब्द संख्या 40000) और अब 1972 में इसी का संशोधित परिवर्धित आकार और रूप दो खण्डों में 'हिन्दी-रूसी शब्दकोश' जिसके सम्पादक मण्डल में बरखुदारोव, ब्रेस्क्रोवनी, जोग्राफ और लिपेरोवूस्की सम्मिलित हैं। 1825 पृष्ठों के इस कोश में 75,000 शब्द संगृहीत हैं। यह कोश स्पष्टतः हिन्दी कोशों से तैयार नहीं किया गया; आधुनिक हिन्दी साहित्य, कला, विज्ञान, इतिहास, भूगोल आदि की पुस्तकों से शब्दावली संकलित करके सम्पादित किया गया है। अर्थ को समझाने की पद्धति वैज्ञानिक और व्यावहारिक है। इसमें हजारों ऐसे शब्द हैं जो अभी भारत मे समपादित हिन्दी कोशों में नहीं आ पाये और जो वास्तव में आधुनिक हैं। प्राचीन या मध्यकालीन हिन्दी के शब्दों को ठीक ही स्थान

नहीं दिया गया। संस्कृत के भी शब्द जिनका व्यवहार हिन्दी में नहीं होता, प्रायः नहीं है उर्दू के ऐसे शब्द कुछ अवश्य हैं, किन्तु रूस में हिन्दी-उर्दू का एक साथ अध्ययन होने के कारण उनकी अनिवार्यता समझी जा सकती है। ऐसा ही एक 'हिन्दी-चीनी शब्दकोश' 1960 में पेकिंग से प्रकाशित हुआ था जिसकी पृष्ठ संख्या 1378 है।

हिन्दी से भारतीय भाषाओं के कोशों की संख्या में संतोषजनक वृद्धि हुई हैं, किन्तु शब्द-चयन अथवा अर्थविवेचन आदि की दृष्टि से इनका कुछ भी महत्व नहीं है। प्रायः इनका उद्देश्य स्कूलों-कालेजों के छात्र-छात्राओं की सहायता के लिए द्विभाषी शब्दसंग्रह तैयार कर देना है ताकि परीक्षा मे दिये गये अनूद्य अनुच्छेद का अनुवाद कर सकें। इनमें जो छोटे कोश हैं, जैसे राष्ट्रभाषा प्रचार सभा, मद्रास द्वारा प्रकाशित हिन्दी से दक्षिणी भाषाओं के कोश, उनमें मुहावरे, प्रयोग या लोकोक्तियाँ नहीं है। बड़े कोशों में यह सब सामग्री थोड़ी-बहुत रहती है। इस काल के ऐसे द्विभाषी कोशों की सूची देकर हम थोड़ी-सी टिप्पणी बाद में देंगे।

1. आदर्श हिन्दी-संस्कृत कोश, सं. रामस्वरूप शास्त्री, वाराणसी, 1957, पृष्ठ सं. 650, शब्दसंख्या 30,000।

2. राष्ट्रभाषा (हिन्दी-गुजराती) कोश, सं. रसिकलाल चूनीलाल शाह, अहमदाबाद, 1950, पृष्ठ सं. 1280, शब्द संख्या 55,000।

3. राष्ट्रभाषा हिन्दी-मराठी कोश सं. कृष्णलाल वर्मा, बम्बई, 1951।

4. हिन्दी-मराठी शब्दकोश, सं. नेने तथा जोशी, पूना, 1948, पृष्ठ सं. 561।

5. सुलभ हिन्दी-मराठी कोश, सं. यशवन्त रामकृष्णदाते' बम्बई, 1953, पृष्ठ सं. 848।

इनके अतिरिक्त सुमेरचन्द केसरीचन्द जैन (1955) श्रीपाद जोशी (1958), कुलकर्णी (1949), गणेश रघुनाथ वैशंयापन (1950) आदि के छोटे-छोटे कोश उपलब्ध हैं।

मराठी में हिन्दी मुहावरों और लोकोक्तियों के छोटे-छोटे संग्रह भी और भाषाओं की अपेक्षा अधिक हैं–

6. शंकर गंगाधर जोशी का 'सार्थ व सप्रयोग राष्ट्रभाषा मुहावरा कोश' अहमदनगर, 1949, पृ. 241।

7. गणेश रघुनाथ वैशंपायन का 'हिन्दी-मराठी लोकोक्ति कोश', पूना, 1950।

8. सुमेरचन्द केसरीचन्द जैन का 'मुहावरा और लोकोक्तियाँ', शोलापुर, 1959, पृ. 366।

9. कैलुसकर का 'शब्द प्रयोग कोश' पूना, 1961, पृ. 184।

10. हिन्दी-बंगला अभिधान, सं. गोपालचन्द्र चक्रवर्ती, कलकत्ता, 1958, पृ. 350।

11. हिन्दी (–अंगरेज़ी)–सिन्धी, सं. दीपचन्द त्रिलोकचन्द तथा अन्य, अजमेर, 1956।

12. हिन्दी-पंजाबी कोश, पंजाबी विभाग, पटियाला, 1953, पृ. 861।

13. हिन्दी-उड़िया अभियान, सं. पद्मचरण त्रिपाठी, बरहामपुर, 1951, पृ. 591।

14. हिन्दी-उड़िया शब्दकोष, सं. नीहार पात्र, कट्टक, 1951, पृ. 394।

15. हिन्दी-उड़िया मुहावरे और लोकोक्तियाँ, सं. मिश्र तथा पाठक, कटक, 1951।

16. हिन्दी-कन्नड़ कोष, गुरुनाथ जोशी, हुबली, 1950, पृ. 700।

17. हिन्दी-कन्नड़ कोश, सिद्धनाथ पंत, मद्रास, 1950।

18. हिन्दी-कन्नड़ कोष, मन्नूर, धारवाड़, 1050।

19. हिन्दी मलयालम कोष, सं. राघवन नायर, एर्नाकुलन, 1950।

20. हिन्दी-मलयालम कोष, दक्षिण भारत हिन्दी प्रचार सभा, मद्रास, 1958, पृ. 1120।

21. लोकोक्ति मल्लिका (हिन्दी-मलयालम-अंगरेज़ी), सं. कृष्णन नायर, त्रिवेंद्रम, 1965।

22. पोक्कुलूरी हिन्दी-तेलुगु निघंटु, सं. रामचन्द्र शर्मा, राजामुंदरी, 1053, पृ. सं. 568।

1972-73 में कोहिमा से नागालैंड की नौ बोलियों के छोटे-छोटे कोश छपकर आये हैं। इसमें हिन्दी की प्रायः एक ही मूलाधार शब्दावली है–किसी में 2500 शब्द, किसी में तीन-साढ़े तीन हजार तक। तुलनात्मक अध्ययन के लिए इनका महत्व अवश्य है। किसी-किसी में बोली का व्याकरण भी दिया गया है। इन कोशों के नाम हैं हिन्दी-जोलियाङ्, हिन्दी-रेङ्मा, हिन्दी-पांचुरी, हिन्दी चाखेसाङ्, हिन्दी-कोन्यक, हिन्दी-फोम, हिन्दी-कुकी, हिन्दी-साङ्तम और हिन्दी यिमचुङ्रु। वास्तव में ये सब त्रिभाषी कोष हैं। अंगरेज़ी के अर्थ सब में दिये गये हैं।

ऊपरिलिखित द्विभाषी कोशों में संख्या 1, 2, 4, 5, 12, 16 और 20 कुछ अच्छे हैं। हिन्दी-संस्कृत कोष पहले के कोषों के कई दृष्टियों से बढ़कर हैं। इसमें तद्भव और देशी शब्दों के अतिरिक्त अरबी, फारसी, तुर्की, अंग्रेजी आदि विदेशी भाषाओं से आगत शब्द भी काफी संख्या में है। तद्भव शब्दों की व्युत्पत्ति भी दी गयी है। संपादक की मनोवृत्ति संकीर्ण नहीं है, अनेक विदेशी शब्दों को संस्कृत में अपनाया है। इससे संस्कृत के आधुनिकीकरण की प्रवृत्ति स्पष्ट होती है। यह उचित भी है। हिन्दी-गुजराती और हिन्दी-मराठी कोशों में शब्द, मुहावरे और उनके अर्थ विवेकपूर्ण हैं, चाहे आधुनिकता की दृष्टि से इनकी भी हिन्दी शब्दावली चिंत्य है। हिन्दी-पंजाबी कोश में भी यह बात अवश्य अखरती है, किन्तु सामान्यतः यह अपने ढंग का

एकमात्र कोश तो है ही, अच्छा भी है। कन्नड़ और मलयालम के हिन्दी कोश (16, 20) पूर्वप्रकाशित कोशों से अच्छे हैं। द्विभाषी कोशों में भाषा-शिक्षण के सिद्धान्तों का जैसा निर्वाह हिन्दी-रूसी कोश में हुआ वैसा किसी भी भारतीय कोश में नहीं हो पाया। संपादकों और संस्थानों को कोशविज्ञान की आधुनिकतम उपलब्धियों की जानकारी हो तो हमारे कोशों की उपयोगिता अधिक बढ़ेगी।

हिन्दी से कश्मीरी, असमी और सिंधी कोशों के अभाव की पूर्ति भी अपेक्षित है। आरम्भ में भले ही ऐसे कोश उच्च स्तर के नहीं होंगे, परन्तु प्रारम्भिक अवस्था में उनका भी अपना महत्त्व अवश्य होगा।

हिन्दी कोश : सीमाएँ और अपेक्षाएँ

–डॉ. (श्रीमती) यशस्वती श्रमण

[प्रस्तुत निबन्ध में हिन्दी में हुए कोशकार्यों का संक्षिप्त लेखा-जोखा प्रस्तुत किया गया है। हिन्दी कोश की सीमाओं और सम्भावनाओं को समुन्नत रूप में प्रस्तुत किए जाने की आकांक्षा और अपेक्षा लेख का मुख्य प्रयोज्य-पक्ष है–सम्पादक।]

आज हिन्दी कोशों के सम्बन्ध में यह धारणा व्यक्त करने में मुझे कोई कठिनाई नहीं है कि अभी तक हिन्दी के सर्वांगपूर्ण अद्यतन और पूर्ण वैज्ञानिक शब्द कोश का निर्माण नहीं हुआ है। अभी तक ऐसे किसी कोश का भी निर्माण नहीं हुआ है जिसे पूर्णतः प्रामाणिक कहा जा सके। यह हिन्दी के कोशकारों पर जितनी टिप्पणी है उससे भी अधिक हिन्दी भाषा की विविधता और ऐतिहासिक प्रदीर्घता की ओर भी संकेत है। वास्तव में किसी भी भाषा का व्याकरण या कोश तभी अन्तिम रूप ग्रहण करता है जब भाषा का विकास अपने अन्तिम चरण तक पहुँच कर अवरुद्ध हो जाता है और वह जीवित भाषा के स्थान पर एक क्लासिकी भाषा का दर्जा प्राप्त कर लेती है। हिन्दी अनेक बोलियों के समूह का नाम है और विभिन्न बोली क्षेत्रों में एक ही वस्तु के लिए विभिन्न शब्द प्रचलित हैं जिसे एक क्षेत्र में अमरूद कहा जाता है वहीं दूसरे क्षेत्र में बिही के नाम से जानी जाती है। हिन्दी कोशकार यदि बिही का उल्लेख नहीं करता तो उस पर अपूर्णता का आरोप लगाया जा सकता है। क्षेत्र विशेष से आने वाला साहित्यकार अपने साहित्य में बिही शब्द का प्रयोग करता है और हम हिन्दी के शब्द कोश में बिही शब्द का सन्धान करना चाहते हैं तो हमें निराश होना पड़ता है उस समय हमारा खीजना स्वाभाविक ही है। यही नहीं विभिन्न कवियों ने अनेकानेक कारणों से एक ही शब्द को विभिन्न वर्तनियों के साथ अपने काव्य में प्रयुक्त किया है। ऐसी स्थिति में एक ही मानक कोश में विभिन्न वर्तनी रूपों का समावेश सम्भव नहीं है। क्षेत्र भेद के अतिरिक्त काल भेद से भी हिन्दी शब्दों के रूप

परिवर्तित हो जाते हैं। अतः मानक शब्द कोश में शब्दों के रूपों का ऐतिहासिक काल क्रमानुसार उल्लेख करना एक कठिन समस्या है। आत्म प्रजातंत्र हमारे देश के लिये अभी बहुत पुराना नहीं हुआ है। साथ ही पहली बार हिन्दी भाषी क्षेत्र, विज्ञान की विराटता और तकनीकी उपलब्धियों की विपुलता के समक्ष उद्घाटित हुआ है। ऐसी स्थिति में नये-नये शब्दों का समावेश निरंतर हो रहा है। एक ही वस्तु मात्र या संस्था के लिए शब्दों के रूपों के निश्चित होने मे भी समय लगता है जैसे मिली जुली सरकार के लिए अब 'संविद शासन' का प्रयोग होने लगा है। संविद शब्द अनायास ही हिन्दी भाषा को प्राप्त हुआ क्योंकि यह कोई स्वतंत्र शब्द नहीं है, अपितु 'संयुक्त विधायक दल' का आद्याक्षर संगठित संक्षिप्त रूप है।

अतः हिन्दी भाषा आधुनिक अर्थ में अभी निर्माण की प्रक्रिया में है और प्राचीन भारतीय आर्य भाषाओं या मध्य कालीन भारतीय कार्य भाषाओं की तरह हिन्दी के सम्बन्ध में इदम इत्थं नहीं कहा जा सकता। अतः जो भी शब्द कोश बनेंगे वे संस्कृत के शब्द कोशों की भाँति या पालि शब्दार्णव की भाँति सर्वांग सम्पूण और अद्यतन नहीं हो सकते। हिन्दी भाषा की ऐतिहासिक नियति और भौगोलिक विस्तार को देखते हुए ऐसा होना सम्भव नहीं है।

हिन्दी के कोश साहित्य ने बीसवीं शताब्दी में बहुत उन्नति की है किन्तु हिन्दी के विकास और उसके विस्तार को देखे हुए अभी बहुत सा कार्य करने को शेष है जैसे हिन्दी में अभी ऐसा कोई कोश नहीं है जो शब्दों के अर्थों का या उसके प्रयोगों का ऐतिहासिक काल क्रम में उल्लेख करता हो उदाहरणार्थ मृग शब्द आदिकाल से लेकर अब तक विभिन्न कवियों द्वारा किन रूपों अथवा अर्थों में प्रयुक्त हुआ है इसका विवेचन किसी कोश में नहीं है। यही नहीं यदि हमें यह ज्ञात करना हो कि खेती में काम आने वाले हल के समस्त हिन्दी क्षेत्र में प्रचलित विभिन्न पर्याय कौन-कौन से हैं तो भी हमारे पास ऐसे किसी कोश का अस्तित्व नहीं है। हिन्दी के अन्तर्राष्ट्रीय महत्व को देखते हुए संसार की सभी भाषाओं के साथ उसके द्विभाषीय कोश बन जाने चाहिए। हिन्दी में निरन्तर जो नई अभिव्यक्तियाँ आ रही हैं उनको भी संकलित करने का कोई उपक्रम हिन्दी में नहीं हो रहा है। विज्ञापन फैशन आदि के कारण मिनी, मैक्सी जैसे जो शब्द प्रचलित हो गये हैं उनका संकलन भी आवश्यक है। कोश विज्ञान के अन्तर्राष्ट्रीय पैमानों पर हिन्दी में कोशों का निर्माण अभी प्रारम्भिक अवस्था में ही कहा जाएगा। अंगरेज़ी की आक्सफर्ड डिक्शनरी की जो प्रतिष्ठा है, मौनियर विलियम्स कृत संस्कृत इंग्लिश डिक्शनरी तथा वामन शिवराम आपटे कृत संस्कृत हिन्दी कोश का जो महत्व है वह हिन्दी में अनुकरणीय है। इसमें सन्देह नहीं कि रामचन्द्र वर्मा, मुकुन्दीलाल श्रीवास्तव, बदरीनाथ कपूर,

रघुवीर, और कामिल बुल्के जैसे कोशकारों ने हिन्दी महत्वपूर्ण कोशों का निर्माण किया है और निःसंदेह इनकी उपलब्धियाँ प्रशंसनीय हैं किन्तु हिन्दी को अभी भी मौनियर विलियम्स, वामन शिवराम आप्टे जैसे कोशकारों की प्रतीक्षा है। वास्तव मे कोशों का निर्माण एक दीर्घ साधना की अपेक्षा करना है। कोशकारों को साहित्य, इतिहास, पुराण, मानविकी विज्ञान आदि नाना विषयों का पंडित होना चाहिए। व्याकरण, भाषा विज्ञान और भाषा शास्त्र में भी उसकी पैठ होनी चाहिए। जब तक कोशकार शब्दों और उनकी विविक्षाओं से परिचित नहीं होगा तब तक सम्पन्न, सार्थक एक प्रामाणिक कोश का निर्माण सम्भव नहीं है।

हिन्दी इस समय एक संक्रांतिकाल से गुजर रही है। प्रजातंत्र ने उसे अनेक दिशाओं में उद्घाटित कर रखा है। अब सामान्य जन जिन शब्दों का प्रयोग करता है वे उपेक्षा की दृष्टि से नहीं देखे जा सकते। वह राजनीति का ही विधाता नहीं है वह भाषा का भी विधाता बन गया है। विभिन्न आंचलिक क्षेत्रों से जो साहित्यकार हिन्दी में लेखन कार्य में प्रवृत्त हैं वे अपनी आंचलिक बोली की शब्दावली ही नहीं उसकी संरचना भी हिन्दी में प्रक्षिप्त कर रहे हैं। फणीश्वर नाथ रेणु, शैलेश मटियानी, मनोहर श्याम जोशी, कृष्णा सोबती का साहित्य इसका उदाहरण है। इन लेखकों द्वारा प्रयुक्त अपरिचित शब्दावली को भी हिन्दी कोशों में स्थान दिया जाना चाहिए। जिन्दगीनामा की लेखिका कृष्णा सोबती ने इस पुस्तक में पंजाबी के ठेठ शब्दों का प्रयोग किया है किन्तु पाद टिप्पणियों के अभाव में वे शब्द हिन्दी के पाठक के लिए अबूझ रह गये हैं और ऐसा कोई नहीं है जो उन शब्दों को हमारे लिए अर्थ गम्य बना सके।

हिन्दी के समसामयिक लेखन में अंगरेज़ी की प्रवृत्ति बहुत बढ़ गयी है। अंगरेज़ी से अपरिचित या अल्प परिचित पाठक को ग्लोरी फाईथा जस्टिफाई जैसे शब्दों का अर्थ समझ में नहीं आता। इन शब्दों का किस प्रकार संकेत किया जाय यह भी एक समस्या है। हिन्दी में अब अनेक बीजाक्षर या आद्याक्षर निर्मित शब्द भी प्रचलित हो गये हैं। समाचार-पत्रों की यह प्रवृत्ति होती है कि वे स्थान के संकोच के कारण 'संयुक्त विधायक दल' जैसे बड़े शब्दों को 'संविद' जैसे छोटे शब्द में ढाल लेते हैं। धीरे-धीरे संविद जैसी अभिव्यक्ति स्वतंत्र शब्द का स्थान ग्रहण कर लेती है और वह सार्थक बन जाती है। कोश में इन शब्दों के संकलन और उनके अर्थद्योतन की भी आवश्यकता है।

इन सब कठिनाइयों को देखते हुए यह आवश्यक है कि हिन्दी शब्द कोश का एक स्थायी निदेशालय हो जो समाचार पत्रों, आकाशवाणी, पुस्तकों, पत्रिकाओं आदि की आवृत्ति के आधार पर शब्दों के प्रचलन का अंकेक्षण करे और यह सिद्ध होने पर कि शब्द विशेष, हिन्दी की स्वीकृत सम्पदा बन चुका है या बनने की क्षमता रखता है तो उसे शब्द कोश में स्थान दिया जा सकता है।

भारत में हिन्दी क्षेत्र के लगभग सभी बोली क्षेत्रों में अपने-अपने विश्वविद्यालय हैं। यदि ये विश्वविद्यालय अपने क्षेत्र में प्रचलित बोलियों के शब्दों का संकलन कर उसके शब्द कोश निर्मित करने का काम अपने हाथ में लें तो मानक हिन्दी को बहुत सारे सार्थक और प्रचलित शब्द मिल सकते हैं और शब्दों के सूक्ष्म अर्थ द्योतन के लिये भी शब्दों का निर्धारण सम्भव हो सकता है। भारत जैसे विशाल और बहुभाषी देश में हिन्दी को यदि सम्पर्क भाषा की अपनी भूमिका का पूरा सार्थक उपयोगी और चुनौती भरा कार्य सम्पादित करना है तो जितने अधिक कोश सम्पादित किये जायें उतना ही अच्छा है।

कोश निर्माण में शब्द रूपों की समस्या : डोगरी एवं हिन्दी के विशेष सन्दर्भ में

–डॉ. वीणा गुप्ता

[प्रकृत लेख का मुख्य प्रतिपाद्य है--डोगरी एवं हिन्दी कोश निर्माण में शब्दरूपों के स्तर पर उठने वाली समस्याओं का विवेचन। डॉ. गुप्ता ने डोगरी और हिन्दी के अनेक व्याकरणिक सन्दर्भों द्वारा प्रतिपाद्य विषय को स्पष्ट करने का प्रयास किया है। साथ ही समस्याओं के कारणों को प्रामाणिक उदाहरणों द्वारा स्पष्ट किया गया है–सम्पा.]

कोश निर्माण का क्षेत्र इतना विशाल एवं गम्भीर है कि इसमें नित्य प्रति नई-नई समस्याएँ उभरती रहती हैं और हर नये कोश में सुधार की कुछ न कुछ अपेक्षा बनी रहती है। डोगरी भाषा (जो जम्मू-कश्मीर राज्य के जम्मू प्रान्त की प्रमुख भाषा है) में कोश निर्माण कार्य अभी अपनी शैशवावस्था में नहीं है। अतः डोगरी कोश-निर्माण क्षेत्र में कई प्रकार की समस्याओं का आना स्वाभाविक ही है। प्रस्तुत पत्र में डोगरी कोशकारिता में शब्द रूपों की समस्या पर विचार किया गया है।

यूं तो सभी भाषाओं में शब्दों के अनेक रूपान्तर और उनमें कुछ विकार भी होते हैं, किन्तु डोगरी में इस प्रकार के रूपान्तर और विकार अपेक्षाकृत अधिक होते हैं। यद्यपि इन विकारों के लिए कई प्रकार के कारण उत्तरदायी हैं, तथापि व्याकरणिक एवं भाषावैज्ञानिक कारण अधिक प्रबल दिखाई देते हैं। यहाँ पर केबल भाषावैज्ञानिक कारणों के परिप्रेक्ष्य में ही डोगरी शब्दरूपों की समस्या को प्रस्तुत किया गया है। भाषावैज्ञानिक दृष्टि से डोगरी शब्दरूपों की विविधता-भिन्नता (समस्या) के लिए जो कारण उत्तरदायी दिखाई पड़ते हैं, उनमें–

1–लिपि सम्बन्धी कारण,

2–दो या अधिक ध्वनियों में परस्पर मुक्त-वितरण सम्बन्धी कारण एवं

3–भाषा में ध्वनि परिवर्तन सम्बन्धी कारण विशेष स्थान रखते हैं।

लिपि सम्बन्धी कारण

डोगरी की अपनी लिपि काफी पुरानी है जिसे टाकरी या टकरी वर्ग की लिपि कहा जाता है। इसके अधिकांश वर्ण दसवीं, ग्यारहवीं शताब्दी तक निश्चित हो गये थे। उन्नीसवीं शताब्दी के प्रारम्भ तक डोगरी लिपि का जो रूप चलता रहा, उसे 'पराने डोगरे' कहा जाता था। इस लिपि में स्वरों की मात्राएँ आदि के चिह्न नहीं थे (शब्द-संरचना में स्वरमात्राओं के स्थान पर स्वरों के मूलचित्र ही लगाने पड़ते थे)। उन्नीसवीं शताब्दी में महाराजा रणवीर सिंह द्वारा इस 'पराने डोगरे' लिपि में संशोधन करके मात्रा चिह्नों की समुचित व्यवस्था की गयी तब इस संशोधित लिपि को 'नमें डोगरे' की संज्ञा दी गयी। फिर भी लेखन कार्य में डोगरी लिपि अधिकतर हिसाब किताब के लिए बही-खातों में ही प्रयोग में लाई जाती थी। लिखने पढ़ने की साहित्यिक गतिविधियों में इसका प्रचलन जोर न पकड़ सका। तत्पश्चात् राष्ट्रीय चेतना और स्वतन्त्रता आन्दोलन के समय साहित्य-रचना के क्षेत्र के इस लिपि को और भी आघात पहुँचा। साहित्यकार वर्ग ने प्रादेशिक भिन्नता दूर करने एवं राष्ट्रीय एकीकरण के सन्दर्भ में कुछ सुविधाओं को देखते हुए डोगरी की अपनी लिपि का प्रयोग न करके देवनागरी लिपि को अपनाया। कुछ एक अनुवाद कार्यों को छोड़कर इस समय हमारे पास जितना भी प्रकाशित डोगरी साहित्य है वह सारे का सारा देवनागरी लिपि में ही है। अतः डोगरी भाषा को लिखने के लिए देवनागरी लिपि अपना लेने के पश्चात् शब्द-रूपों के सन्दर्भ में कई प्रकार की समस्याएँ उत्पन्न हो गयी हैं। जहाँ एक ओर देवनागरी लिपि में डोगरी लिखते समय इस लिपि के कुछ एक चित्रों का उच्चरित मूल्य वहीं नहीं रह जाता जो कि हिन्दी भाषा के उच्चारण में होता है। वहाँ दूसरी और डोगरी की कुछ-एक ध्वनियों को भी इस लिपि के अपनाने से लेखन में उच्चारण-विषयक हूबहू तर्जुमानी नहीं मिलती।

1—नागरी लिपि के सघोष, महाप्राण, स्पर्श, व्यंजन—घ, झ, ढ, ध और भ् डोगरी भाषा में अपना स्पष्ट अस्तित्व न रखने के कारण विभिन्न स्थितियों में विभिन्न उच्चारण-रूप ग्रहण करते हैं। आदि स्थिति में ये व्यञ्जन अपने-अपने वर्ग के अघोष अल्पप्राण स्पर्श व्यञ्जनों के साथ निम्नारोही (Low-Rising) सुर का सहयोग ग्रहण करके क्रमशः क्र (k e), च् (c e), ट्र (t e), त्र (t e) और प्र (p e) रूपों में उच्चरित होते हैं, जबकि वर्तनी में घ्, झ्, ढ्, ध्, भ् ही लिखे जाते हैं। यह परिस्थिति में ये व्यंजन घोषत्व स्थापित करते हैं किन्तु महाप्राणत्व का लोप करते हुए अपने से पूर्व स्वर को उच्चावरोही (High tallind) सुर अथवा अपने से पश्चात् स्वर को निम्नारोही सुर प्रदान करते हुए विशेष प्रकार के उच्चारण रूप ग्रहण कर लेते हैं। जैसे—'पढ़ना' का 'ढ़' अपने प्राणत्व का लोप करके 'ड' रूप ग्रहण करता है और 'प्' के अ को उच्चावरोही सुरसे प्रभावित करके 'पड़ना' (Perna) उच्चारण ग्रहण करना है। इसके विपरीत 'पढ़ना' में 'ढ़' व्यंजन सघोष, अल्पप्राण रूप ग्रहण करके

अपने पश्चात् के 'आ' को निम्नारोही सुर प्रदान करके 'पड़ाना' (Perana) रूप ग्रहण करता है। इसी प्रकार अन्तिम स्थिति में भी ये व्यंजन घोषत्व स्थापित करते हुए प्राणत्व का लोप कर देते हैं और अपने पूर्ववर्ती स्वर को उच्चावरोही सुर से प्रभावित करते हैं। जैसे—बर्ध (विदाहो) का उच्चारण 'बर्द (berd) रूप में किया जाता है।

देवनागरी लिपि के 'ह् कार' की भी यही स्थिति है। शब्द के आदि में आने वाला 'ह् कार' अपने अस्तित्व को क्षीण करते हुए अपने पश्चात्‌वर्गी स्वर को निम्नारोही सुर प्रदान करता है; जैसे हत्थ हार, हीरा आदि शब्दों में 'ह्' ध्वनि क्रमशः अ, (अ, त्थ = हाथ), आ, (आर = हार) और ई, (ईरा = हीरा) रूपों में उच्चरित होती है। मध्यस्थिति का 'ह्कार' भी दो प्रकार के सुरों को जन्म देता है। यदि इससे पूर्व का स्वर दीर्घ अथवा बलयुक्त होता है तो 'ह्' ध्वनि पूर्ववर्ती स्वर को उच्चावरोही सुर प्रदान करती हैं और स्वयं शान्त हो जाती है और यदि पश्चात् का स्वर बलशाली एवं दीर्घ होता है तो 'ह्' ध्वनि पश्चात्‌वर्ती स्वर को निम्नारोही 'सुर' से प्रभावित करती है। जैसे—'बाहर' शब्द का उच्चारण बोर (bar) रूप में किया जाता है और बहार का बार (bar) रूप में। वस्तुतः डोगरी में ह्कार ध्वनि का प्रयोग सुर अभिव्यक्ति के लिए किया जाता है। निम्नारोही सुर के लिए किसी भी व्यंजन के साथ ह्कार के बाद स्वरयोग किया जाता है। जैसे—वह ke च्ह ce ट्हर te प्ह pe लुह (le) न्ह ne आदि में इसी भाँति उच्चावरोही सुर के लिये स्वर के पश्चात् हलन्त 'ह्कार' ही रखा जाता है। जैसे काह् (ka), चाह् (ca), टाह् (ta), ताह (ta) पाह् (pa) आदि में।

इसके अतिरिक्त 'ऋ' और 'ष' ध्वनियों का डोगरी में तनिक प्रयोग नहीं होता यद्यपि हिन्दी—संस्कृत के तत्सम शब्दों में लिखित रूप में यह प्रयोग मिलता है। क्ष, त्र, और ज्ञ ध्वनियाँ क्रमशः ख—कख; तर, और ग्ग—ग्य रूपों में बोली जाती हैं, जबकि तत्सम शब्दों में लिखित रूप में इसी प्रकार प्रयुक्त होती हैं। ऐसी स्थिति में जहाँ देवनागरी लिपि के उपर्युक्त चित्रों के उच्चरित मूल्यों को ठेस पहुँची है। वहाँ डोगरी वर्तनी में भी इनके कारण कई प्रकार की अनियमितताएँ आ जाती हैं। देवनागरी लिपिचित्रों के हिन्दी उच्चारण से परिचित कोई भी व्यक्ति डोगरी भाषा को उसके वास्तविक उच्चारण से तब तक नहीं पहचान सकता, जब तक वह डोगरी औच्चारिणिकी की दृष्टि से उन चित्रों के मूल्यों से परिचित नहीं होगा। कई बार तो इतना परिचय कर लेने के बाद भी पाठक एक ही उच्चार के लिए ध्वनियों में रूप—वैभिन्नय देखते हुए असमंजस में पड़ जाता है। जैसे उल्लेख किया गया है कि किसी व्यंज्जन के तुरन्त पश्चात् 'ह्कार' लगातार स्वरयोग करने से निम्नरोही सुर वाला अक्षर ध्वनित होता है और इसी नियम के अन्तर्गत शब्द के आदि में भी सुरयुक्त अक्षरों को 'क्हीम' (kim), 'हकीम' क्हूमत (kumet), 'हकूमत; ट्हाना (tana) 'हटाना', प्हाड़ (par), पहाड़ आदि रूपों में लिखा जाता है। किन्तु दूसरी ओर

आदि स्थिति के घ्, झ्, ढ्, घ् और भ् भी इसी उच्चारण के लिए प्रयुक्त होते हैं। ऐसी स्थिति में पाठक का उलझना बहुत स्वाभाविक बन जाता है क्हार (kar) 'कहार' की 'क्र' ध्वनि के लिए 'क्ह्' का प्रयोग किया जाता है तो 'घाट' (kat) 'घाट' की 'क्र' ध्वनि के लिए 'घ्' का। प्हाड़ (par) 'पहाड़' के प्र के लिए 'प्ह' और भान (pan) रेजगारी, भगदड़ 'के प्र के लिए 'भ्' का। इसी प्रकर ट्हाना (tana) 'हटाना' के 'ट्र' के लिए 'ट्ह' का ढाना (tana) ढाना के ट्र के लिए 'ढ्' का प्रयोग किया जाता है। ऐसा क्यों है? जबकि दोनों-दोनों ध्वनियों के उच्चारण में तनिक भी भेद नहीं है, किन्तु कहाँ 'ट्हाना' और कहाँ 'ढाना'। रूप पूर्णतः भिन्न हैं। अतः ऐसी स्थितियों में रूपभेद की एक विकट समस्या खड़ी हो जाती है। इस समस्या का उत्तरदायित्व केवल लिपि पर ही है, जो ध्वनि विशेष के लिए चिन्ह विशेष की व्यवस्था नहीं बना पाती।

2—डोगरी में अ, आ, इ, ई, उ, ऊ, ए, ऐ, ओ तथा औ इस स्वर ध्वनिग्राम हैं और लगभग इन सबकी एकाधिक संध्वनियाँ हैं, जिनके लेखन की (कुछ तोड़-जोड़ करने से) कुछ न कुछ व्यवस्था बन जाती है। जैसे 'प्तुल' 'आऽ' को 'आ' (ता 'गर्मी') एवं 'ई' लुत को 'ई' (जी 'जीव') लिखने से स्वर की ध्वनि के लिए देवनागरी लिपि में कोई चिह्न न होने के कारण डोगरी की इन दोनों ध्वनियों को लिखित रूप में स्थान नहीं मिल पाता। तिल (तिल), चिर (दिलम्ब), किश (कुछ), छिट्‌ट (छींट) आदि शब्दों में प्रयुक्त 'इ' से भिन्न है और इसका झुकाव 'ए' की ओर अधिक है। यदि इस ध्वनि को 'अर्धसंवृत' 'इ' से अलग करने एवं इसके एकार की सुरक्षा के लिए 'इ' के स्थान पर 'ए' लिखें तो अर्थ का अनर्थ होने की समस्या उठ खड़ी होती है। इ और ए दोनों अलग-अलग ध्वनिग्राम हैं और परम्परा व्यतिरेकी वितरण में आते हैं। 'तिल' को 'तेल' लिखने से 'तिल' और 'तेल' लिखने से 'तिल' और 'तेल' में अर्थभेद ही नहीं मिट जाता अपितु 'तिल' का अपना अर्थ एवं अस्तित्व ही समाप्त हो जाता है। डोगरी में इस प्रकार के अनगिनत शब्द हैं जिनमें इ—ए के बीच की ध्वनि को लिखित रूप न मिलने की समस्या कोशकारिता में उच्चारण विषयक बाधा उपस्थित करती है।

'उ' एवं 'औ' के बीच की ध्वनि के लेखन की भी पूर्णतः यही स्थिति है। कुल (वंश), पुल (पुल), मुल्ल (मूल्य), स्त (ऋतु) आदि। शब्दों की 'उ' ध्वनि कुत्ता (कुत्ता), गुड्डी (गुड़ियाँ), रुट्टी (रोटी), आदि शब्दों में 'उ' से भिन्न एवं 'औ' की और झुकी हुई है जिसे लिखित रूप में उच्चारण-सुरक्षित करने के लिए देवनागरी लिपि में कोई चिह्न सुलभ नहीं, अतः अर्धसंवृत्त, पश्चस्वर 'उ' से भिन्नता दर्शाने एवं 'ओकार' के तत्त्व को स्पष्ट करने के लिए यदि 'उ' के स्थान पर 'ओ' लिखें तो वही समस्या उत्पन्न होती है जो 'इ' और 'ए' के सम्बन्ध में हुई है, क्योंकि 'उ' और 'ओ' दो भिन्न-भिन्न ध्वनिग्राम हैं। अतः 'कुल' और 'कोल' के अर्थ भी अपने-अपने

भिन्न-भिन्न हैं। कुल शब्द 'वंश' के लिए प्रयुक्त होता है और 'कोल' शब्द 'समीप' अर्थ के लिए।

तात्पर्य यह है कि भाषा विशेष की ध्वनियों के लिए लिपि चित्रों की समुचित व्यवस्था का न होना उसकी कोशकारिता में शब्द रूपों की समस्या को जन्म देता है।

दो या अधिक ध्वनियों में परस्पर मुक्त वितरण सम्बन्धी कारण

स्थानीय उच्चार के भेद से भी कोश-निर्माण में शब्द-रूपों की समस्या उत्पन्न होती है। ऐसी अवस्था में एक ध्वनि के स्थान पर उससे मिलती-जुलती एकाधिक ध्वनियाँ बिना अर्थभेद किये प्रयुक्त होने लगती हैं। विशेषकर जब किसी भाषा में शब्द-रूपों का मानकीकरण न हुआ हो, शब्दों के लिखित रूप विभिन्न उच्चारणों के आधार पर विभिन्न रूपों में लिखे जाने लगते हैं। ऐसी स्थिति में कोशनिर्माता को बहुत बड़ी कठिनाई यह आती है कि वह कोश में प्रविष्टि के शब्द के कौन से रूप का चयन करे। डोगरी में स्थानिक उच्चारों की भिन्नता के कारण इ--ए--य तथा उ--ओ--व में मुक्त वितरण प्रायः मिलता ही है, किन्तु कहीं-कहीं इ--ई और उ--ऊ का अव्यतिरेकी बितरण भी अकारण ही रूप विषयक सन्देह उपस्थित करता है। उपर्युक्त स्वरों के अतिरिक्त र--ड़, र्--ल्, त्--द् आदि व्यञ्जनों में भी परस्पर व्यतिरेकी वितरण रूप-विषयक कठिनाइयों को जन्म देता है।

1--इ--ए--या में मुक्त वितरण

यद्यपि 'इ' और 'ए' अग्रस्वर डोगरी की ध्वनिग्रामिक व्यवस्था में परस्पर व्यतिरेकी विवरण में अर्थभेदक होने के कारण (लिख-लेख) भिन्न-भिन्न ध्वनिग्राम हैं और 'य्' अर्धव्यञ्जन शब्दों के मध्य एवं तत्सम शब्दों के आदि में भी अपना स्थान रखता है; तथापि स्वर संयोग की स्थिति में 'इ' और 'ए' अग्रस्वरों के पश्चात् 'आ' होने पर अथवा 'य्' के बाद 'आ' होने पर शब्दों के उच्चार में स्थानिक भेद होने लगता जिससे श्रुतिरूप 'य्' तथा 'इ' और 'ए' में परस्पर मुक्ति-वितरण मिलता है। इस प्रकार के उच्चारण भेद से शब्द-रूपों का वैभिन्य पर्याप्त मात्रा में दिखाई देता है।

उदाहरणतः--

इ	ए	य्	
सिआना	सेआना	स्याना	'बुद्धिमान'
मठिआयी	मठेआयी	मठ्याई	'मिठाई'
बड़ियाई	बड़ेआयी	बड़्याई	'बड़ाई'
कंडिआरी	कंडेआरी	कंड्यारी	'कंटीला पौदा'
तिआर	तेआर	त्यार	'तैयार'

2–'उ'–ओ–व् में मुक्त वितरण

शब्दों में स्वर संयोग की स्थिति में पश्चस्वरों ('उ' और 'ओ') के पश्चात् आ होने पर अथवा 'व्' के पश्चात् आ होने पर 'उ' 'ओ' और 'व्' तीनों मुक्त वितरण दिखाई देता है।

उदाहरणतः–

उ	ओ	व्	
सुआल	सोआल	सूवाल	'प्रश्न'
जुआब	जोआब	जूवाब	'उत्तर'
सुआरी	सोआरी	'सूवारी'	'सवारी'
दुआन्नी	दोआन्नी	दूवान्नी	'दुअन्नी'
चुआन्नी	चोआन्नी	च्वान्नी	'चवन्नी'

कहना अनुचित न होगा कि ऐसे कई शब्द हैं जिनके उच्चारों में स्थानिक भेद के कारण इस प्रकार की समस्याएँ उठती-बनती हैं।

3–उ–ऊ में मुक्त विवरण

शब्दान्त को छोड़ कर डोगरी में अन्यत्र कहीं भी 'उ'–'ऊ' और 'इ'–'ई' में परस्पर पूर्ण व्यतिरेक है फिर भी कुछ एक स्थानों पर उच्चारण-भेद सन्देह-उत्पन्न करता है। 'कारण' अर्थ को अभिव्यक्ति करने वाले मुजब शब्द को 'मुजब' अथवा 'मूजब' दो रूपों में बोला एवं लिखा जाता है। इसी प्रकार कुमवाचक संख्यावाचक विशेषण 'दूआ' का तिर्यक् रूप 'दुए' होता है, किन्तु कई लोग इसे 'दूए' इत्यादि रूप में भी लिखते हैं। इस प्रकार के उच्चारण-भेद भी शब्द-रूपों के निर्धारण में बाध्य होते हैं।

4–इ–ई में मुक्त विवरण

'उ–ऊ' की भाँति 'इ–ई' भी भिन्न ध्वनिग्राम है, जो शब्दान्त को छोड़ अन्य सर्वत्र व्यतिरेक स्थापित करते हैं, किन्तु यहाँ पर भी स्थानिक उच्चारों का भेद रूप भिन्नता सम्बन्धी उलझनें पैदा करने लगता है। 'धी' (बेटी) शब्द का बहुवचनात्मक रूप व्याकरणिक दृष्टि से 'धियाँ' होता है, किन्तु उच्चारण एवं लेखन 'धीआं' के रूप में होता है। इसी के तिर्यक् में 'धिऊ' 'एकवचन तथा धिएं' बहुवचन में होता है जबकि 'धीऊ' और 'धीएं' शब्द भी उसी मात्रा में प्रयुक्त होते हैं शब्द भी उसी मात्रा में प्रयुक्त होते हैं, जितनी में होता है, जबकि 'धीऊ' और 'धीए' शब्द भी उसी मात्रा में प्रयुक्त होते हैं, जितनी मात्रा में 'धिऊ' और 'धिएँ' रूप। इसी प्रकार 'दीपक' अर्थ के शब्द 'दिया' के तिर्यक् रूप के लिए 'दीए' तथा 'तीन' अर्थ के वाचक विशेषण

के क्रमवाचक तिर्यक् रूप के लिए 'त्रिए' के स्थान पर 'त्रीए' का प्रयोग सन्देहास्पद स्थिति उत्पन्न करता है।

5–र्–ड में मुक्त वितरण

'छ' 'र्' और 'ड्' भी (जोर 'जोर, जोड़' 'संघ' जरना 'सहन करना' जड़ना, 'लगाना : चिपकाना' आदि शब्दों में) अर्थों में व्यतिरेक लाने के कारण अर्थभेदक कहे जाते हैं, तो भी डोगरी भाषी प्रदेश के कुछ एक पहाड़ी स्थानों पर 'द्' से पूर्व 'र्' को 'ड्' रूप में उच्चरित किया जाता है। जैसे–

र्	ड्	
मर्द	मड्द्	'पुरुष'
पर्दा	पड्दा	'आवरण'
मुर्दा	मड्दा	'मृतक'
चपरासी	चपड़ासी	'चपरासी'
अर्दली	अड़दली	'अर्दली'

कभी कभार 'र्'–'ल' के उच्चारण में भी स्थानिक भेद दिखाई देता है। भ्रमण के लिए प्रयुक्त होने वाले 'सैर' शब्द को प्रायः 'सैल' ही कहा जाता है।

6–त् और द् में मुक्त विवरण

डोगरी में 'त्' अघोष, अल्पप्राण, दन्त्य, स्पर्श ध्वनि है और द् सघोष अल्पप्राण दन्त्य स्पर्श। दोनों ही व्यञ्जन परस्पर व्यतिरेकी स्थिति में आते हुए भिन्न-भिन्न ध्वनि ग्राम कहे जाते हैं। जैसे–तुलना (तलना), दुलना (तोड़-फोड़ करना), सत (सात), सद्द (पुकार) आदि शब्दों में। किन्तु उच्चारों का स्थानिक भेद यहाँ पर भी उल्लेखनीय है, जिसके कारण 'द्' के स्थान पर 'त्' ध्वनि बिना अर्थ के प्रयुक्त होकर शब्द रूपों में वैभिन्य के लिए उत्तरदायी है। जैसे'–

त्	द्	' '
जत	जदुं	'जब'
कतुं	कदुं	'कब'
अतुं	अदुं	'तब'

ध्वनि परिवर्तन सम्बन्धी कारण

प्रत्येक भाषा अपनी उच्चारण एवं संरचना विषयक विशेषताओं के कारण अन्य भाषाओं के शब्दों को ग्रहण करते समय कई प्रकार ध्वनि परिवर्तनों से प्रभावित होती है। ध्वनि परिवर्तन की यह प्रक्रिया डोगरी भाषा में भी बहुत प्रबल है। भारोपीय परिवार की भाषा होने के कारण इसमें प्राचीन एवं मध्यकालीन भाषाओं के तत्सम

और तद्भव शब्दों के साथ-साथ आधुनिक भारतीय भाषाओं के जो शब्द प्रयुक्त होते हैं उनमें आदि स्वर लोप की प्रवृत्ति को कोश निर्माण कार्य में कई बार बाधाजनक प्रतीत होती हैं। शब्द के आदि में अ, इ के पश्चात् यदि दीर्घ स्वर युक्त अक्षर आता हो तो आदि 'अ' अथवा 'इ' का लोप हो जाता है। जैसे--'अमरूद' को 'मरुद' 'अकाल' को 'काल', 'अनाज' को 'नाज', 'इमारत' को 'मारत', 'इलायची' को 'लाची', 'इलाज' को 'लाज', इत्यादि के रूप में बोला जाता है। ऐसी स्थिति में कोशकार के आगे यह समस्या खड़ी हो जाती है कि शब्दों को उनके मूलरूप में प्रविष्ट करे या उच्चरित रूप में? जबकि उच्चरित रूप में ही शब्दों की प्रविष्टि उचित मानी जाती है। किन्तु, यहाँ पर इन शब्दों को उच्चरित रूप में प्रविष्ट करने पर कई समस्याएँ उत्पन्न हो पड़ती हैं। एक तो आदि स्वर लोप के कारण शब्द के सपने मौलिक रूप का पता नहीं चलता और समान संरचना वाले शब्दों से मिल बैठता है, दूसरा शब्द का अपना मौलिक अर्थ पीछे रह जाता है और समान संरचना वाले दूसरे शब्द उसका स्थान ले लेते हैं। उदाहरणतः–

'अनार' शब्द को डोगरी में 'नार' कहा जाता है किन्तु दूसरी ओर 'नार' शब्द जिसका अर्थ 'स्त्री', 'पत्नी' होता है अपनी अलग सत्ता रखता है। इसी प्रकार 'अचार' के स्थान पर 'चार' शब्द का प्रचलन है; जबकि 'चार' स्वयं में ही स्वतन्त्र अर्थ का पद है, जिसका अर्थ 'संख्यावाचक विशेषण' 'चार' है। 'इलाज' को 'लाज' कहा जाता है, जबकि 'लाज' शब्द भी स्वयं में किसी त्रिशेष अर्थ (लज्जा, संकोच आदि) का वाचक है। इस स्थिति में यदि नार, चार, लाज आदि रूपों को ग्रहण किया जाये तो प्रथमतः अनार, अचार, इलाज आदि मौलिक रूपों की परिकल्पना मस्तिष्क से हट जाती है और मौलिक नार, चार, लाज आदि शब्द उभर कर समने आ जाते हैं। द्वितीय बात यह कि प्रविष्टि में इन उच्चरित रूपों को देखते हुए इनके एकाधिक अर्थ निर्धारित करने पड़ते हैं, जिनमें प्रमुखता उन्हीं अर्थों की रह जाती है जिनके लिए यह शब्द मौलिकता लिए हुए हैं। ऐसा करने से अचार, अनार, इलाज आदि के अर्थ को सूचित करने वाले पर्याय प्राथमिकता प्राप्त नहीं कर सकते।

कहना अनुचित न होगा कि कोशनिर्माण कार्य कठिन प्रयास का कार्य है, जिसमें कोशनिर्माता को उच्चारण, लेखन, व्याकरणिक, अर्थ सम्बन्धी कई प्रकार की कठिनाइयों का सामना करना पड़ता है, विशेषकर उन भाषाओं में जिनका पूर्ण विकास न हुआ हो अथवा शब्दरूपों का मानकीकरण न हुआ हो।

तेलुगु में कोश-परम्परा

–डॉ. कर्ण राजशेष गिरिराव

[प्रकृत लेख तेलुगु कोश परम्परा संक्षिप्त इतिहास प्रस्तुत करता है। इसमें सारे सन्दर्भों विस्तृत व्याख्या एवं प्रामाणिक उदाहरणों द्वारा व्यक्त करने का स्तुत्य प्रयास किया गया है।–सम्पा.]

संस्कृत भाषा में कोश विधा बड़े महत्व की मानी जाती थी। भारत में कोश-विज्ञान का उदय आज से तीन हजार वर्ष पूर्व ही हो चुका था। वेद के स्वरूप के तथा अर्थ के संरक्षण निमित्त वेदाङ्ग साहित्य का उदय हुआ। वेदन के षड्अंङों का नामोल्लेख किया गया है। वे हैं–(1) शिक्षासंकल्प (2) कल्प (3) व्याकरण (4) निरुक्ति (5) छंद (6) ज्योतिष। वैदिक शब्दों के रूपों के ज्ञान का साधन व्याकरण है तो निरुक्त उनके अर्थों का निर्वचन करता है। निरूक्त व्याकरण शास्त्र का पूरक है। ब्राह्मण ग्रंथों में निर्वचन (व्युत्पत्ति) का स्थान-स्थान पर निर्देश किया गया है। निघण्टु में वेद के कठिन शब्दों का समुच्चय किया गया है। इसमें पाँच अध्याय हैं। प्रथम तीन अध्यायों को नेघण्टुक काण्ड कहते हैं। चतुर्थ अध्याय नैगम काण्ड और पंचम अध्याय दैवत काण्ड कहा जाता है। प्रथम तीन अध्यायों में पृथ्वी आदि के बोधक अनेक पदों का एकत्र संग्रह है। द्वितीय काण्ड को ऐकपदिक भी कहते हैं। नैगम का तात्पर्य है कि इनके प्रकृति-प्रत्यय का यथार्थ अवगमन नहीं होता। देवत काण्ड में देवताओं के रूप और स्थान का निर्देश है।

निघण्टु-काल के अनन्तर निरुक्तों का समय आरम्भ होता है। यास्क के उपलब्ध निरुक्त में बारह निरुक्तकारों के नाम तथा मत निर्दिष्ट किये गये हैं। तेरहवें निरुक्तकार स्वयं यास्क है। निरुक्त निघण्टु की टीका है यास्काचार्य सबसे प्रमुख वैदिक कोशकार माने जाते हैं। उन्होंने सबसे पहले प्रथम और द्वितीय अध्याय में कुछ ऐसी बातों की चर्चा की है जो कोशविज्ञान के सिद्धान्त और व्यवहार की दृष्टि से अत्यन्त आवश्यक है। निघण्टु की व्याख्या करते हुए यास्क ने वैदिक प्रयोगों की लम्बी सूची अपने ग्रन्थ में प्रस्तुत की। यही नहीं, द्वितीय अध्याय के प्रारम्भ में व्युत्पत्ति ज्ञान के लिये कुछ संकेत दिये हैं। क्योंकि शब्द का अर्थ निश्चित करने

के लिए व्युत्पत्ति शब्द आंतरिक रचना का ज्ञान भी अपेक्षित है व्युत्पत्ति-विज्ञान कोश विज्ञान का अनिवार्य अंग है। निरुक्त शब्दकी व्याख्या सायणाचार्य के अनुसार यह है–अर्थावबोधे निरपेक्षतया पदजातं यत्र उक्तं तत् निरुक्तम्, अर्थात् अर्थ की जानकारी के लिये स्वतंत्र रूप से जो पदों का संग्रह है वही निरुक्त कहलाता है। दुर्गाचार्य का कथन है कि अर्थ का परिज्ञान कराने के कारण यह अंग वेदांगों एवं शास्त्रों से प्रधान है। निरुक्त का यह मत है कि प्रत्येक शब्द किसी-न-किसी धातु के साथ आवश्य सम्बन्ध रखता है इसलिए निरुक्ताकार शब्दों की व्युत्पत्ति दिखलाते हुए धातु के साथ विभिन्न प्रत्ययों का निर्देश बतलाते हैं। यास्क पाणिनी से भी प्राचीन है। पाणिनी व्याकरण के आचार्य थे किन्तु उन्हें भी अपने व्याकरण की आवश्यकता को देखकर धातु कोश तैयार करना पड़ा। पाणिनीय धातु पाठ के बिना व्याकरण की कल्पना नहीं की जा सकती। धातु संज्ञा ही इस कोश का धातु पाठ के नाम से जाना जाता है। धातुओं की संख्या लगभग दो हजार है। उनको दस गणों में विभाजित किया गया है। व्याकरण महाभाष्य के लेखक पतंजलि कोशकार के रूप में प्रख्यात नहीं हैं। पर उन्होंने कोश की अनिवार्य आवश्यकता पर बल दिया है। शब्दों का सही रूप बताना कोशकार का काम है। पतंजलि का कहना है कि ऐसा कोश नहीं होगा तो भाषा का व्यवहार परिनिष्ठत रूप से नहीं हो सकता।

संस्कृत में कोशों का प्रणयन विक्रम के आरम्भ से लेकर आज तक होता रहा है और इस प्रकार इसका इतिहास दो हजार वर्षों का इतिहास है। संस्कृत कोशों में अमरकोश की मान्यता, प्रसिद्धि एवं लोकप्रियता को तीन कालों में विभक्त किया जाता है (1) अमर पूर्वकाल (2) अमर काल (3) अमर पश्चात, काला पाणिनी के बाद संस्कृत में अनेक कोशकार हुए। कुछ कोशकारों ने (नाम मात्रं तत्र) नामानुशासन लिखा। उन्होंने नाम शब्दों के लिंग पर प्रकाश नहीं डाला। कुछ कोशकारों ने (लिंग मात्र तंत्र) लिंगानुशासन लिखा। लेकिन संस्कृत के शब्द भण्डार का परिचय नहीं दिया। अमरसिंह (225 ई. लगभग) का कोश नामलिंगानुशासन के नाम से विख्यात हुआ, उन्होंने यह स्पष्ट कह दिया है कि मैंने पूर्ववर्ती कोशों का अध्ययन करके इस ग्रंथ का प्रणयन किया है।

समाहत्यान्य तन्त्राणि संक्षिप्तैः प्रति संस्कृतैः।
सम्पूर्णमुच्यते वर्णैर्नामलिंङ्गानुशासनम् । (श्लोक-2)

संस्कृत में 18 कोश नितांत प्रसिद्ध हैं। अमरकोश वस्तुतः समानार्थक कोश है। पर नानार्थक शब्दों का विन्यास होने से यह दोनों का काम करता है और यही इसकी विशेषता है। इसमें कुल मिलाकर 1533 अनुष्टय हैं। यह तीन काण्डों में विभक्त हैं। इसलिए यह त्रिकाण्ड के नाम से भी विख्यात है। प्रत्येक खण्ड में अनेक वर्ग हैं। ग्रंथ का छठा भाग (225 अनुष्टय) नानार्थ के वर्णन में है। अन्य भाग समानार्थ शब्दों का अर्थ बतलाता है। समानार्थखण्ड में एक विषय के वाचकनामों का एकत्र संकलन है। नानार्थ भाग में अन्तिम वर्ण के अनुसार पदों का संकलन है। अव्ययों

का वर्णन एक स्वतंत्र वर्ग में है। ग्रन्थ के अंत में लिंगों के साधक नियमों का एकत्र वर्णन किया गया है। अमर पश्चात् काल के कोशकारों के शब्द चयन में बड़ी प्रौढ़ता और व्यापकता है। कतिपय कोशकारों ने केवल नानार्थ कोश की ही रचना स्वतंत्र रूप से पृथक की है। संस्कृत और प्राकृत के पंडितों ने अपने शब्द भण्डार को विशुद्ध बनाए रखने तथा सुप्रचलित करने के लिए जो प्रयास किये हैं वे सर्वदा स्तुत्य है। कोश का इतना प्राचीन परिचय चीनी भाषा को छोड़कर और अन्य भाषा में नहीं है। पण्डित लोक में यह आभाणक प्रसिद्ध है कि–

अष्टाध्यायी महामाता अमरकोशो महापिता।

व्याकरण में शब्द का विचार है। शब्द का लक्षण व्याकरण के अनुसार जाना जाता है। पर शब्द और के निर्वचन का ज्ञान निरुक्त के द्वारा ही होता है। यों कोश व्याकरण शास्त्र का पूरक है। संस्कृत भाषा का अमरकोश अत्यन्त लोकप्रिय कोश है। इस प्रकार के कोश तेलुगु-कोश-निर्माण के दिकास क्रम की प्रारम्भिक स्थिति बनते आये हैं। तेलुगु मे प्रारम्भिक स्थिति में शब्द के अनेकार्थ या पयार्यवाची कोशों का निर्माण हुआ करता था। उनका मुख्य उद्देश्य कवियों को एक शब्द के लिए अनेक शब्द सुझाना था। इस प्रकार के कोश शब्द-कोशों के घेरे में नहीं आते थे। इन कोशों में क्रम का आधार शब्द न होकर विषय विभाग हुआ करता था। ये कोश प्रायः छंदोबद्ध मिलते हैं ताकि पाठक सुविधापूर्वक कंठस्थ कर सके। क्योंकि उस समय मुद्रणालयों का अभाव था। छंद में कभी-कभी आवश्यकतानुसार शब्दों को रख दिया जाता था। यद्यपि पर्यायवाची कोश अभी बनते हैं, किन्तु वे छन्दों में न होकर एक निश्चित वैज्ञानिक पद्धति पर आधारित होते हैं। यूरोपीय सम्पर्क के बाद ऐसे कोशों का विकास हुआ। तेलुगु में ऐसे कोशों की परम्परा 19वीं सदी उत्तरार्ध में प्रारम्भ हुई। तेलुगु में छंदोबद्ध कोशों की संख्या अधिक है।

निम्नलिखित कोश उल्लेख्य हैः

(1) आंध्र नाम संग्रहमु
(2) आंध्र नाम शेषमु
(3) सांब निघण्टु (कु)
(4) आंध्र पदाकर (मु)
(5) आंध्र पदविध न (मु)
(6) आंध्र भाषार्णण (मु)
(7) आंध्र रत्नाकर (मु)
(8) कवि चौउप्प सीर्सालु
(9) जयराम नानार्थ निघुटु (क)
(10) वेश्यनामार्थ कोश (मु)

(11) श्री वेंकटेशांध्र (मु)
(12) सर्वार्थसार संग्रह (मु)

पाश्चात्यों का योगदान

आज से तीन सौ वर्ष पहले जो विदेशी शासक कम्पनी के कर्मचारी और मिशनरी पादरी भारत में आये तो उनका ध्यान भारत की क्षेत्र-भाषाओं की ओर गया। उन्होंने यह अनुभव किया कि फारसी और संस्कृत द्वारा जन-सम्पर्क सम्भव नहीं है। उन्होंने जन-सम्पर्क के लिए उसी क्षेत्रीय भाषा को प्रचार का माध्यम स्वीकार किया, जिस क्षेत्र में वे काम कर रहे थे। उन विदेशियों में जो शिक्षित वर्ग के थे, उन्होंने कोश तैयार किये, व्याकरण-ग्रन्थ लिखे; पाठ्य-पुस्तकें निर्मित की और ईसाई धर्म के उपदेश क्षेत्रीय भाषा में अनूदित किये। तेलुगु में निम्नलिखित विदेशियों ने अंगरेज़ी-तेलुगु कोश तैयार किये :

विलियम ब्राउन (1818)
कांबेल (1821)
मारिस् (1835)

तेलुगु कोश कला ने उन्नयन में सी.पी. ब्राउन (1798-1884) महोदय का योगदान अत्यन्त महत्वपूर्ण है। इन्होंने तीन कोशों का निर्माण किया है--

(1) तेलुगु-इंग्लिश डिक्शनरी (1852)
(2) इंग्लिश-तेलुगु डिक्शनरी
(3) ए डिक्शनरी ऑफ दि मिक्सेड डायलेक्टज एण्ड फारीन वडंज्यूजड इन तेलुगु (1854)

प्रथम दोनों कोश सन् 1852 ई. में प्रकाशित हुए। प्रथम कोश में ब्राउन महोदय ने अनेक मौलिक उद्भावनाओं को प्रश्रय दिया। उन्होंने स्वर अकारादिक्रम में रखे थे। परन्तु व्यंजनों की शब्दावली के संग्रह में उन्होंने एक नवीन पद्धति को अपनाया था। एक व्यंजन के बाद दूसरे व्यंजन को न लेकर उन्होंने व्यंजनगत स्वरों को प्रधानता देकर उनका संग्रह किया : जैसे : कोत गोत्रम, घोणि आदि। य, र, ल, व वाले शब्द परम्परा के अनुकूल रखे गये। परन्तु श, ष, स वाले शब्दों का संग्रह फिर अपनी सूझबूझ के बल पर किया था इस तरह स्वर-प्राध्यान्य-विभिन्न व्यंजनों वाले शब्दों को एक ही स्थान पर दिखाना भारतीय कोश-कला में ही एक नवीन प्रयास था। इस पद्धति पर पंडितों में पर्याप्त विचार-विमर्श हुआ। पर परवर्ती कोशकारों ने ब्राउन साहब की पद्धति को नहीं अपनाया। केवल अकारदि अक्षर क्रम में ही परवर्ती कोशकारों ने कोशों का निर्माण किया था। इस कोश की दूसरी विशेषता यह है कि इसमें तेलुगु के काव्य साहित्य की शब्दावली के साथ-साथ लोक-प्रचलित शब्दावली को सम्मिलित किया गया था।

इस कोश की तीसरी विशेषता यह है कि इसम प्राचान कवियों की रचनाओं से ही नहीं, वरन् समकालीन लेखकों की कृतियों से भी शब्दार्थ की पुष्टि के लिए उद्धरण दिये गये हैं। इस प्रसंग में समकालीन लेखक एनुगुल. वीरास्वामी की कृति "काशीयात्रा-चरित्र" उल्लेख है।

ब्राउन महोदय की धारणा यह थी कि जीवंत भाषा का न कोई समग्र कोश हो सकता है, न कोई समग्र व्याकरण। इसी विचार के अनुसार वे अपने कोश एवं व्याकरण दोनों में समय-समय पर परिवर्तन एवं परिवर्धन करते रहे। इन्हीं के शब्दों में "मैं प्रतिदिन कोशों और व्याकरण में नये-नये अतिरिक्त अंश और परिवर्तन किया करता था। जिसके फलस्वरूप दोनों का आकार दुगने से बढ़ गया है।" हाल ही में "तेलुगु इंग्लिश डिक्शनरी" का पुनर्मुद्रण आंध्र प्रदेश साहित्य अकादमी की ओर से सम्पन्न हुआ था। यही इसकी लोकप्रियता का ज्वलंत उदाहरण है। इंग्लिश तेलुगु कोश में ब्राउन महोदय तेलुगु भाषा-भाषियों के प्रयोजनार्थ शब्दों का संग्रह है, जो तेलुगु के न होकर अरबी, फारसी, अंगरेज़ी आदि अन्य भाषाओं से आकर तेलुगु के नित्य प्रति व्यवहारों में प्रयुक्त होते रहे हैं। दफ्तरों में, अदालतों, व्यापारी संस्थाओं में काम करने वाले लोगों के लिए यह कोश वारदायक सिद्ध हुआ है। कार्माइंकेल के शब्दों में–सभी भारतीय भाषाओं का परिज्ञान रखते हुए भी ब्राउन महोदय ने तेलुगु के अध्ययन में अपना सारा तन-मन-धन लगाया।" ब्राउन महोदय के समकालिक तथ परवर्तीकाल के अनेक विदेशी विद्वानों ने तेलुगु अंगरेज़ी का कोश-निर्माण, सन् 1835-39 के मध्य किया। इसका प्रकाशन कॉलेज बोर्ड ने किया ए. गल्लेट्टी नामक विदेशी विद्वान ने एक तेलुगु-अंगरेज़ी कोश तैयार किया था। जो सन् 1935 ई. में प्रकाशित हुआ था। इसकी विशेषता यह है कि इसमें रोमन लिपि में तेलुगु शब्द दिये गये हैं। अनावश्यक तेलुगु शब्दों की भरमार इसमें नहीं है। लोक-प्रचलित शब्दों का संग्रह ही इसमें हुआ है। आक्सफोर्ड विश्वविद्यालय के आचार्य बर्रो तथा अमेरिकी आचार्य एम्मनो ने द्रविड़ भाषाओं के व्युत्पत्ति-कोश का निर्माण किया था। सन् 1822 में ब्राउन महोदय ने भारतीय व्यावसायिक शब्दों का जिला कोश प्रकाशित किया विदेशी विद्वानों ने अठारहवीं तथा उन्नीसवीं शती मे जो कार्य किया वैसा कार्य उसके बाद सम्भव नहीं हो सका। विदेशी विद्वानों का आंध्र जगत चिरऋणी है। श्री जे.पी.एल. ग्विन आंध्र प्रदेश की शिक्षा-शाखा के सचिव रहे हैं वे तेलुगु व्याकरण एवं तेलुगु-अंगरेज़ी कोश के निर्माण में संलग्न है। आंध्र-विश्वविद्यालय के तेलुगु विभाग के तत्वावधान में तेलुगु शब्द व्युत्पत्ति कोश तैयार हो रहा है। इसमें अभी तक चार प्रकाशित हुए हैं।

प्रकार

कोशों में संकलित सामग्री के आधार पर तेलुगु में कोशों का विभाजन पाँच भागों में किया जा रहा है :

(1) व्यक्ति-कोश, (2) पुस्तक कोश, (3) विषय कोश, (4) भाषा कोश, (5) विश्व कोश।

(1) व्यक्ति कोश : व्यक्ति कोश में किसी एक साहित्यकार द्वारा अपने साहित्य में प्रयुक्त शब्दों का संकलन, उनकी व्याख्या आदि दी जाती है :

नन्नटय पंद प्रयोग कोश

तिक्कन पद-प्रयोग कोश

अन्नेचोड पद-प्रयोग सूचिका

(2) पुस्तक कोश : किसी एक पुस्तक में प्रयुक्त शब्दों के आधार पर इस कोश का निर्माण होता है।

आंध्र महाभारत निघंटु कोश (स्वर)

आमुक्त माल्येद पद-कोश

(3) विषय कोश : विविध विषयों के परिज्ञान निमित्त पृथक्-पृथक् विषयों के कोश तैयार हो रहे हैं। इन कोशों में पहले सम्पूर्ण विषय से सम्बन्धित शब्दों का संकलन अकारादि क्रम से दिया जाता है और फिर उन, पारिभाषिक शब्दों की व्याख्या एवं विवेचना को जाती है निम्नलिखित कोश इस प्रसंग में उल्लेख है :

छंद : पद कोश (मु)

तेलुगु साहित्य कोश (मु)

परिपालन न्याय पद कोश (मु) (शासन-विधि-पद कोश)

पारिभाषिक पद कोश (मु) भौतिक शास्त्र

पारिभाषिक पद कोश (मु) वातावरण शास्त्र (मु)

व्याकरण पद कोश-कोश (मु)

वैद्य परिभाषा कोश (मु) संकेत पद कोश (मु)

शसन पद कोश (मु)

शास्त्र पारिभाषिक पद कोश (मु)

(4) भाषा कोश

इसमें तेलुगु के शब्दों, प्रयोगों, मुहावरों, लोकोक्तियों आदि का अकारादि क्रम में संकलन करके उनकी सम्यक् व्याख्या की जाती है। भाषा के आधार पर इन कोशों को तीन भागों में विभाजित कर सकते हैं :

(अ) एक-भाषा-कोश : इस कोश में स्रोत भाषा और लक्ष्य भाषा तेलुगु है : इस प्रसंग मे निम्नलिखित कोश उल्लेख्य है :

मामिड्विंकटय कृत आंध्र दीपिका (1813) अकारादिक्रम में निर्मित प्रथम तेलुगु कोश है।

अच्च तेलुगु निघंटुबु (ठेठ तेगुलु शब्द कोश)

आंध्र पद परिजा (मु)

आंध्रशब्द रत्नाकर (मु)	शब्दार्थ कल्पतरु (बु)
आंध्र पदाकर (मु)	शब्द रत्नाकर (मु)
तेलुगु निघंटुवु	श्री सूर्यरायांध्र निघंटुवु (1-8 भाग)
पुरुषोत्तम कवीय (मु)	सीमपलुकुवदि (प्रथम भाग)
लक्ष्मीनारायणीय (मु)	
वैकृत दीपिका	

(आ) द्वि-भाषा-कोश : इस कोश में स्रोत भाषा और लक्ष्य भाषा पृथक-पृथक होती हैं :

जैसे : हिन्दी तेलुगु कोश
तेलुगु हिन्दी कोश
अंगरेज़ी तेलुगु कोश
तेलुगु अंगरेज़ी कोश
संस्कृतांध्र पदार्णव (मु)
आंध्र संस्कृत कोश (मु)

(द) अनेक भाषा कोश : इसमें शब्द संग्रह तेलुगु में किया गया है और उनकी व्याख्या तेलुगु से भिन्न भाषाओं में की गयी है :

(1) आंध्र तमिल कन्नड़ त्रिभाषा निघंटु (वु)

(2) तेलुगु-अंगरेज़ी हिन्दी कोश

भाषा कोश के अन्तर्गत ही शब्द परिवार कोश, पर्यायवाची कोश, लोकोक्ति-मुहावरा-कोश, प्रयोग कोश, बोली कोश आदि आते हैं। शब्द परिवार कोश में किसी एक आधार से बनने वाले अनेक शब्दों का संकलन एवं विवेचन अकारादि क्रम से किया जाता है। ऐसे कोश प्रकृति-प्रत्यय की जानकारी में बड़े उपयोगी होते हैं। पर्यायवाची कोश में तेलुगु के शब्दों के पर्यायवाची शब्दों का संकलन एवं विवेचन रहता है। तेलुगु में कुछ छन्दों की रचना में प्रोस अक्षर का नियम होता है। श्री मुसुनूरि. नारायण रखने प्रासाक्षर पद कोश का निर्माण किया है। कुछ कोशों में शब्द-परिवारों एवं पर्यायवाची शब्दों का मिश्रित रूप मिलता है। कुछ ऐसे कोशों में उल्लेख्य है :

(1) आंध्र क्रिया-स्वरूपमणि मंजरी	(4) आंध्र नाम सर्वेस्वमु
(2) आंध्र दीपिका-चुंडूरि	(5) आंध्र साहित्य सर्वस्वमु
(3) आंध्र दीपिका-मामित्रि	(6) विद्यार्थी-कल्प-तरु

लोकोक्ति-मुहावरा कोश : इस कोश में तेलुगु की लोकोक्तियों एवं मुहावरों का संग्रह अकारादि क्रम से किया गया है, तथा उनकी व्याख्या एवं उनके प्रयोग भी दिये गये हैं।

तेलुगु सामेतलु
पद बन्ध-पारिजात (मु)
आंध्र लोकोक्ति-चन्द्रिका (1906)
तेलुगु लोकोक्तियों-विलियम कार
तेलुगु लोकोक्तियाँ-कोडपल्लि वीरवेंकट्य
आंध्र लोकोक्ति पंचाश्स्तु
आंध्र लोकोक्ति मुक्तावली
तेलुगु जातीयलु (नालं. कृष्णाराव)
लोकोक्ति मुक्तावली सोमसुन्दर

प्रयोग कोश

तेलुगु में ऐसे कोश दो चार है। तेलुगु के शब्दों एवं उनके प्रयोगों में विद्यमान अर्थ विच्छित्तियों का संकलन एवं विवेचन अकारादिक्रम से किया गया है। उदाहरण के लिए उल्लेख्य हैं :

(1) शब्द रत्नाकर (मु)
(2) सूर्यरायांध्र निघुटुवु

लोक-भाषा-कोश

इन कोशों में तेलुगु की विशिष्ट शब्दावली एवं उसके प्रयोगों का संकलन अकारादिक्रम से किया गया है और साथ उनकी व्याख्या प्रस्तुत की गयी है इनमें जन भाषा तेलुगु में प्रचलित कृषक, कुम्हार, जुलाहे आदि से सम्बन्धित विविध प्रकार की शब्दावली और उसके प्रयोगों का संकलन किया गया है। और उनकी व्याख्या भी प्रस्तुत की गयी है। जैसे :–

मांडलिक वृत्ति पद कोश – व्यावसाय (खेती बारी)
मांडलिक वृत्ति पद कोश – चेनेत (जुलाहों का)
मांडलिक वृत्ति पद कोश – कुम्भरमु (कुम्हारों का)

विश्व कोश

हिन्दी में एनसाइक्लोपीडिया के लिए विश्वकोश शब्द चलने लगा है। विश्वकोश बनाने वालों के क्षेत्र में दिदोरों को संसार भर में सर्वोत्तम माना जाता है। उन्होंने अपने विश्व कोश में लिखा है—विश्वकोश का उद्देश्य भूमण्डल पर निःसृत सम्पूर्ण ज्ञान को एकत्र करना, उसकी योजना को अपने समकालीन मनुष्यों के लिए प्रस्तुत करना है और साथ ही आने वाली पीढ़ियों के लिए उसे छोड़ जाना है ताकि अतीत की उपलब्धियाँ आगे की शताब्दियों में मुलाव दी जायें। इस प्रकार हमारे बच्चे ज्ञान की

श्रेष्ठतर उपलब्धि कर सुखी हों और मरते समय हम यह न सोचें कि हमने मानव जाति की कुछ सेवा नहीं की।"

तेलुगु में दो चार विश्वकोश उल्लेख्य हैं :

(1) विज्ञान दीपिका

(2) आंध्र विज्ञानमु

(3) तेलुगु विज्ञान सर्वस्वमु

(4) संग्रहांध्र विज्ञान कोश (मु)

(5) आंध्र प्रदेश चरित्रक भूगोल सर्वस्व (मु)

उक्त ग्रन्थों में जहाँ तक सम्भव हो अधिकतम जानकारी देने की चेष्टा की गयी है। इनमें अपरिचित का परिचय दिया हुआ है।

संस्कृत की कोश-परम्परा मध्य युग से होकर तेलुगु में आयी है। पर तेलुगु का कोश साहित्य पूर्णतः संस्कृत परम्परा का विकास नहीं है। यूरोपीय सम्पर्क के बाद यूरोपीय कोशों विशेषतः अंगरेज़ी कोशों की परम्परा ने इसे प्रभावित किया है। यों तेलुगु की कोश-परम्परा में प्राच्य एवं पाश्चात्य परम्पराओं का संतुलन परिलक्षित होता है।

मानक मलयालम हिन्दी शब्दकोश : एक परियोजना

–डॉ. एन.ई. विश्वनाथ अय्यर

[प्रस्तुत लेख मलयालम हिन्दी शब्द कोश पर आधृत परियोजना का जहाँ अन्वाख्यान करता है वहीं पूरी परम्परा से हमारा साक्षात्कार भी करता है। कोशों के प्रकारों से लेकर उनके निर्माण प्रक्रिया तक के सभी सन्दर्भों का प्रामाणिक विवेचन किया गया है।–सम्पा.]

हिन्दी शब्द-संग्रह का शौक मुझे वर्षों से रहा है। सबसे पहले स्वतन्त्र-हिन्दी-बोधिनी नामक हिन्दी स्वयं शिक्षक के लिए व्यावहारिक हिन्दी शब्दों का संग्रह किया था। उसके बाद मलयालम और हिन्दी में समान रूप से प्रचलित अरबी फारसी शब्दों का संग्रह जुटाया था। कुछ वर्ष पश्चात् मलयालम के व्यावहारिक शब्दों का नागरी लिप्यंतरण सहित हिन्दी में अर्थ देने वाला छोटा सा शब्दकोश तैयार किया। इसमें करीब 6000 शब्द थे। पाठ्य पुस्तकें कहानी-ग्रन्थ, समाचार-पत्र, अपने संगृहीत पुराने कामचलाऊ शब्द-संग्रह आदि से शब्द लिये। समान शब्दावली को छोड़ दिया। वह अब वर्षों से अप्राप्य है। वही इस दिशा का प्रथम प्रयास है। कुछ साल बाद मैंने कोचीन विश्वविद्यालय के विभागाध्यक्ष ही हैसियत से अपने विभाग में हिन्दी और मलयालम की आधुनिक साहित्यिक शब्दावली पर तुलनात्मक और सोदाहरण ग्रन्थ प्रस्तुत किया। आजकल अनुवाद की समस्याओं पर अनुसंधान करते हुए शब्दार्थ-सम्बन्धी अध्ययन भी करता रहता हूँ। इसी के बल पर शब्दकोश सम्बन्धी चर्चा में भाग लेने की बात सोची है।

कोश-विज्ञान एक तकनीकी विषय है। इसके तकनीकी ज्ञान के बिना ही मैं इस क्षेत्र में काम कर रहा हूँ। उपेन्द्रनाथ अश्क जी ने मुझे पथ दिखाया है। उनके उपन्यास 'चेतन' में एक दन्त चिकित्सक पात्र है जो दन्त चिकित्सा का वैज्ञानिक अध्ययन या उपाधि पाये बिना ही अपने पेश में माहिर है। उसकी योग्यता यही है कि हाथों के पुट्ठे मजबूत थे। मैंने आत्मविश्वास के बल पर काफी अवैज्ञानिक कोशकार्य किया है। इसके आधार पर कुछ निवेदन कर सकता हूँ। जो चुनाव की प्रतियोगिता में कई बार हार चुका वह भी चुनाव की समस्याओं पर कहने का अधिकारी है न? मैं दो खण्डों में अपना निबन्ध प्रस्तुत कर रहा हूँ।

खण्ड–1

केरल का प्रतिनिधि होने के नाते सबसे पहले अपने राज्य में सम्पन्न हिन्दी-कोश-निर्माण की झलक प्रस्तुत करना मेरा कर्तव्य है। केरल में द्विभाषी कोशों का काम ही अधिकतर हुआ है। प्रथम हिन्दी-मलयालम शब्दकोश का शब्द-संग्रह दक्षिण भारत हिन्दी प्रचार सभा ने अपने विद्वानों से कराया। मलयालम रूपान्तर का लेखन सम्पादन स्व. ए. चन्द्रहासन एवं पी.के. केशवन नायर ने किया। इसके बाद कुछ छोटे-छोटे जेबी हिन्दी-मलयालम कोश निकले। इसकी सारणी नीचे दी जा रही है–

हिन्दी-मलयालम-कोश	अम्मिणि अम्माल एन. रामन नायर	श्रीरामविलासम कोइलोण
सरल हिन्दी मलयालम कोश		कुन्नंकुंलम
हरन्स हिन्दी मलयालम कोश	हरिहरन	विद्यारंभ, आलप्पी
हिन्दी मलयालम कोश	असीसी बुक डिप्पो-चंगनशिरी	
बहुभाषी कोश	आर. बालकृष्णन	
त्रिभाषा कोश	पी. कृष्णन नायर	
हिन्दी-मलयालम कोश	पी.के. केशवन नायन,	द.भ.हिं.प्र. सभा
हिन्दी-मलयालम कोश	अभयदेव	सा.प्र.स. संघ कोट्टयम

इनमें सबसे बड़ा कोश श्री अभयदेव का संपादित है। यह अब अप्राप्य है।

मलयालम-हिन्दी व्यावहारिक कोश (विश्वनाथ अय्यर) और हिन्दी और मलयालम की आधुनिक साहित्यिक शब्दावली (विश्वनाथ अय्यर आदि) की चर्चा मैं पहले कर चुका। मैंने अपने विभाग में मलयालम-हिन्दी पहेली कोश का भी प्रारूप तैयार कराया था। अभी वह मुद्रित नहीं है।

इस दिशा में केन्द्रीय हिन्दी निदेशालय, भारत सरकार की तरफ से सराहनीय कार्य हुआ है।

(1) **भारतीय भाषा कोश**–इसमें मूल हिन्दी शब्दों के लिए भारत के संविधान द्वारा स्वीकृत सभी अन्य भारतीय भाषाओं में समान शब्दावली देने का प्रयास है। यह वृहदाकार है। इस तरह का छोटा प्रयत्न काफी वर्ष पहले श्री विश्व नाथ नरवणे ने किया था। भारत सरकार के इस बहुभाषी कोश मे समान मलयालम शब्दों का लेखन करने का सौभाग्य मुझे मिला है।

(2) **हिन्दी-अंगरेज़ी राज्य भाषा**–इस प्रकार त्रैभाषिक कोश भी निदेशालय ने तैयार किये हैं।

(3) हिन्दी-मलयालय जेबी कोश दूसरा प्रयास है।

(4) मलयालम-हिन्दी जेबी कोश भी तैयार हुआ है। अन्तिम दोनों जेबी कोशों की तैयारी में मलयालम-खण्ड का कार्य मेरे जिम्मे रहा था।

अभी तक सम्पन्न मलयालम से सम्बन्धित कोश लेखन का संक्षिप्त परिचय देने के बाद मैं एक आदर्श मलयालम-हिन्दी कोश की परियोजना आपकी सेवा में प्रस्तुत करना चाहता हूँ। इस पर विद्वानों की प्रतिक्रियाएँ भी आमन्त्रित हैं।

खण्ड–2
मलयालम-हिन्दी शब्दकोश

भूमिका

भारत में पर्यायवाची निघंटुओं की लम्बी परम्परा रही है, संस्कृत के छात्र शिक्षा प्रारम्भ में ही अमरकोश जैसे–निघन्टु कंठस्थ कर लेते थे। नानार्थार्णव मेदिनीकोश आदि अनेक कोशों का उल्लेख मिलता है परन्तु जिस रूप के शब्दकोश अब मिलते हैं वह अपेक्षाकृत आधुनिक हैं और पश्चिमी कोशविज्ञान का आभारी है। अंगरेज़ी और अन्य विदेशी भाषाओं में कितने ही प्रकार के कोश उपलब्ध हैं–

(1) सामान्य (Defining), (2) साहित्यिक (Literary Companion), (3) व्युत्पत्ति (Etymological), (4) तकनीकी (Technical), (5) उच्चारण कोश (Phonetic), (6) मुहावरा कोश (Idioms), (7) लोकोक्ति कोश (Proverbs) (8) बोली कोश (Dialectal), आदि एक भाषी शब्दकोश हैं। द्विभाषी, त्रिभाषी आदि बहुभाषी शब्दकोष भी प्रस्तुत होते हैं। हाल ही है में मैंने एक सप्तभाषी शब्दकोष देखा जिसका एक भाग मुख्यतः अंगरेज़ी का था। शेष भाषाएँ फ्रेंच, ग्रीक आदि थीं।

द्विभाषी कोशों (Bilingual Dictionary) का महत्व सारे देशों ने मान लिया है। भारत में भी इसका प्रचलन है। किन्तु भारतीय भाषाओं में द्विभाषीय शब्दकोष के सिद्धान्त-पक्ष पर बहुत कम सामग्री मिलती है। इस दिशा में हम अपने अनुभव के आधार पर कुछ सिद्धान्त रूपायित कर सकते हैं। इस निबन्ध की तैयारी के लिए सामग्री संकलन करते हुए मैंने न्यू इंग्लिश-रसियन डिक्शनरी की भूमिका मे कई महत्वपूर्ण विवार पाये। इसके सम्पादक हैं–प्रो. ए.आर. गोलपेरिन (2 जिल्दें) प्र. रसियन लेंग्वेज पब्लिशर्स, मास्को, प्र. 1977।

कोश-निर्माण की अपनी प्रविधि पर प्रकाश डालते हुए गोलपेरिन कहते हैं कि अलग-अलग विद्वानों के दलों ने सम्मिलित कार्य के रूप में (टीम-वक) आवंटित वर्णों से शुरू होने वाले सारे शब्दों की टीपें तैयार कीं। विभिन्न-विषयक शब्दों की टीपें अलग-अलग विशेषज्ञों ने प्रस्तुत कीं। उसके बाद सम्पादन हुआ। बहुत व्यापक ओर सुनियोजित कार्य से ही कोश सुन्दर हो सका। प्रसंगवश हमारे हिन्दी कोशों के

निर्माण की प्रविधि पर भी विचार करना। अनुचित नहीं लगता। यहाँ हिन्दी शब्द सागर और मानक हिन्दी कोश यथाक्रम नागरी प्रचारिणी सभा एवं हिन्दी साहित्य सम्मेलन की पंडित मण्डली के द्वारा सुनियोजित क्रम से तैयार किये गये। शेष अधिकांश कोश निजी क्षेत्र के प्रकाशक निकालते रहे हैं। वे एकाधिक विद्वानों को इसका सम्पादन भार सौंपते हैं। इसके बाद चाहते हैं कि जल्दी से जल्दी पाण्डुलिपि मिल जाये। कोशकार्य कितना अनुसंधान और साधना माँगता है, इसकी उन्हें चिन्ता नहींहै। अपने कोश की व्यापारिक माँग बढ़ाने के लिए प्रत्येक प्रकाशक इसका दावा करते हैं कि हमारे शब्दकोश में इतनी बड़ी संख्या में शब्दों का अर्थ दिया गया है। इस संख्या वृद्धि के लिए बहुत सारे नवगठित शब्द देते हैं इसका ख्याल नहीं रखा जाता कि वे शब्द भाषा के अंग बनकर घुलमिल गये हैं या नहीं। ये व्यवसायी प्रकाशक द्विभाषीय कोश के क्षेत्र में सिर्फ हिन्दी-अंगरेज़ी-कोश और अंगरेज़ी-हिन्दी कोश के प्रकाशन में रुचि लेते हैं क्योंकि इन दो नामों से जो भी चीज वे निकालें, बिक सकेगी। अन्य भारतीय भाषाओं से हिन्दी में अनुवाद तथा अन्य भाषा-हिन्दी-कोश की बात को वे सरकार का सिरदर्द मानते हैं इसे हिन्दी का अभिशाप अगर बताऊँ तो आप क्षमा करेंगे।

मलयालम हिन्दी कोश : शब्द-चयन

सबसे प्रथम प्रश्न है कि आदर्श मलयालम हिन्दी कोश में कैसे शब्दों का चयन हो। इस सम्बन्ध में डॉ. गोलपेरिन के शब्द ध्यान देने योग्य हैं–'मानव-मन की अन्य सृष्टियों के समान शब्दकोश भी प्रथमतः तथ्यों के निरीक्षण एवं अनुभवों के साधारणीकरण पर आधारित हैं।...सामान्य (व्याख्या प्रधान) शब्दकोशों में ऐसे कोशों का एकांश देना चाहिए जो न्यूनाधिक, मात्रा में सुस्थापित भाषिक तथ्य के रूप में मान्य हों।...भाषा में शब्दों की स्थायिता ही शब्दकोष में उनके समावेश की बुनियादी कसौटी है"...।[1]

द्विभाषीय अंगरेज़ी-रूसी-कोश के संभाव्य उपभोक्ताओं के विषय में डा. गोलपेरिन ने कहा कि अंगरेज़ी सीखने वाले रूसी विद्यार्थी और रूसी सीखने वाले अंगरेज़ी विद्यार्थी–दोनों कोटियों के लोग इसका उपयोग करेंगे। मलयालम-हिन्दी शब्दकोश के संभाव्य ग्राहक निम्नलिखित कोटियों में से किसी एक में आ सकते हैं–

(अ) हिन्दी सीखने वाले केरलीय छात्र,
(आ) मलयालम से हिन्दी में अनुवाद कार्य वाले बन्धु,
(इ) मलयालम सीखने वाले हिन्दी भाषी छात्र,

---

1. Like all other creations of the human mind, dictionaries are primarily based on the observation of facts and the generalisation of experience...defining dictionaries should register lexical items which have been recognised as more or less established longuage facts...The stability of a word in the language in the criterion for its inclusion in the dictionarry". —Introduction to New English Russian Dictionary.

(ई) तुलनात्मक भाषा विज्ञान के शब्द रूप एवं अर्थविचार क्षेत्र में अनुसंधान करने वाले।

दूसरा प्रश्न है कि मलयालम-हिन्दी कोश में मूलभाषा के कैसे शाब्दिक एकक ग्रहण करना चाहिए। पिछले अनुच्छेद में जिन ग्राहकों का उल्लेख हुआ है उन्हीं के उपयोग में आने वाला शब्द-संग्रह इस कोश में वांछित है। प्राचीन भाषा या बोलियों केवल विशिष्ट पाठकों के मतलब की होती हैं। यों शुद्ध वैज्ञानिक एवं तकनीकी शब्दों से भी सामान्य पाठकों का कोई मतलब नहीं रहता। तथाति उपर्युक्त कोटियों के जो शब्द अतिप्रचलित होकर भाषा की मुख्य धारा के अन्तर्गप आ जाते हैं उन्हें ऐसे शब्दकोश में स्थान देना चाहिए।

भाषा का व्यावहारिक स्वरूप ही मुख्य है। इसलिए केवल व्याकरण शुद्ध एवं मानक शब्दावली तक इसका शब्द चयन सीमित नहीं रखा जा सकता। व्यवहार में आने वाले मानक, प्रान्तीय, आंचलिक—हर प्रकार के शब्द-भेदों को इसमें स्थान देना पड़ेगा। इनके अर्थ की जानकारी कभी-कभी उस भाषा के भाषी सभी लोगों को नहीं होती। मगर इस चयन की कसौटी यह है कि व्यावहारिक भाषा में ये चालू हों।

मूल भाषा के शब्द-चयन के पश्चात् उनके लिये लक्ष्य भाषा में अर्थ देने याने पर्यायवाची शब्द देने की बारी होती है। यहाँ पर शब्दकोश और शब्द-संग्रह का अन्तर ध्यान देने योग्य है। शब्दकोश में सामान्यतः निम्नलिखित सूचनाएँ प्रत्येक मुख्य शब्द के लिये तैयार की जाती हैं--

(अ) मूल शब्द (*Head word*)

(आ) व्याकरणिक कोटि का परिचय

(इ) अर्थ (व्याख्या, वर्णन)

(ई) उदाहरण (*Illustrative examples*)

(उ) मूल शब्द से निष्पन्न शब्द, शब्द-सहसम्बन्ध (*Derivatives; word-Collocation*)

(ऊ) वाक्यांश एवं मुहावरे।

द्विभाषीय शब्दकोश में अर्थ ही मुख्य बिन्दु है। चूँकि इसका उपयोग करने वालों को मूल भाषा के शब्द की अर्थच्छवियाँ परिचित नहीं रहतीं इसलिये इस कोश में मूल शब्द की सारी सम्भव अर्थच्छवियों के बोधक शब्द देना चाहिए। श्री गेलपारित के शब्द हैं—

Synonymous variants are supplied wherever possible, thus makingit easy in each case to select and employ the correct translation

मलयालम और हिन्दी में तत्सम शब्दों की बहुतायत रहती है। ऐसी स्थिति में और आसानी की दृष्टि से तत्सम मलयालम शब्द के सामने तत्सम हिन्दी शब्दों को वरीयता देना अधिक संगत तो लग सकता है परन्तु शब्दार्थ सम्बन्ध की स्थायिता

मलयालम-हिन्दी कोश शब्दचयन तथा अर्थखण्ड की बातें हम संक्षेप में कर चुके। अब कुछ और महत्वपूर्ण पहलुओं पर संक्षिप्त विचार अपेक्षित है।

मूलभाषा के शब्द जहाँ अनेक प्रकार से उच्चारित हैं और लिखे जाते हैं वहाँ यही बेहतर लगता है कि अधिक स्वीकृत मानक शब्द को ही मूल शब्द के रूप में दें। इसके पाद कोष्ठक में अन्य रूप भी देना अच्छा है। इन रूपों में जो खूब प्रचलित हैं उनका उल्लेख उचित जगह देकर क्रास-रेफेरेन्स (प्रतिसन्दर्भ) दिया जा सकता है कि इस शब्द के अर्थ के लिये अमुक जगह देखें।

क्या मलयालय हिन्दी कोश के मलयालय शब्दों के लिप्यंतरित रूप भी देना चाहिए? इस सवाल का उत्तर झट देंगे—क्यों नहीं? मगर जरा सोचिए तो सही। इस कोश का उपयोग करने वाले मलयालम भाषी ही ज्यादातर होंगे। उन्हें मलयालम लिपि आती है। दूसरे, केवल मूल शब्द नागरी लिपि में भी देना और उस शब्द से सम्बन्धित अन्य सारे शब्दों को मलयालय लिपि में ही रहने देना कोई तुक नहीं रखता। जो अन्य भाषा-भाषी मलयालम का इतना अधिकार प्राप्त करते हैं कि शब्दकोश का उपयोग करें वे मलयालम की वर्णमाला नहीं जानते, ऐसी शंका निराधार है। अभी केवल नागरी लिपि के माध्यम से हिन्दी सीखने का क्रमबद्ध प्रयास भी नहीं चलता जैसा कि रोमन लिपि के जरिये अन्य भाषाओं का अध्ययन चलता है। यह भी ध्यान देने योग्य है कि अंगरेज़ी की वर्तनी और उच्चारण में मेल कम रहता है। हिन्दी की नागरी लिपि के समान मलयालम लिपि का उच्चारण भी लिपि के अनुसार होता है।

जहाँ हम विभिन्न मलयालम शब्द-संग्रह हिन्दी भाषी पाठक को देना चाहते हैं वहाँ नागरी लिपि में भी उनका लिप्यंतरण करना अच्छा है। शब्दकोश से शब्द-संग्रह का अन्तर मानना ही पड़ता है। जब नागरी लिपि में मलयालम का पूरा अध्ययन या एक हद तक अध्ययन चलने लगे तब नागरी लिपि का मलयालम-हिन्दी कोश तैयार हो सकेगा।

सामान्य शब्दकोश में मूल शब्द के बाद उसकी व्याकरणिक कोटि का उल्लेख होता है। यद्यपि द्विभाषीय कोश में लक्ष्य भाषा के प्रयोगों पर अधिक जोर रहता है तो भी मूलभाषा के शब्दों की व्याकरणिक-कोटि का ज्ञान उपयोगी होता है। कोश का उपयोग करने वाले सारे छात्र मूलभाषा की व्याकरणिक विशेषताओं के जानकार नहीं हो सकते। इसके अलावा एक ही शब्द भिन्न-भिन्न शब्द-भेदों में प्रयुक्त हो सकता है। क्रिया शब्द अकर्मक व सकर्मक दोनों हो सकते हैं। मलयालम में क्रियारूपों में विषय में अकर्मक-सकर्मक का अन्तर कोई अन्तर नहीं लाता। फिर भी हिन्दी रूपान्तर पर इसका असर जरूर होता है। एक ही शब्द के विभिन्न शब्द-भेदों में प्रयोग के विषय में डॉ. गालपेरिन का मत है कि प्रत्येक शब्द की मूल व्याकरणिक कोटि एक ही होती है। अन्य प्रयोगों को मुहावरेदार मानना चाहिए। यह सम्मति तर्कयुक्त एवं स्वागत योग्य लगती है।

अब मलयालम हिन्दी कोश के सम्पादन और अनुवाद के क्षेत्र में अपने अनुभव के आधार पर कुछ व्यावहारिक समस्याएँ और अपनी विनम्र सम्मति में उनके समाधान प्रस्तुत करना चाहता हूँ। मलयालम के क्षेत्र केरल में रहते हुए मैंने जब मलयालम हिन्दी कोश की रचना प्रारम्भ की तब मलयालम के अनेक शब्दों के हिन्दी रूपान्तर मिलने में कठिनाई हुई। एक उदाहरण है "कांजिरम"! यह एक वृक्ष है इसका संस्कृत अनुवाद 'कारस्कर' है और हिन्दी में 'कुचला' शब्द चलता है। इस 'कुचले' के पीछे मैंने काफी परेशानी झेली। आखिर गुंडर्ट के मलयालम-अंगरेज़ी कोश से कांजिरम का लैटिन शब्द ढूँढ निकाला। इसके बाद निदेशालय की वैज्ञानिक शब्दावली से उक्त लैटिन शब्द का सरल हिन्दी पर्याय 'कुचला' मिला।

अपने कोश के निर्माण के दिनों में और अनुवाद के दौरान मैं जब कभी उत्तर भारत जाने का मौका पाता तब भिन्न-भिन्न क्षेत्रों के लोगों से मिलकर शब्द पूछ लेता। मेरे मित्र हँसी उड़ाते कि क्या-क्या पूछते फिरते हो। मगर यही नये शब्द-संग्रह करने का उपाय है।

शब्द और अर्थ का सम्बन्ध चिर साहचर्य से स्थायी बनता है। मलयालम शब्दों के हिन्दी रूपान्तर अनूदित ग्रन्थों में प्रयुक्त होते-होते स्थायी बन सकते है। मगर अफसोस है कि अभी बहुत कम मलयालम ग्रन्थ हिन्दी में अनूदित हो सकते हैं। समाचारपत्र आदि माध्यम भी अंगरेज़ी से ही हिन्दी में अनुवाद कर लेते हैं। इसलिए अभी पुस्तकों में प्राप्त हिन्दी अनुवाद में अनजाने मलयाली शब्द प्रयोग अनिवार्यतः आ जाते हैं।

तीसरी, पर हल्की समस्या यह रही कि जहाँ एक ही चीज के कई मलयालम नाम आचंलिक भेद के कारण चल पड़े वहाँ किसे मलयालम हिन्दी-कोश में स्वीकार करें इसका उपाय यही रहा कि मलयालम कोशकार जो नीति स्वीकार करते हैं उसके अनुसार अधिक प्रचलित शब्द को मूल शब्द के रूप में स्वीकार किया जाय। वहीं पर कोष्ठक में अन्य रूपान्तरों का भी जिक्र दिया जाय।

उदा.—मरच्चीनि—(कप्पा, चीनि, कोक्कि)= यह टापियोका (कसावा) नामक कंद है।

उपसंहार

मैंने अन्यत्र रेव.फा. गुंडर्ट के मलयालम-अंगरेज़ी कोश का उल्लेख किया है। गुंडर्ट जन्म से जर्मन थे। अंगरेज़ी पर उन्हें अधिकार था। मलयालम उन्होंने कठोर परिश्रम से सीख ली थीं। अन्य भाषा-भाषी होने से वे अपने लिए महत्वपूर्ण मलयालम शब्दों-मुहावरों का चयन कर सके। उनमें वैज्ञानिक चिन्तन था। बारीकी पर सोचने की प्रवृत्ति थी। जिन विद्वानों की मातृभाषा या क्षेत्रीय भाषा हिन्दी हो और मलयालम जैसे अन्य भाषाएँ पढ़ने का कुतूहल रहे वे अपनी व्यावहारिक दृष्टि से मलयालम-हिन्दी

शब्दकोश में यथेष्ट रूपान्तरण कर सकते हैं। वे हिन्दी में प्रचलित शब्दावली का सटीक प्रयोग भी समझा सकते हैं। असल में दोनों भाषाओं के जानकार मलयालम भाषी और हिन्दी भाषी विद्वानों का छोटा दल जीतोड़ मेहनत करे तभी व्यापक शब्दकोश निकल सकेंगे। अभी मलयालम जैसी भाषाओं के अध्ययन तथा उनके साहित्य के आस्वादन की तरफ हिन्दी भाषी सहृदयों के मन में जैसी उपेक्षा का भाव है उसे देखकर बड़ी निराशा होती है परन्तु भवभूति का कथन आश्वासन देता है–

ये नाम केचिदिह नः प्रथयन्ति अवज्ञां
जानन्ति ते किमपि तान् प्रति नैष यत्नः।
उत्पत्स्यते मम हि को पि समान-धर्मा
कालं ह्ययं निरवधिः विपुल च पृथ्वी॥

❑❑